现代教育技术

主编 孟丽丽 陈博
副主编 付晏铭 张宁 冯柏茗

清华大学出版社
北京

内 容 简 介

教育技术是当代教育体制改革新的重要因素，本书紧跟教育课程改革和人才培养的需要，全书共8章，包括现代教育技术概述、教学系统设计、信息化教学设计与评价、现代教学媒体、现代信息化教学环境建设、现代信息化教学资源建设、多媒体教学课件的设计与开发及新型教育技术。

本书配套有教学课件、微课视频、期末试卷及答案、教学大纲、教学进度表等资源，可有效辅助教学。本书可以作为师范类专业必修课程"现代教育技术"的教材，也可以作为教师继续教育的参考用书。

本书封面贴有清华大学出版社防伪标签，无标签者不得销售。
版权所有，侵权必究。举报：010-62782989，beiqinquan@tup.tsinghua.edu.cn。

图书在版编目（CIP）数据

现代教育技术 / 孟丽丽，陈博主编 . -- 北京：清华大学出版社，2025.5.
ISBN 978-7-302-69008-5

Ⅰ. G40-057

中国国家版本馆 CIP 数据核字第 2025VW9629 号

责任编辑：吴梦佳
封面设计：傅瑞学
责任校对：袁　芳
责任印制：沈　露

出版发行：清华大学出版社
网　　址：https://www.tup.com.cn，https://www.wqxuetang.com
地　　址：北京清华大学学研大厦 A 座　　邮　编：100084
社 总 机：010-83470000　　邮　购：010-62786544
投稿与读者服务：010-62776969，c-service@tup.tsinghua.edu.cn
质量反馈：010-62772015，zhiliang@tup.tsinghua.edu.cn
课件下载：https://www.tup.com.cn，010-83470410

印 装 者：三河市天利华印刷装订有限公司
经　　销：全国新华书店
开　　本：185mm×260mm　　印　张：15.75　　字　数：379 千字
版　　次：2025 年 7 月第 1 版　　印　次：2025 年 7 月第 1 次印刷
定　　价：49.00 元

产品编号：100069-01

前言

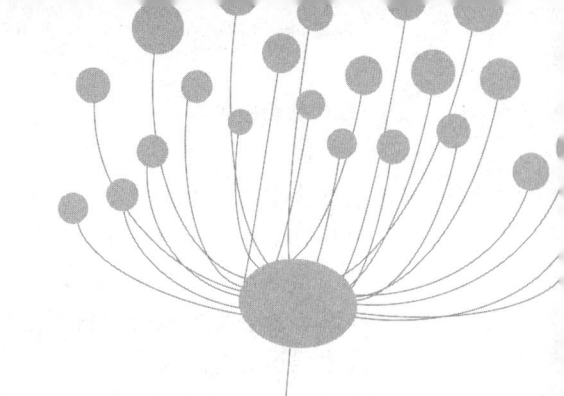

当下我国处于信息化和数字化时代，高等教育的教学手段、组织形式及教材选用都有明显的现代化需求。党的二十大报告强调教育、科技、人才是全面建设社会主义现代化国家的基础性、战略性支撑，必须坚持科技是第一生产力、人才是第一资源、创新是第一动力，深入实施科教兴国战略、人才强国战略、创新驱动发展战略，开辟发展新领域、新赛道，不断塑造发展新动能、新优势。为此，加快教育信息化进程和强化信息技术应用是当下提升高等教育质量、发挥高等教育战略地位的关键举措。

2004年，教育部颁布《中小学教师教育技术能力标准（试行）》（以下简称《标准》）。《标准》从"意识与态度""知识与技能""应用与创新""社会责任"四个方面对中小学教师教育技术能力的培养提出了具体的要求。2014年，教育部颁布《中小学教师信息技术应用能力标准（试行）》（以下简称《能力标准》）。《能力标准》根据教师教育教学工作与专业发展主线，将信息技术应用能力区分为技术素养、计划与准备、组织与管理、评估与诊断、学习与发展五个维度，从而提出具体实施要求。本书以《标准》和《能力标准》为基本依据，梳理当前师范生对教育技术知识的需求，借鉴国内外同类教材的内容编排，贯彻落实立德树人的根本任务，尝试对教育技术的课程教学内容体系进行构建。

本书旨在提高师范生的教育技术应用能力，帮助学习者了解现代教育技术的相关理论知识，熟悉以信息技术为支撑的各种教学与学习案例，能设计并开展各种信息化环境下的教学与评价，并具备一定的信息化教学资源的设计与开发的能力，成为未来教育改革的预备队与未来教育教学的主力军。

  为建设信息化、数字化的特色鲜明的高等教育教材，本书从以下几点着手。

  （1）结合时代"要求"。本书全面贯彻党的教育方针，落实立德树人根本任务，积极培育和践行社会主义核心价值观；体现"三全育人"的教育思想；弘扬教育强国、科技强国、人才强国的时代风尚。

  （2）满足教育"需求"。本书将理论与实践相结合，围绕当前各学科信息技术与课程整合的实际需要进行编写，突出现代教育技术在教学中的具体应用；针对《标准》中的要求，注重对师范生教育技术能力的培养；符合教师授课的需要，每章都设计了教学目标和相应的案例、思考与练习等内容。

  （3）体现课程"追求"。首先，本书坚持现代网络技术与传统视听媒体技术相互整合、相互补充，创造"传承—创新"的课堂教学模式。其次，本书突出以计算机与网络技术为核心的教育技术知识与技能的传授，尤其要教会师范院校学生运用现代网络通信技术收集、加工、利用、开发教育信息并形成个性化教学模式。最后，本书从宏观上体现现代教育理念，融入教育技术发展的新理论、新理念、新观点，提高教师应用信息技术水平，帮助教师更新教学观念，改进教学方法，提高教学效果，同时鼓励学生利用信息化方法主动学习、自主学习，并适当添加案例，培养学生在信息化环境下的自主学习能力和解决问题能力，提高实践创新能力。

  为方便广大教师、学生及社会人士学习，体现教材的时代性和实用性，本书提供与教材内容适配的教学大纲和课件、教案、习题、期末试卷（附有答案）及丰富的教学视频和动画资源。本书既适合各类高等院校作为公共课教材使用，也可以作为教育专业基础课教材，还可以作为教师继续教育和基础教育技术能力培训教材，以及作为开展教师教育工作的各类教师和专业人员的参考书。

  本书由孟丽丽和陈博老师任主编，付晏铭、张宁及冯柏茗任副主编。

  本书的编写得到了很多领导、同事以及清华大学出版社的大力支持与帮助，在此对他们表示衷心的感谢。由于编者经验与水平有限，书中疏漏、不当之处在所难免，敬请读者批评、指正！

编　者
2025 年 1 月

目录

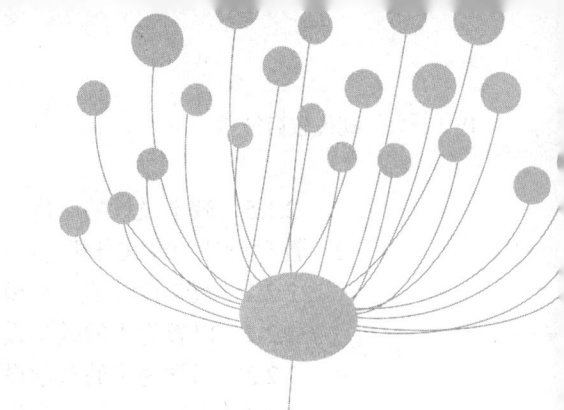

第1章 现代教育技术概述 … 1

1.1 教育技术与现代教育技术 … 2
- 1.1.1 教育技术 … 2
- 1.1.2 现代教育技术的定义 … 2
- 1.1.3 现代教育技术的任务 … 3
- 1.1.4 现代教育技术的研究方法 … 4

1.2 现代教育技术的发展 … 6
- 1.2.1 国外教育技术的发展 … 6
- 1.2.2 国内教育技术的发展 … 9
- 1.2.3 现代教育技术的发展趋势 … 11

1.3 现代教育技术的理论基础 … 15
- 1.3.1 学习理论基础 … 15
- 1.3.2 教学理论基础 … 16
- 1.3.3 系统科学理论 … 20
- 1.3.4 现代教育技术的其他理论 … 23

1.4 现代教育技术与教育发展 … 32
- 1.4.1 现代教育技术与教育改革 … 32
- 1.4.2 现代教育技术与教师专业化发展 … 33
- 1.4.3 现代教育技术与学生成长 … 33

第2章 教学系统设计 … 36

2.1 教学设计概述 … 37
- 2.1.1 教学设计的含义 … 37
- 2.1.2 教学设计的意义 … 38
- 2.1.3 教学设计因素 … 39
- 2.1.4 教学设计中要注意的问题 … 39

2.1.5　教学设计的层次 ·· 40
2.2　教学设计的模式分析 ··· 41
　　　2.2.1　教学设计的一般模式 ·· 41
　　　2.2.2　以教为主的教学设计模式 ··· 42
　　　2.2.3　以学为主的教学设计模式 ··· 49
　　　2.2.4　主导—主体教学设计模式 ··· 51
2.3　典型教学设计案例分析 ·· 54
　　　2.3.1　以教为主的教学设计案例 ··· 54
　　　2.3.2　以学为主的教学设计案例 ··· 56

第 3 章　信息化教学设计与评价 ·· 58

3.1　信息化教学设计概述 ··· 59
　　　3.1.1　信息化教学设计的概念与特点 ······································ 59
　　　3.1.2　信息化教学设计的原则 ·· 61
　　　3.1.3　信息化教学设计的过程 ·· 62
　　　3.1.4　信息化教学设计的流程 ·· 64
　　　3.1.5　信息化教学设计的策略 ·· 67
　　　3.1.6　信息化教学设计的模式 ·· 71
3.2　信息化教学设计方案的撰写 ·· 74
　　　3.2.1　基本信息 ·· 74
　　　3.2.2　教材分析 ·· 74
　　　3.2.3　学生特征分析 ·· 75
　　　3.2.4　教学目标分析 ·· 75
　　　3.2.5　学习环境与学习资源设计 ··· 76
　　　3.2.6　学习情景创设 ·· 77
　　　3.2.7　学习活动的组织形式 ·· 78
　　　3.2.8　教学过程设计 ·· 79
　　　3.2.9　学习评价设计 ·· 80
　　　3.2.10　教学反思 ··· 81
3.3　教学评价 ··· 82
　　　3.3.1　教学评价的概念 ··· 82
　　　3.3.2　教学评价的功能 ··· 82
　　　3.3.3　教学评价的分类 ··· 83
　　　3.3.4　教学评价的指标体系与方法 ·· 84
　　　3.3.5　信息化教学设计案例 ·· 87
　　　3.3.6　信息化教学评价 ··· 89

第 4 章 现代教学媒体 94

4.1 教学媒体概述 95
- 4.1.1 教学媒体的定义 95
- 4.1.2 教学媒体的分类与研究 96
- 4.1.3 教学媒体的特性与功能 100

4.2 教学媒体的选择 102
- 4.2.1 教学媒体选择的影响因素 102
- 4.2.2 教学媒体选择的基本依据 103
- 4.2.3 教学媒体选择的模型 104
- 4.2.4 教学媒体选择的程序 105

4.3 教学媒体的编制与利用 107
- 4.3.1 教学媒体编制的基本原则 107
- 4.3.2 教学媒体编制的效果原理 108
- 4.3.3 教学媒体利用的策略 109

第 5 章 现代信息化教学环境建设 112

5.1 信息化教学环境概述 113
- 5.1.1 信息化教学环境的概念 113
- 5.1.2 信息化教学环境的构成 113

5.2 信息化教学环境 114
- 5.2.1 多媒体教室 114
- 5.2.2 微格教室 116
- 5.2.3 虚拟教室 117
- 5.2.4 智慧教室 119
- 5.2.5 数字语音教室 121

5.3 数字化学习资源中心 122
- 5.3.1 数字图书馆 122
- 5.3.2 中国知网 125
- 5.3.3 精品开放课程 126
- 5.3.4 电子书包 128

第 6 章 现代信息化教学资源建设 131

6.1 信息化教学资源概述 132
- 6.1.1 信息化教学资源的概念 132
- 6.1.2 信息化教学资源的分类 133
- 6.1.3 信息化教学资源的特点与开发原则 134

6.2 网络资源的获取与利用 135

　　　　6.2.1　网络信息浏览与资源获取 135
　　　　6.2.2　文件的上传与下载 138
　　　　6.2.3　网络通信的教学应用 143
　　　　6.2.4　虚拟现实技术与虚拟学习环境 147
　　6.3　文本类与数字图像类资源的建设 150
　　　　6.3.1　文本文件的格式及特点 150
　　　　6.3.2　文本资源的加工处理 151
　　　　6.3.3　图像文件的格式及特点 152
　　　　6.3.4　图像资源的加工处理 153
　　6.4　数字音频与数字视频资源的建设 168
　　　　6.4.1　音频文件的格式及特点 168
　　　　6.4.2　数字音频资源的加工处理 169
　　　　6.4.3　视频文件的格式及特点 182
　　　　6.4.4　视频资源的加工处理 183
　　6.5　数字动画资源的建设 194
　　　　6.5.1　动画文件的格式及特点 194
　　　　6.5.2　动画资源的加工处理 195

第 7 章　多媒体教学课件的设计与开发 201

　　7.1　多媒体教学课件的设计 202
　　　　7.1.1　多媒体教学课件概述 202
　　　　7.1.2　多媒体教学课件设计的基本流程 204
　　7.2　演绎型多媒体课件制作 207
　　　　7.2.1　用 PowerPoint 制作课件的基本技巧 207
　　　　7.2.2　用 PowerPoint 制作课件的基本方法 208

第 8 章　新型教育技术 219

　　8.1　移动学习与混合式学习 220
　　　　8.1.1　移动学习的概念和特点 220
　　　　8.1.2　移动学习的应用 221
　　　　8.1.3　混合式学习的概念和特点 222
　　　　8.1.4　混合式学习的应用 222
　　8.2　微课教学与翻转课堂 224
　　　　8.2.1　微课教学的发展和概念 224
　　　　8.2.2　微课的制作 225
　　　　8.2.3　微课教学的应用 227
　　　　8.2.4　翻转课堂的概念与特征 228

8.2.5 翻转课堂的应用 ……………………………………………………… 229
8.3 智慧教育与智慧课堂 …………………………………………………………… 229
　　　8.3.1 智慧教育的特征 ……………………………………………………… 229
　　　8.3.2 智慧校园 ……………………………………………………………… 231
　　　8.3.3 智慧课堂的概念 ……………………………………………………… 232
　　　8.3.4 智慧课堂教学设计 …………………………………………………… 233
8.4 其他新型教育技术 ……………………………………………………………… 234
　　　8.4.1 STEAM 教育 …………………………………………………………… 234
　　　8.4.2 创客教育 ……………………………………………………………… 235
　　　8.4.3 机器人教育 …………………………………………………………… 237
　　　8.4.4 人工智能教育 ………………………………………………………… 239

参考文献 ……………………………………………………………………………… **241**

第1章

现代教育技术概述

教育技术的现代化不仅是教学设备、教学手段的革新，更是一项涉及观念、技术、人员、管理、政策协调等多种因素的系统工程。现代教育技术可以帮助广大教师和社会各界人士形成新的教育观念，认识到教育技术的现代化是教育跟上时代所必经的一场革命，将带来教育结构、教学效果的整体优化，是培养具有现代意识、能够主动适应社会变化的新一代学生的重要条件。

学习目标

知识目标	了解教育技术与现代教育技术； 了解现代教育技术的任务与研究方法； 了解国内外现代教育技术的发展
能力目标	掌握现代教育技术的发展趋势； 掌握现代教育技术的理论基础； 了解现代教育技术与教育发展之间的联系
素质目标	培养学生开拓创新、团结协作的精神，使学生树立正确的世界观、人生观、价值观

1.1 教育技术与现代教育技术

1.1.1 教育技术

教育技术是人类在教育活动中所采用的一切手段和方法的总和，包括物化形态的技术（如黑板、粉笔、多媒体计算机、网络等设备及相应的软件）与智能形态的技术（如系统方法、教学设计等）两大类。

1.1.2 现代教育技术的定义

现代教育技术与教育技术并没有本质的区别，在教育技术前面加"现代"二字是为了更多地探索与现代信息技术有关的课题，吸收现代科技成果和系统思维方法，使教育技术更具有时代特色。

目前，人们对"教育技术"比较一致的看法是1994年美国教育传播与技术协会（AECT）对教育技术的定义，即"教育技术是对学习过程和学习资源进行设计、开发、运用、管理和评价的理论及实践"。不难看出，此定义明确了教育技术的研究对象是学习过程和学习资源。研究学习过程，就是研究人类的认知过程，建立认知科学，发展学习理论；研究学习资源，就是探讨为人类各种各样的学习创设最佳学习环境的途径。这两个研究对象的确定表明教育技术已进入成熟发展阶段,因为建立学习理论和开发学习资源实质上是贯穿人类教育整个发展史的两部分核心内容,也是促进教育改革与进步的两大直接动力。

以"AECT94 定义"为基础,我国著名学者李克东教授对现代教育技术的定义是"现代教育技术,就是运用现代教育理论和现代信息技术,通过对教与学的过程和资源的设计、开发、利用、评价和管理,以实现教学优化的理论与实践"。与教育技术的定义相比,该定义强调了现代教育思想和现代教育理论的指导意义,不仅要研究"教"和"学"的资源,更要研究"教"和"学"的过程,要在实际教学中充分利用现代信息技术手段,发挥信息技术的优势。现代教育技术追求的是实现教育、教学过程的最优化。

> **知识链接:现代教育技术的特征**

(1)以信息技术为主要依托。教育过程实质上是信息的产生、选择、存储、传输、转换、分配的过程。而信息技术是指用于上述一系列过程的各种先进技术,包括电子技术、多媒体技术、计算机网络、网上通信、远程通信等。把这些技术引入学校教育,可以大幅提高信息处理即教学的效率。在知识经济与信息社会,教学效率显得尤其重要。可以说,没有高的教学效率就不可能有高的教学质量。

(2)更加强调以学生为中心。在教育目标的确定上,既要满足社会的要求,也要特别重视学生个人的需求,鼓励学生向多元化方向发展;在教育内容的选择上,不是考虑教师会教什么,而是考虑学生需要学什么、适合学什么;在教育方法的运用上,更多地提倡小组学习和自学,这将有助于培养与学生以后生活关系重大的非认知技能和态度,如与别人的交往和合作。在教育的形式上,将变得非常灵活,能够与人们的工作、生活很好地协调起来,而且终身教育将占据越来越重要的地位。

(3)使学校进一步开放,使全社会的教育资源配置更加合理。随着作为现代教育技术重要物质基础的计算机网络的延伸,整个社会将逐步连成一体。受教育者可以根据学习目的自由地选择学校、课程和教师,学校与社会之间、学校与学校之间的界线会变得模糊,投入教育的人力、物力、财力将根据受教育者的选择情况进行分配,而不是像现在这样受许多人为因素的影响。

1.1.3 现代教育技术的任务

现代教育技术以现代社会对教育的要求为出发点,以实现教育教学的最优化为目的。现代教育技术的任务是积极研究应用先进的科学技术和系统科学方法,对教育教学全过程中的各种可操作因素进行分析,设计出满足学生学习需要的教学系统,并在实施过程中通过评价进行有效的反馈控制,优化教学过程,提高教学质量和教学效率,扩大教育规模,支持和促进教育的整体改革,为加速实现教育现代化作出贡献。

教育技术所要解决的问题涉及教育的各个层次,因而教育技术的理论与实践研究必须深入教育的各个领域,特别要深入学科、教学、课堂。只有深入教育教学实践,才能发现问题、分析问题和解决问题。而在分析、解决问题的过程中,教育技术学的基础理论和应用理论会得到极大的丰富与发展。目前,我们正处在信息技术快速发展的时代,教育技术工作者要全力提高硬件、软件和潜件的建设水平，以适应知识经济和信息社会发展与教育发展的需求。在硬件方面，要建设多媒体教室、计算机教育网络系统等；在软件方面，要建立现代的系列化多媒体教材体系；在潜件方面，要建立现代教育理论和方法体系，支持各类学科的教学改革，以实现教育技术的现代化。

现在已有不少学校配备了较为先进的信息化教学设备，建起了闭路电视系统、多媒体教室、计算机校园网等，但还普遍存在着设备利用率不高的现象。现代教育技术还要帮助教育管理部门制定有效的政策法规，建立多媒体教材建设和教学研究成果的推广应用网络，建立具有宏观引导和调控能力的新的教育教学管理体制。

作为教师，应该积极主动地满足现代社会和教育发展对自己提出的教育技术方面的要求，转变观念，改变传统的教学方法，学习和掌握现代教育技术的基本理论和操作技能，使教学工作更加科学化和现代化。

> **知识链接：教育技术的研究对象**
>
> 学习资源和学习过程是教育技术研究和实践的对象。
>
> （1）学习资源。学习资源是指支持学生学习的各种信息和环境条件。学习资源并非仅指用于学习过程的设备和材料，还包括人员和设施等，可以说学习资源包括了一切有助于学生有效学习的因素。学习资源一般具有五种形态：教学人员、教学材料、教学工具、教学设施和教学活动。
>
> ① 教学人员是指那些组成一个学校教育系统的教职员工，如任课教师、教辅人员、学习伙伴、行政管理者等。
>
> ② 教学材料是载有信息的学习资源。教科书、挂图、模型、教学软件都属于这一类。
>
> ③ 教学工具是指那些借以产生、传递和呈现教学信息的学习资源，包括黑板、教具、器材等。
>
> ④ 教学设施是学生与其他学习资源发生相互作用的地方、场所或环境，主要有教室、图书馆、实验室、操场等。
>
> ⑤ 教学活动是指发挥其他学习资源作用的一些专门方法，包括讲授、演示、提问、讨论、练习、实验、参观、实习等。
>
> （2）学习过程是学生获取知识、掌握技能和发展能力的自主认知过程，包括输入、行为和输出的一系列操作或活动。换言之，学习过程是学生学习新知识、新技能的认知过程和陶冶情操、健全人格的发展过程。它既包括没有教师参与的学习过程，也包括有教师参与的学习过程（又称为教学过程），所以，确切地说，这里的学习过程实际上是"学"与"教"的过程，或者说包括学习过程和教学过程两个方面。

1.1.4 现代教育技术的研究方法

根据现代教育技术的对象和任务，其研究分为基础研究和应用研究两部分。基础研究的目的是建立理论；应用研究以解决现实问题为出发点。研究者可根据自己的工作环境和任务，选择力所能及的研究课题，再根据课题特性，选用合适的研究方法。

常用的研究方法有文献法、观察法、调查法、实验法、测验法、统计法、经验总结分析法等。实际工作中，常常需要综合运用几种方法，互相补充，相辅相成。

随着现代教育技术的日益普及，大量教学新设备不断涌现，各类教学资源和教学方法被广大教师采用，许多优秀教师在教学实践中取得了显著的成绩，积累了丰富的经验。他们对自己的成功经验进行总结，再加上有目的地广泛收集别人的经验，经过研究、分析、综合，从中提炼出行之有效的普遍性结论。这种经验总结分析法应该是广大教师最容易采用的研究方法。采用这种方法得出的研究结果，常常能够保证实践效用，成为教育技术基础理论的组成部分。但是，由于经验总结是在教学取得良好效果以后进行的，实践过程中的记录可能不够完全，未能考虑相关因素，因此研究者需进行妥善处理，并利用其他方法或实验研究来予以补足。

实验研究法是按照研究目的，控制或变更某些条件，分析因果关系，取得科学事实或探索规律的研究方法。实验研究法具有主动性和严密性的特点，可在保留实际教育情景的前提下获得希望得到的和较准确的材料，是进行现代教育技术理论与实践研究最重要的方法。进行实验研究，首先要有明确的课题和对课题做出一定的假设，对课题解决的途径和过程做科学的设计，要分析实验中的各种变量因素，严格有效地控制非实验因素，对实验变量进行科学观察、测量和记录。为便于比较分析，在教学实验中常采用对照实验方法，对实验对象做适当的采样编组，使之分别接受不同实验因素的作用，然后对各实验因素产生的效果加以测量和比较。例如，为探讨微课在教学过程中的作用，可以把同一年级情况相同的两个班设置为实验班和对比班，在实验班中运用微课组织教学，在对比班中采用传统讲授方法。教学中可采用观察法观察、记录学生的注意情况；用问卷调查法调查学生的兴趣、态度；用测验法检查学生学习达标情况；最后通过统计和对比分析，得出结论。

知识链接：一个研究项目应包含的步骤

一个研究项目应包含的工作步骤大致如下。

（1）确定并表述所要研究的课题。课题要从实际需要出发，有科学价值、可行和具体，并建立必要的假设。

（2）查阅有关的研究文献。了解本课题的国内外研究动向和水平，开阔视野，拓展思路，寻找理论依据，选择合适的研究方向和角度，避免盲目性。

（3）确定研究方法并制订研究计划。根据课题性质确定适当的研究方法。例如，属于历史性质的问题，可采用文献法研究；对教材教法问题，可采用实验法研究；对教学效果评价问题，可采用调查、测验、统计法等进行研究。

（4）选择和确定研究样本。根据研究目的和对象的不同，可采用随机抽样、有意抽样、分层抽样等方法。

（5）收集资料。可根据研究方法的不同采用相应的资料收集方法。如调查法中的问卷设计与收集，观察法中时间、空间分隔的采样观察与记录，实验法中各实验变量的数据收集等。

（6）整理、分析、统计所收集的资料。要注意采用适当的量化和统计方法对资料进行处理，并采用类比、归纳、演绎等方法对实验结果进行"去粗取精、去伪存真、由此及彼、由表及里"的分析，以得出正确的实验结论。

（7）阐述研究结果，撰写研究报告或论文。

现代教育技术的研究是一项细致复杂的科学工作，必须坚持严格的客观性原则，以唯物辩证法和系统科学理论为指导，采用先进的技术手段和研究方法，提高研究的科学性、创新性和实用性，为现代教育技术的学科建设、为教育的现代化建设服务。

1.2 现代教育技术的发展

1.2.1 国外教育技术的发展

任何事物的产生与发展都具有一定的历史过程，教育技术也有着自己的发展历史。

对教育技术的历史进行追溯，有助于我们了解、领会教育技术不断演变的含义、方法及其作用。自从有了人类，就有了教育；有了教育，也就有了教育技术。在人类教育的发展过程中，科学技术一直是教育发展的动力和依赖手段。在人类发展史上，每一次科学技术的进步，都直接或间接地对教育产生了革命性的影响。教育技术就是随着人类教育的发展和科学技术的进步而不断发展的。

1. 传统教育技术的产生与发展

1）语言技术阶段

（1）口头语言技术和形体语言技术。在人类语言产生之前，人类主要依靠表示简单意义的声音、姿势及生产、生活本身来向下一代传授生活的经验。当人类进化到通过发出有意义的声音来代替所指的意义或事物时，口头语言作为人们传情达意的有效工具便诞生了。口头语言与形体语言相结合而形成了口耳相传、口授手示的教学形式。口头语言、形体语言是教育活动中一种最古老、最有效的信息传播技术，人类的任何教育传播活动都离不开口头语言技术和形体语言技术。

（2）文字语言技术。口耳相传不能脱离人本身，不便于远距离传递信息，使信息传播受到很大的限制，而且难以脱离传意者，一旦脱离就容易误传原意。因此，用一种符号把语言记载下来便成为客观需要，于是作为这种符号的文字就应运而生了。文字出现之后，人类的文化知识可以通过文字符号记载与保存。在教育方式上，除了口耳相传外，又增添了通过文字材料传播教学内容的方法。这是教育方式的一次重大变革，是教育史上的重大革命。随着造纸术和印刷术的发明，质优价廉的书籍在教育中得到了普遍应用，不仅提高了教育能力，扩大了教育时空，也大大丰富了教育形式，结束了单纯依靠口耳相传的教育历史，为学校教育提供了必要的物质条件。

2）直观技术阶段

语言和文字书籍出现之后，成为学校教育的主要物质手段。然而，语言符号的抽象性，决定其难以直观、形象地反映客观事物及复杂的现象，学生的学习也就缺乏感性经验的认识。所以，一种由人工创造制作的、以替代现实本身信息为特点的挂图、模型等直观教具便产生了，这标志着直观技术在教育中开始得到应用。14世纪至16世纪，随着班级授课制的产生，直观教学在欧美国家开始了实践和理论的系统研究，经过扬·阿姆斯·夸美纽斯（J. A. Comenius）、约翰·海因里希·裴斯泰洛齐（J. H. Pestalozzi）、弗里德里希·阿道夫·威廉·第斯多惠（F. A. W. Diesterweg）等人的研究，逐步形成了比较系统、完整的直观教学思想和理论体系。夸美纽斯提出了"感性大于理性"的基本观点。裴斯泰洛齐提出了"算术箱"直观教学理论，主张儿童在算术的初步学习中，应借助手指、石块等实物来表示数量关系。在地理教学中，用泥土制作地形等。第斯多惠提出了"直观性教学"原则，他将直观教学思想上升到直观教学理论、原则，形成了比较系统的直观性教学理论。

在直观教学理论的推动下，直观教具如模型、标本、教具、挂图、实物等直观教学技术在教学中得到广泛应用，不仅大幅提高了课堂教学效率和教学效果，而且为视听媒体在教学中的应用奠定了基础。

2. 现代教育技术的产生与发展

现代教育技术是相对于传统教育技术而言的。一般认为，19世纪末20世纪初美国教育领域内兴起的视觉教育运动是现代教育技术的发端，经过媒体技术和系统技术两个领域的发展之后，最终融合为一个整体——现代教育技术。

1）媒体技术的兴起与发展

媒体技术是指现代媒体在教育中的应用，它始于19世纪末20世纪初。美国的视听教育运用被视为媒体技术兴起的标志。

（1）视听教育的发展。19世纪末，科学技术的迅速发展和科技成果进入教育领域，对教育技术的发展产生了深远的影响。照相、幻灯、无声电影等新媒体在教育、教学中的应用，给传统的教学带来了新的技术手段，向学生提供了生动的视觉形象，使教学获得了不同以往的巨大效果。一些商业组织大力生产教学使用的各种模型、地图、幻灯片、立体画，并命名为"视觉教育"而广泛宣传。同时，很多教育工作者开始对视觉教育进行广泛深入的研究与实践，并于1923年7月成立了全美教育协会"视觉教学部"（Department of Visual Instruction）。1918—1928年，视觉教学在师资培训、学术研究等方面的深入发展，推动了有关视觉教学理论研究的深入。

20世纪20年代末，无线电广播、有声电影开始在教育中推广应用。英国、美国是较早开展播音教学的国家。无线电广播对教育的作用远远超出了学校的范围，为扩大教育规模、发展社会教育开辟了一条有效的途径。同时，具有视听双重特点的有声电影在提高教育效果方面发挥了巨大的作用，引起了人们的广泛兴趣与政府部门的重视。人们感到原有的"视觉教育"的概念已不能涵盖扩展的视听设备介入教育实践，"视觉教育"便发展为"视听教育"。1947年，美国教育协会视觉教学部正式改名为"视听教学部"。1946年，爱德加·戴尔（E. Dale）在总结视觉教学理论及视听教学实践的基础上出版了以著名的"经验之塔"理论为核心的《教学中的视听方法》（Audio-Visual Methods in Teaching）一书。他对各类媒体所提供的学习经验的抽象程度做了系统的分类，并概括了应用的原则。这一理论成为教学媒体应用于教学过程的主要依据和指导思想。

（2）视听教学向视听传播教学发展。自1955年以后，美国视听教学得到迅速发展，特别是苏联的卫星上天对美国震动很大。在1958年通过的《国防教育法》的指导下，美国政府给教育各种拨款，以保证培养出所需要的人才，同时也把许多研究人员吸引到教育媒体和技术领域，促进更多的教师接受新媒体，使视听技术得到有效的应用和发展。1955—1965年，语言实验室、电视、教学机器、多种媒体综合呈现技术、计算机辅助教学等先后问世，并在教学中得到应用。随着科学技术的发展和现代媒体在教育中的广泛应用，视听活动日益扩大，许多来自视听或非视听领域的资源需要统一说明，远远超出了最初意义上视听教育的范围。同时，传播理论的发展影响到教育领域，使人们开始从学习理论和传播理论的角度探讨并重新认识视听教学问题。这标志着视听教学向视听传播教学发展，是视听教学理论上的一个转折点，自此研究重心从视听信息的显示转向视听信息的传播设计。

（3）程序教学的发展。个别化教学是一种适合个别学生的需要和特点的教学。学生个别自学，在方法上允许学生自定目标、自定步调，自己选择学习的方法、媒体和材料。个别化教学是教育技术发展史上的一个重要领域。20世纪初，在美国出现的个别化教学形式有伯克的个别学习系统（1912）、华虚朋的文纳特卡制（1919）、道尔顿实验室计划（1920）、莫里逊的单元制教学法（1925）等。但真正在教育中有着广泛影响的个别化教学活动，当推20世纪50年代兴起的程序教学活动。程序教学可以运用教学机器，也可以运用程序课本，不论运用何种形式，最重要的是编制一套有效控制学习过程的程序。美国心理学家西德尼·普莱西（S. Pressey）被认为是创制教学机器的鼻祖。1926年，普莱西设计了一种自动教学机，包含了允许学生自定步调、要求积极反应和即时反馈等原则。1954年，伯尔赫斯·弗雷德里克·斯金纳（B. F. Skinner）发表了《学习的科学和教学的艺术》一文，指出了传统教学方法的缺点，提出使用教学机器能解决许多教学问题，推动了程序教学运动的发展。斯金纳程序教学的基本思想是在教学过程中贯穿强化理论的应用，特点是小的步子、积极反应、即时反馈、自定步调和低错误率。程序教学运动在20世纪50年代末60年代初达到高潮，后来逐渐衰退。原因是多方面的，主要是技术上的原因，拥有模式功能的教学机器的设计已有穷尽之感，对于复杂的教学内容难以处理。虽然教学机器由于局限性很快就衰败了，但是随着计算机技术的迅速发展，程序教学的思想和方法为计算机辅助教学所继承。

计算机用于教学和训练始于20世纪50年代末，计算机辅助教学（CAI）系统的产生受到斯金纳程序教学的很大影响，由于程序教学使用教学机器，因此CAI也被视为机器教学，是对程序教学的继续和发展。CAI具有灵活性和人机交互作用，因而弥补了原来教学机器的不足。最初CAI主要用于答疑、练习、个别指导、模拟教学测验、评价等方面，以后亦用于系统的学科教学。20世纪70年代，微机的发展推动了CAI运动，到了80年代学校里微机的使用量迅速增长，许多学校把微机用于教学。但根据调查，CAI在学校中的应用仍不能说明个别化教学已成为学校教学的主要形式。纵观媒体技术的发展，可以得出这样两条轨迹：一是视觉教育→视听教育→视听传播教育，媒体已成为教学传播过程中的基本要素，进而形成了一种促进有效教学的模式——依靠教学资源来促进学习，即借助视听媒体辅助和传播的教学模式。二是教学机器→程序教学→计算机辅助教学，进而形成了一种以学生为中心，强调学生的学习效果是教学目的和衡量标准的指导思想和个别化教学模式。

2）系统技术的发展

自然科学与社会科学的相互渗透是现代科学发展的新趋势。作为诞生于20世纪40年代的系统科学，特别是一般科学方法论的系统论对现代教育技术的发展有着深刻的影响，为教育技术学的形成与发展提供了重要的理论依据。系统论认为，教育是一个复杂的系统，是由教育目的、教育内容、教育媒体、教育方法及教师、学生、管理人员等组成的一个有机整体，教育媒体只是教育系统中的一个要素。媒体技术的应用，的确解决了教育中的一些问题，为教育最优化的实现提供了条件。但是，媒体技术解决不了教育所有的问题。教育系统整体功能的最优发挥，需要各个组成部分充分发挥自己的作用，更取决于系统中各个要素的最优配合和协调一致。因此，只有用系统的观点对教育的各个部分进行综合的、整体的考虑，对教育过程进行系统设计，才是实现教育最优化的根本途径。20世纪60年代末至70年代初，教学系统方法在教育技术领域日益受到重视。系统方法成为现代教育技术的主要研究方法，现代教育技术的研究从单一媒体的特性研究转向媒体的系统开发及教育过程的系统化研究，提倡根据学习目标，运用系统方法设计教学过程，从而形成运用系统方法对教学过程进行系统设计的思想和实践模式。

教学系统方法把行为主义、传播理论、学习理论、系统方法等有机地结合到一个过程论的构架中，构成了一个新的知识体系，教学设计理论由此建立，并出版了不少关于教学设计的著作。因此，从历史发展上来看，教育技术的形成与三种教学方法实践的发展有关。一是视听教学的发展，推动了各种视听设备在教学中的应用，进而形成依靠教学资源解决教学问题的思想和方法；二是程序教学的发展，推动了学习理论（斯金纳的强化论）在教学中的具体应用，进而形成以学生为中心的个别化教学思想和方法；三是系统化设计教学的发展，推动系统理论的整体论方法在教学中的应用，进而形成对教学过程设计、实施与评价的思想和方法。教育技术是由三个概念整合而成的一种分析、解决教育与教学问题的综合技术，是在教育、教学过程中应用的教学系统设计技术和教学媒体技术的总称。现代教育技术的发展经历了由简单到复杂，不断补充、不断改进、不断丰富的过程。从媒体技术到系统技术，直到发展成为一门有着广泛实践和研究领域的新兴学科——教育技术学。

现代教育技术的发展虽然经历了不同的阶段，但不能认为是后一种技术替代了前一种技术，只是在解决教育、教学问题的手段、方法上不断地扩大和丰富而已。

1.2.2 国内教育技术的发展

我国的教育技术曾长期冠以"电化教育"的名称。据资料记载，"电化教育"一词，是1933年陈礼江先生任教育部社会教育司司长时提出来的。当时主管电化教育的教育部社教会教育司第三科科长杜维涛在《电化教育的回顾与前瞻》（《电影与影音》第4卷第2期）一文中提出，电化教育"就是利用电影和无线电播音以及其他用电器来实施的教育"，由于电影、广播、幻灯"这三种媒介都要用电，而当时电在我国的应用还不发达，所以叫电化教育还有一点说明它是先进的教育方式之意，当时采取这个名称后很快就传开了"。

知识链接：从电化教育到教育技术

20世纪40年代，我国的电化教育遭遇了第一次更名危机。金陵大学的孙明经先生认为，"电化教育"在英文中相当于"视听教育"（audio-visual education），而直译为electrified education会使英语人士不知所云。在国内，局外人士常将其误会为"电话教育"，即使是局内人士，对其所概括的物质与精神的意义"真正了解"的也在少数，因此，他极力主张以"影音"取而代之。

20世纪50年代初，又有人提出改名，电化教育遇到第二次更名危机。20世纪80年代和90年代初又发生了第三次、第四次更名危机。

20世纪80年代，电教理论界的专家们就"电化教育"是否更名为"现代教育技术"这一问题多次进行探讨。一部分人认为，"电化教育"已发展到了"现代教育技术"阶段，更名势在必行。另一部分人则认为"电化教育"的名称可以不改，只要将其概念扩充即可。1998年3月召开的全国高校教学工作会议明确指出："要把教学内容和课程体系的改革建立在教育技术的平台上。"这标志着教育技术的地位和作用已被提到一个空前的高度。

如今，"教育技术"已成为我们较为频繁使用的一个词语，许多院校已经将"电化教育中心"更名为"教育技术中心"或"现代教育技术中心"。至此，从起名"电化教育"到更名为"教育技术"，经过了多年。

总体来说，我国教育技术的发展大致经过了三个阶段：20世纪20年代至60年代中期的初步发展阶段；20世纪70年代后期至80年代的迅速发展阶段；20世纪90年代至现在的深入发展阶段。

1. 初步发展阶段

这一阶段我国的教育技术被称为"电化教育"。电化教育于20世纪20年代诞生，于30年代进入课堂并开始起步。其发源地和早期主要使用地区是上海、南京和江苏省其他地区。

由于当时经济、教育和科技落后，直到中华人民共和国成立前夕我国实行电化教育者也是寥寥无几，只在少数几个城市、学校、社教机关中有所发展，未能大面积推行。

中华人民共和国成立后，从20世纪50年代至60年代中期，我国的电化教育得到了初步发展，主要表现在幻灯、录音、电影进入高等学校和部分城市中小学的教学中；教学唱片、教学幻灯片开始成批生产，外语录音带开始在校际交流；部分省市成立了电教机构，许多高校开设了电化教育课程。

2. 迅速发展阶段

20世纪70年代后期，我国的电化教育重新起步并发展迅速，取得了明显的成绩，主要表现在：教育部相继批准成立了电化教育组、电化教育局和中央电化教育馆；中央及各省、市、县，以及高等院校和部分中小学都相应建起了电教机构，形成了一支数十万人的电教专业队伍；创建了广播电视大学，开办了卫星教育电视和教育电视台，形成了全国远距离教育网；电化教育专业已具备了专科、本科、硕士研究生三个层次；计算机教育蓬勃兴起，为现代教育技术的发展奠定了基础。

其间，很多高校的电教部门把电教教材建设作为工作的重心，编制了一大批以电视教材为主，包括幻灯、投影、录音教材在内的电教教材，并将其应用到教学中。这一时期，电化教育的名称开始被教育技术取代，注重媒体的应用，主要研究应用媒体来解决教学中的一些问题，但还没有涉及教与学的全过程。

3. 深入发展阶段

进入20世纪90年代以后，多媒体计算机网络技术等进入教学领域，使得我国的教育技术迅速向深层次发展。教育技术系统工程建设的广泛开发、国家重点科研项目"计算机教学软件的研究与开发"的启动、中国教育与科研计算机网络的开通、《面向二十一世纪教育振兴行动计划》的颁布以及多项大规模现代教育技术的实验，大大推进了我国的教育教学改革。这一时期也是注重教学整体的时期，着重探索和研究教育技术对一堂课、一个单元、一门学科的教学产生的影响，以及对教学模式、教学环境、教学资源和教师的观念、知识、教学水平等的影响。与此同时，在认识上也有较大提高，人们认识到教育技术不只是应用现代的技术手段、工具，更重要的是应用现代的科学理论、方法。教育技术要解决的不只是教学的某些问题，更重要的是要从整体上改革教学。

21 世纪以来，随着因特网的快速普及和 E-learning（即数字化学习或网络化学习）的迅猛发展，教育界在总结网络教育的经验与教训，从而对 E-learning 和传统的教与学方式有了全新认识的基础上，利用 Blended Learning（或 Hybrid Learning，即混合学习）原有的基本内涵，赋予混合式学习或结合式学习全新的含义，就是要把传统教与学方式的优势和 E-learning 的优势结合起来，既发挥教师引导、启发、监控教学过程的主导作用，又充分体现学生作为学习过程认知主体的主动性、积极性与创造性。

1.2.3 现代教育技术的发展趋势

21 世纪以来，互联网向各行各业的渗透与跨界融合发展，加速了以知识经济、信息经济、服务经济为代表的现代社会的到来，其核心特征是以人为本的个性化服务和智能服务。以知识为核心生产要素的现代社会需要创新型人才，呼唤灵活、开放、终身的个性化教育体系。工业时代以班级授课为主体的整齐划一的教育体系正面临着挑战，形成灵活多样、开放终身的个性化教育体系，实施适应个性发展的教育是现代教育技术乃至整个教育现代化发展的基本趋势。

"互联网+"带来的不断变化的社会空间和交往方式见证了信息化时代的到来。信息技术在教育领域的广泛应用，对教育理念、模式和走向都产生了革命性影响。习近平总书记指出，要顺应信息技术的发展，推动教育变革和创新，构建网络化、数字化、个性化、终身化的教育体系。如何兼顾"大规模"和"个性化"，在实现公平（每个人都有）的同时保证质量（跟每个人能力匹配），是传统教育无法实现的两个焦点悖论，而互联网技术的发展为此提供了新的融合解决途径。

"互联网+教育"的跨界融合会产生新的教育生态系统，新生态的构建需要推进技术支持的重大结构性变革。如学习科学指导下的新型关键技术支持的智慧环境变革、课程形态变革、教学范式变革、学习方式变革、评价模式变革、教育管理变革、教师专业发展变革乃至学校组织变革，从而构建新的教育业务流程，实现灵活、开发、终身、个性化的教育新生态。

1. 推进智慧环境变革

"互联网+"时代的数字校园是以云计算、普适计算、语义网和物联网等智能信息技术为基础，对校园的基础设施、教育内容、教育活动、教育信息资源等进行的以人为本的数字化改造，并通过网络互联而构建的虚实融合、信息无缝流通、智能适应的均衡化生态系统；是通过技术与教育的深度融合来最优化地实现学生的学习和教师的教学，形成师生全面发展的智慧化成长环境。大数据和学习分析技术为构建智慧学习环境提供了重要的技术支持，是实现个性化、差异化教学的关键。

推进未来智慧学习环境变革的关键点：智慧学习环境将实现学习全过程的数字化与互联化；智慧学习环境将促进各种数字化技术与系统互联互通，实现横向互联、垂直贯通；智慧学习环境将形成虚实融合的信息生态环境；智慧学习环境能够理解用户的行为与意图，将提供主动适应的服务；智慧学习环境将形成一个全新的智能感知环境和综合信息服务平台；未来的教室将变成"虚拟+现实课堂"，具有开放性、交互性、灵活性、人性化设计、舒适等特点；在智慧学习环境中，计算机将被无缝集成到环境中，人们可以在移动中和计算机更加自然地交互。

2. 推进课程形态变革

"互联网+"时代的到来，对人们的核心素养提出了新的要求，信息技术素养、学会学习、创新与创造力、问题解决能力等核心素养内容受到很多国家和国际组织的重视。许多有关核心素养框架的研究也表示要改革我们的教育，培养具有21世纪学习技能的人才。其中，信息技术素养要求学生能够互动使用信息、技术，能够利用技术收集、筛选信息，探索、开发、交流信息，创造、派生、呈现信息。教育要帮助学生提升个人的信息技术素养，使学生适应和驾驭海量的信息与知识，能够有效地使用技术来获取、利用、创造信息和知识。课程作为教育活动的核心载体，必须从"传授知识为主"向"培养学习与应用能力为主"转变。信息时代赋予人类的"信息型的认识结构"，使得培养学生的信息能力成为课程的重要社会与文化基础，而信息技术课程的设计与实施为人们提供了前所未有的便利，在线课程将成为常态，将使课程结构、课程表现形态、课程实施、课程评价等发生巨大的变革。

推进未来课程变革的关键点：课程的表现形态越来越数字化、立体化，课程越来越多地体现为线上线下的融合，MOOC（massive open online course，大型开放式网络课程）将融入学校教育，成为学校常态课程的有机组成部分；课程中的教育内容，越来越强调学术性内容与生活性内容的相互融合与转化；课程实施从班级形态集体受教向尊重学生的自我活动转型，如翻转课堂、SPOC（small private online course，小规模限制性在线课程）等新的课程实施形式越来越普及，跨越学校边界的课程协同也将成为常态；互联网时代学生的分布式认知方式，借助信息技术进行认知加工的思维方式，会改变课程的基础性目标结构；课程的整体结构从发散走向整合，以技术为中介，促进学生核心素养培养的、跨学科的、多学科整合的课程将成为课程发展的重要趋势（如STEM教育、创客教育等）；课程内容的组织、课程的实施逐步模块化、碎片化，动态可重组成为课程设计的重要特征，课程将越来越移动化与泛在化，微型课程将嵌入日常生活，基于情境问题动态配置课程将成为现实；课程将越来越智能化，越来越具有选择性，适应学生个性特征是未来课程发展的重要方向；课程建设将会出现更精细的社会化分工，以团队形式建设和运行一门课程将成为一种趋势。

3. 推进教学范式变革

在互联网时代，任何学生都可以凭借网络获得丰富的信息资源和广泛的人际互动交流机会，教师所承担的角色将有新的定位，教学活动要从"教"向"学"转变。

教师的角色需要从知识传授者转变为依据学生个人特质做知识的提供及辅助者，教师要成为学生主动建构意义的帮助者、促进者，课堂教学的组织者、帮助者，而不是知识灌输者。通过将信息技术有效地融合进各学科的教学过程来营造一种信息化教学环境，实现一种既能发挥教师主导作用又能充分体现学生主体地位的以"自主、探究、合作"为特征的教与学的方式，从而把学生的积极性、主动性、创造性较为充分地发挥出来，使传统的以教师为中心的课堂教学结构发生根本性变革——由以教师为中心的教学结构转变为"主导—主体相结合"的教学结构。

推进教学范式变革的关键点：教学范式从知识传递到认知建构转型，观念从"老师教什么"为主转变成"学生学什么"为主;从面向内容设计到面向学习过程设计,学习活动组织将是教学过程的核心;教学要从关注"双基"向关注"四基""四能",乃至学生的核心素养方面转变,不仅要使学生掌握基础知识与基本技能,还需要学生了解学科基本思想、获得基本的学习活动体验,更要培养学生发现、提出、分析、解决问题的能力;信息化教学将从 Learn from IT(从技术中学习)转型为 Learn with IT(用技术学习),技术要从扮演教师教学的工具转变为学生学习的认知工具,智慧教学将成为课堂教学新的重点;教室将全面智能化,日常教学工作形态将全面智慧化,课堂将会出现促进深度学习的交互形态;在线教学将成为新的教学形态,教师的在线教育服务将实现跨学校、跨区域的流转,将成为促进教育均衡发展的重要手段,掌握整合技术学科教学法将成为对教师的基本要求。

4. 推进学习方式变革

生于 21 世纪互联网时代的学生,是信息时代的原住民,他们在适应信息环境的过程中自然地适应技术及其规则。在这种适应过程中,人获得了一种技术化的思维方式,这种基本的思维方式就是"人机结合"(人与计算机结合),人机结合的思维会导致学生的学习行为发生变化,也会导致学习方式的革新。

推进学习方式变革的关键点:正式学习与非正式学习正在互补与融合,无处不在的移动网络与智能终端支持学习活动由课堂内向课堂外延伸;通过位置感知、二维码、RFID(射频识别)、NFC(近场通信)等各种情境感知技术,兼容真实生活体验的情境学习将成为学习的重要形态;基于互联网将会出现一批创新的学习方式,如自定步调的自主学习、协作学习、社会化学习、游戏化学习、仿真探究学习、泛在学习等;学习分析技术和大数据技术使得学生可以结合自身的学习需求,选择最好的学习方式和学习路径,为学生提供及时的个性化反馈成为可能,尊重个体特征的个性化学习将是主要的发展方向;学生带计算机上学日益成为事实,人手一台智能学习终端实现线上到线下(OTO)融合学习将是必然趋势;学习将越来越具有选择性,信息获取越来越便捷,但知识的获取将更具有挑战性;培养学生全球意识、沟通与合作能力、创造性与问题解决、信息素养、自我认识与自我调控、批判性思维、学会学习与终身学习、公民责任意识与社会参与等 21 世纪核心素养的学习方式将成为主流。

5. 推进评价模式变革

以往的教育评价主要建立在教育价值唯一的基础上,现代教育价值趋于多元,教育评价方式面临全面转换的现实需要。在这一转换过程中,以互联网为代表的新一代信息技术发挥着重要作用,为教育评价带来了前所未有的可能,互联网使教育评价在评价依据、评价主体参与、评价内容、评价发挥的作用等多个方面实现了转变。

推进评价模式变革的关键点:在评价依据方面,由"经验主义"评价走向了"数据主义"评价,以大数据为基础的评价可以对学生做出精准判断,为教师教、学生学、管理者的管理等提供更为科学的指针和方向;互联网使得嵌入学习过程的伴随式评价成为可能,在评价方式上从总结性评价发展为过程性评价,更加重视评价的诊断、激励与改进功能;互联网使得评价的主体从单一的教师转变为师生共同参与,乃至家长、学校管理层都可以加入,使评价更客观、全面,学生的积极性更高;评价内容将由单一的成绩转变为强调以学生为核心,建立以核心素养为导向的教育测量与评价体系,对学生进行全面评价;智能化的评价技术层出不穷,智能评价技术将超越教师,达到实用程度,可节省人力、物力、财力,从而获得及时性评价和反馈;评价工具将不局限于试题、试卷,评价的内容也不局限于知识的掌握，评价范围将从知识向技能、情感、态度与价值观扩展；评价从关注筛选到关注促进发展，基于互联网可以实现因人而异的适用性评价，评价后及时提供个性化的、可视化的反馈将是重要的发展方向。

6. 推进教育管理变革

基于互联网的教育管理将逐步走向"智慧管理"模式。物联网技术能够提升教育环境与教学活动的感知性，大数据技术能够提高教育管理、决策与评价的智慧性，泛在网络技术能够增强跨组织的大规模社会化协同，云计算技术能够拓展教育资源与教育服务的共享性。在"数据驱动学校，技术变革教育"的时代，利用技术进行教育管理显得尤为重要。

推进未来教育管理变革的关键点：业务全面数字化、可视化与自动化；将实现教育业务关键流程的实时监控；通过深度的数据挖掘，为管理人员和决策者提供及时、全面、精准的数据支持，从经验决策转型到数据驱动的决策模式；面向过程、基于数据开展动态、实时、可持续的督导与评价；互联网支持大规模的实时沟通与协作，会促进教育组织内部重构管理业务流程，进一步促进组织之间的社会化分工，社会教育服务组织会越来越专业化；工作与学习情境感知，实现信息、资源与服务的智能推荐，提供个性化、精准的智能服务；互联网拓宽了家长和社会人士参与教育管理的渠道。

7. 推进教师专业发展变革

互联网将改变教师的整个工作形态，无论是教师的能力结构还是其专业发展方式，都会发生巨大的变化。教师专业发展出现了新特点、新动向：一方面，对于教师能力素质提出了新的要求，即在不同的发展阶段，教师需要形成相应的能力素质来适应新课程改革与教育信息化的要求，尤其是教师对于信息技术工具在教学中的角色认知与在教学中的合理应用能力成为教师能力素养必要的组成部分；另一方面，教育信息化大背景下的教师专业发展的方式不再受制于时间与空间，各种通信技术与多媒体手段为教师迅速完成自身的发展提供了可能。

推进教师专业发展变革的关键点：教师发展专业能力结构的构成因素更加丰富，信息技术知识教学迁移能力、信息技术与学科整合能力、数字化交往能力、数字化教学评价能力、数字化协作能力、促进学生数字化发展的能力等将成为互联网时代数字化教师的核心能力；教师专业发展的内在要求、外在环境与信息技术的结合更加紧密；学科的知识、教学法的知识与技术的知识正在融合，整合技术的学科教学法（TPACK）知识将成为共识，其应用将成为教师的核心教学技能；面向实际教学问题，情境化、网络化、融合线上线下优势的精准教研将成为教师专业发展的主要形式；教师专业发展越来越强调体验、参与，要从被动适应到主动参与，从个体工作到群体协作，从显性过程到隐性过程，从知识接收到知识建构，从了解信息到培育智慧；合作在整个教育系统中的重要性日益提升，教师主要工作状态将从个体转变为群体协作；数字化教师不仅是知识的传授者，更要设计多样化的教学活动，开发数字学习资源和相关的评估工具，创设多样化、适合不同学生学习发展的数字化学习环境。

8. 推进学校组织变革

互联网将使学校的组织结构和管理体制发生巨大的变化，使学校内部的组织结构向扁平化、网络化的方向发展。互联网通过降低信息获取成本、减少信息处理时间和加快信息流动等方式强化学校的管理和组织效率，进一步对学校的组织结构产生影响。这种改变在大学、中学、小学逐渐明显，并成为今后学校组织结构的发展趋势。我们只有充分认识到互联网给学校组织结构变化带来的契机,才能随着外部大环境的变化,合理调整内部结构和资源配置,确保整个学校组织的活力。

推进学校组织变革的关键点:互联网将打破学校的围墙,基于互联网的教育服务将成为学校教育服务的有机组成部分;"互联网+教育"的跨界融合,将促进整个教育体系核心要素的重组与重构;学校教育与互联网教育不是相互替代的关系,而是相互支持、优势互补的关系;互联网将推动出现一些从根本上重新进行设计的学校,学校会根据学生的能力而非年龄、学习时间或其他因素来组织学习;互联网推动学校组织结构向网络化、扁平化的方向发展,管理结构将是横向的虚拟团队与纵向的科层体系并行;数据与信息将成为学校最重要的资产,数据的利用能力将成为学校的核心竞争力;学校会像现在重视校园文化建设一样,建设网络学习空间,推动学生带着自己的电子设备上学,这将成为一种流行的趋势。

1.3 现代教育技术的理论基础

1.3.1 学习理论基础

教学理论是以教学规律为研究对象的学科,其内容是研究如何依据教学活动的性质和规律,合理设计教学的过程和情境,以提高学生学习的质量和效率。一般认为,17世纪夸美纽斯的《大教学论》奠定了这门学科的基础。20世纪初发展起来的现代教学理论,对教育技术的发展产生了直接的影响。这里对几种主要的理论观点做简要介绍。

1. 斯金纳的程序教学理论

20世纪50年代美国行为主义心理学家斯金纳根据操作条件反射与强化理论,提出学习材料的程序化思想。其主要原则:教材分为小步子;学生对学习内容做积极反应;反应后有即时反馈,尽量降低错误率;教学应自定步调、自选路径,等等。

依据以上原则,程序编制者要把教材分解成许多小项目,按一定顺序加以排列,对每个项目提出问题,通过教学机器或程序教材来呈现,要求学生做出选择反应或构答反应,然后给出正确答案,以便核对并加以强化。这一理论对今天的计算机辅助教育研究依然具有价值。

2. 布鲁纳的发现教学法

美国教育心理学家杰罗姆·西摩·布鲁纳(J. S. Bruner)从认知心理学原理出发,提出了以学生主动"发现"为主要形式的教学方法。发现法的重要特征是在一个由教师有组织、有目的创设的学习情境中,学生依靠习得经验和主观动机,一步步去"发现"新的知识内容,并通过这种成就感不断深入"发现"行为,最终在这些发现成果的积累、组成和构架中,"顿悟"到知识的内在体系,从而掌握学习内容。这种方法的优点是促进学生在学习活动中主动思考，发展和提高综合智力水平，锻炼自主解决问题的技能，有利于培养独立学习和研究的能力。这种方法的缺点是对学生的预备技能和自控能力要求较高，若指导不当，学生学习热情可能迅速降低，导致放弃，耗时长。所以运用发现教学法，教师必须事先做好周密安排，同时对过程予以即时控制。

3. 布卢姆的掌握学习模式

掌握学习是美国心理学家本杰明·塞缪尔·布卢姆（B. S. Bloom）在20世纪60年代提出的。布卢姆认为学生学习效果的差异受五个变量制约，即学习某课题的基础能力、教学的质量、理解能力、学习持续力和学习时间。只要使学习者明确教学目标，具备掌握该项学习必要的知识和技能、合理的时间、良好的主观意愿，教师提供必要的帮助、有效的反馈和矫正，则绝大多数学生能够完成学习任务，获得好成绩。

掌握学习是基于集体授课形式的教学方法，所以在学校教育中流传很广，在我国教育界影响较大。

4. 奥苏贝尔的讲解式教学

美国教育家戴维·保罗·奥苏贝尔（D. P. Ausubel）依据认知心理学的原理，认为人的认识过程往往是先认识事物的一般属性，然后在这种一般认识的基础上，逐步认识其具体细节。因此，他提出教学顺序应遵循人的认识的自然顺序，先呈现概念性的组织者（即先行组织者），以便学生在认知结构中形成框架，同化新的下位知识，然后呈现具体材料，使学生的认知结构从一般到个别，不断分化。他强调师生的相互作用、学生认知结构中新旧知识的相互作用，以达到认知结构不断分化和综合贯通的目的。

5. 范例教学模式

以德国著名教育家沃尔夫冈·克拉夫基（W. Klafki）和马丁·瓦根舍因（M. Wagenschein）为代表提出的"范例教学论"，是在批判传统教学的过程中逐步明确和丰富起来的。他们认为，要克服传统教学的弊端，就要反对庞杂笼统的传统课程内容和死记硬背的教学方法，选择学科材料中典型的材料，形成知识的"稠密区"，让各种知识交融，学生通过对这个"稠密区"的探究、思考，形成一种整体的认知结构，从而达到把握各种材料的目的。这种模式主要分为四个阶段：教师以具体直观的方法阐明一个范例，使学生先对"个"的本质特征有一个基本认识；然后阐明整个"类"的特征，从而由对"个"的认识上升到对"类"的认识；再通过从"个"到"类"的过渡，掌握事物之间本质的关系，即规律与范畴的抽象概括和总结；最后获得世界经验与生活经验。

6. 巴班斯基的最优化理论

苏联教育学者巴班斯基的"教学过程最优化"理论认为，教学要从实际情况出发，确定效果和时耗的双重标准，选定最佳教学方案，按照实施中的反馈信息及时调整教学活动进程，以期达到最大效益，并使每个学生都得到最合理的教育和发展。

1.3.2 教学理论基础

学习理论是关于人类如何学习的理论，研究学习理论不仅可以了解学生的学习是如何发生的、有哪些规律、是什么样的过程、怎样才能有效进行，使教育、教学有坚实的理论基础，还可以借此改进学习者的学习方法，提高学习者的素质，从而提高教学质量。学习理论的流派有很多，这里介绍主要的几种。

1. 行为主义学习理论

这里所说的行为指的是心理学和社会学领域的人类行为。行为主义学习理论强调观察的行为，强调知识技能的学习靠条件反射、靠外在强化，学习就是形成刺激和反应的联结和联想。行为主义学习理论认为，人的行为主要由操作条件反射构成。这一理论力图从对操作条件反射的研究中总结出学习规律，由此比较重视强化作用，提出了强化原理和程式，这里介绍其中的两种。

（1）代克的联结主义学习理论。联结主义学习理论又称联结说或试误说，它来源于桑代克"饿猫打开谜箱"的实验。桑代克从饥饿的猫学会开箱门的过程中总结出学习行为的联结说。这一理论认为：学习是个体在对外部刺激做出反应的过程中，所习得的刺激—反应的联结。个体所学到的就是一连串刺激—反应联结的组成。每个刺激—反应联结，都是经由盲目的尝试与错误的减少的渐进过程，是由开始的错误反应多于正确反应，直至最后全部为正确反应的结果为止。

在试误学习中，刺激与反应间的关系能否建立，主要依赖三大法则：练习律、准备律、效果律。练习律是指刺激与反应间的联结随学习次数的多寡而有强弱之分。准备律是指刺激与反应的联结因个体身心准备状态而异。效果律是指刺激与反应的联结因反应之后是否获得满意的效果而定。三大法则中效果律是主要的。

个体在某种刺激情境中学习的刺激与反应的联结，将有助于在其他类似情况中学习新的刺激与反应的联结。

（2）斯金纳的操作条件作用学习理论。斯金纳根据"斯金纳箱"的动物实验研究，创建了独具特色又对教育心理学影响极大的操作条件作用学习理论，具体内容如下。

条件作用的学习历程分为两类。一类为反应型条件作用，即个体行为中已具有的刺激—反应联结，经过刺激替代的方式，从而建立新的刺激—反应联结，又称"反射学习"；另一类为操作型条件作用，即指实验者就个体在刺激情境中自发性的多个反应，选择某种施予强化，从而建立刺激—反应联结的历程，又称"操作学习"。斯金纳对学习历程的解释就是后一种。

操作条件作用学习理论在对影响个体操作反应的因素进行解析时，使用了"强化原则"：个体的任何自发性反应，如能带来有效后果，该反应则因强化而保留；凡是能强化个体反应的一切刺激（包括人、事物）均可视为强化物，强化物有正负之分。强化作用也有正负之分，凡因强化物出现而强化某种反应的现象，称为正强化；凡因强化物消失而强化某种反应的现象称为负强化。正负强化物的出现与消失，都是个体的有效反应所致，个体行为的后果将决定其以后的行为。

2. 认知主义学习理论

认知主义学习理论认为，人的知识不是由外部刺激直接给予的，而是外部刺激和认知主体的内部心理过程相互作用的结果。据此，学习过程被解释为每个人根据自己的态度、需要和兴趣，并利用过去的知识和经验对当前工作的外部刺激做出主动的、有选择的信息加工过程。学习的实质是在主客体相互作用的过程中，在反映客观现实的基础上，主体通过一系列的反应动作，在内部构建其调节行为的心理结构的过程。这就使认知学习理论比行为主义学习理论向前迈了一步。

（1）布鲁纳的认知结构学习理论。布鲁纳认为人将外部事件经过知觉转化为心理事件的过程是认知表征过程，这一过程分为动作表征、形象表征和符号表征三个阶段。学习者通过这些表征形象在内部建立起对知识的结构框架，这就是认知结构。新的学习就是将新的表征形象与原有的认知结构相联系，对其进行调整、补充，并在这个结构的指引下完成对具体知识内容的认知。由此，布鲁纳提出了"知识结构论""学习结构论"等理论，认为对学习者来说，掌握学科知识的结构形态要比学会内容重要，所以要让学习者学习学科知识的基本结构，在此基础上进行学习。

（2）奥苏贝尔的意义学习理论。奥苏贝尔的意义学习理论，旨在直接解决学校知识的教学问题，其理论内涵涉及学习、教学、课程三方面。因此，一般认为奥苏贝尔的学习理论是最接近教育心理学的学习理论。与布鲁纳的强调认知—发现不同，奥苏贝尔的意义学习理论强调认知—接受学习。他认为要实现有意义的接受学习，必须满足内、外部条件。内部条件指学习者需有意义学习的心向，即学习者积极地把符号所代表的新知识与学习者认知结构中原有的适当的知识加以联系；外部条件是学习材料必须具有的逻辑意义。意义学习论对学校教学提出了一项重要的建议，即教师对学生经验能力的了解并给予清楚的讲解引导，是形成有效学习的必要条件。

（3）加涅的信息加工学习理论。随着计算机的出现，在心理学界有人开始将人的认知过程用计算机的工作原理进行模拟，把学习过程作为一个信息加工过程看待，并用计算机模拟来分析人的内部心理状态和过程。关于学习信息加工的理论有很多种，其中罗伯特·米尔斯·加涅（R.M. Gagne）的理论影响较大。加涅认为，学习是主体与环境相互作用的结果，不是刺激—反应的简单联结。

3. 人本主义学习理论

人文主义学习理论认为学生是学习的主体，必须受到重视和尊重，任何正常儿童都能自己教育自己，并认为学习是人的自我实现和丰富人性的形式。而人际关系又是有效学习的重要条件，它在学习中创设"接受"的气场，从而促进了教育技术的发展。

人本主义心理学派是西方一个颇有影响的心理学学派，人本主义者的学习理论就是以人本主义心理学的理论框架为基础的。它强调人的尊严和价值，反对心理学中将人动物化和机械化的倾向，主张心理学要研究对个人和社会进步有意义的问题。与此相应，人本主义强调学习的基本原则必须是尊重学生，重视学生的意愿、情感和观念，必须相信人人都能教育自己，并认为学习就是个人潜能的充分发展，是人格的发展。

人本主义学习理论的代表人物是美国著名的心理学家卡尔·罗杰斯，他对心理学的贡献主要表现在人格自我理论的提出、以人为中心教学方法的创立和以学生为中心教育思想的倡导。罗杰斯对教学理论颇有一番抱负，他不愿意对传统的"以教师为中心"的理论进行"修修补补"，而要来一场天翻地覆的革命。他认为，"多少年来，我们所受的教育只是强调认知，放弃与学习活动相联系的任何情感，我们否认了自身最主要的部分"，这是一种知情严重分离的教育，与"把学生作为一个完整的个体加以接受，把学生作为具有各种感情、埋藏着大量潜能的一个尚未臻于完善的人"的人本主义观点相悖，于是他提出了以学生为中心的教学理论以及非指导性教学策略。罗杰斯的以学生为中心的教学理论归属个别化教学的范畴。同所有主张个别化教学的理论家一样，罗杰斯所重视的是个体的独特性，是学生的充分发展。他强烈反对班级授课制度，支持个别化教学。罗杰斯认为教育的目标应该是促进变化和学习，培养积极愉快、能适应时代变化和知道如何学习的人。按照这种教育目标培养出来的人应该是人格充分发展的人，与传统教育注意知识接收、养成顺从特性的人相比,这种人具有更大的灵活性、自主性和创造性。因此,他提倡非指导性教学,认为应该创造一种有利于学生学习的气氛,教师充分地信任学生、了解学生、尊重学生,使学生在整个学习过程中感受到安全与自由,从而充分地发挥自己的潜力。

但人本主义学习理论有其片面性,它强调学生天赋潜能的作用而无视人的本质的社会性,过分强调学生的中心地位,使教学拘泥于满足学生的兴趣与爱好,而忽视了教育与教学的效应,忽视了教学内容的系统逻辑性和教师在学科学习中的主导作用,这些又势必会影响到教育与教学的质量。其实,过分抑制学生和过分放纵学生都不利于学生的发展。

4. 建构主义学习理论

建构主义学习理论认为,知识不是通过教师传授得到的,而是学习者借助他人的帮助和利用必要的学习资料,通过意义建构的方式获得的。情境、协作、会话和意义建构是学习环境的四大要素。据此出现了三种教学方法:随机进入式教学、抛错式教学、支架式教学。由此,教师的主要任务由单方面的灌输知识转向为学习者提供一个自由的学习环境,这一任务主要包括制作软件、提供学习指导、执行教学计划等。

建构主义对学习的解释主要有以下几点。

（1）学习是一种建构的过程。知识来自人们与环境的交互。学习者在学习新的知识单元时,不是通过教师的传授获得知识,而是通过个体对知识单元的经验解释,从而将知识变成自己的内部表述。知识的获得是学习者与外部环境交互作用的结果,人们对事物的理解与其先前的经验有关,因而对知识正误的判断是相对的,而不是绝对的。学习者在形成自己对知识的内部表述时,不断对其进行修改和完善,以形成新的表述,因而这一内部表述是一个开放的体系。学习者在对知识单元进行学习时,实际上是形成了一个个的知识体。每一个知识体就是一个小的结构,一个新的知识单元的学习是建立在原有的知识结构的基础之上的。

（2）学习是一种活动的过程。学习过程并非一种机械的接受过程。在知识的传递过程中,学习者是一个极活跃的因素。知识的传递者不仅肩负着"传"的使命,还肩负着调动学习者积极性的任务。对学习者开放的许多知识结构链,教师要能让其中最适合追加新的知识单元的链活动起来,这样才能确保新的知识单元被建构到原有的知识结构中,形成一个新的开放的结构。学习的发展是以人的经验为基础的。由于每一个学习者对现实世界都有自己的经验解释,因而不同的学习者对知识的理解不完全一样,经过一定时间的磨合之后才可能达成共识。既然学习者对于外部世界的理解可以是各异的,那么教学评价应该侧重学习过程,而不是学习结果。

（3）学习必须处于真实的情境中。学习发生的最佳情境（context）不是简单抽象的,相反,只有在真实的情境中才能使学习变得更为有效。学习的目的不仅是让学生掌握某些知识,而且要让学生真正运用所学知识解决现实世界中的问题。在一些真实的环境中,学习者的知识结构怎样发挥作用,学习者如何运用自身的知识结构进行思维,是衡量学习是否成功的关键。如果学生在学校把教材知识记得很"熟",却不能用它来解决现实生活中的某些问题,那么这种学习应该说是不成功的。

因此,建构主义学习理论提倡的是教师指导下的、以学生为中心的学习。学生是知识意义的主动建构者;教师是教学过程的组织者、帮助者、指导者和促进者;教材所提供的知识不再是教师讲授的内容,而是学生主动建构的对象;媒体也不再是帮助教师传授知识的手段和方法,而是用来创设情境、进行协作式学习和会话交流,即作为学生主动学习、协作式探索的认知工具。目前建构主义理论对教育技术，尤其是第二代教学设计研究的影响较大。

1.3.3 系统科学理论

现代教育技术在发展过程中受到科学、方法论的影响，突出地体现在系统科学的思想、观念对教育技术学研究与实践的影响上。系统科学的思想观点和方法对教育技术学学科的形成和发展有着广泛而深远的影响，成为现代教育技术最重要的理论基础。

1. 系统科学的"老三论"基本内容

20世纪五六十年代，将系统科学（包含控制论、信息论、系统论，也称"老三论"）的系统方法运用于解决教育技术领域的核心问题，促进了教育技术学的蓬勃发展。"老三论"既是现代自然科学、社会科学、思维科学发展综合的结果，又是现代科学共同研究的一般方法论，是探讨一切科学领域普遍性的科学方法。系统科学主张把事物、对象看作一个系统进行整体的研究，研究它的要素、结构、功能之间的联系，通过信息的传递和反馈来实现系统之间的联系，有目的地控制系统的发展，获得最优化的效果。

（1）控制论。控制论的创始人与奠基人是美国数学家维纳，他在1948年出版的《控制论》一书中首次使用了"控制论"一词。控制论是关于控制系统的一般规律和控制过程的科学，它的研究对象是控制系统。这类系统的特点是根据周围环境的某些变化来决定和调整自己的运动，系统与环境之间以及系统内部的通信信息的传递是实现系统目的的基础。

控制论是一门以提出不同系统的共同的控制规律为理论目的的具有普遍意义的理论，它着重从事物量的方面去发现各种控制系统的共同规律，并把反馈方法作为提高系统的稳定性并达到优化控制目的的有效方法。控制论的观点对我们实现教学过程最优化及构建最优化的教育教学系统有着重要的理论价值。

控制论在教育领域中应用所形成的理论称为教育控制论。教育控制论以提高教学效率和教学质量为目标，以信息流为主要传输形式，研究教育系统中运用信息反馈来控制和调节系统的行为，从而达到既定教学目标。传递教学信息的出发点和归宿在于教学效果的最优化，而信息反馈是实现教学效果最优化的关键。通过反馈，对系统进行有效调节，以使教学设计有的放矢、不断完善，更加适合学生的实际情况。

（2）信息论。信息论是美国数学家香农创立的，他于1948年发表了《通讯的数学理论》，为信息论奠定了基础。简单地说，信息论是关于各种系统中信息的计量、传递、变换、贮存和使用的规律的科学。香农与维纳同时从不同的研究对象中推导出关于传输最大信息量的公式，称为香农—维纳公式：

$$I = -\log_2 P$$

式中：I 为信息量，单位为比特；P 为传递信号的发生概率。

香农—维纳公式为教育信息的定量测试，特别是现代教育技术的信息传递的增值率的计算提供了重要依据。信息普遍存在于自然界、社会和人类思维之中，是一切系统保持一定结构、实现其功能的基础，信息的作用是减少和消除人们对事物认识的不确定性。信息论认为，系统正是通过获取、传递、加工与处理信息来实现有目的的运动的。

信息论应用于教育领域所形成的理论称为教育信息论，教育信息论是研究教学过程中教学信息如何传递、变换和反馈的理论。现代教育技术采用信息论的基本观点和方法，结合各种工具对教学信息进行分析与处理，对教学系统中信息传播的特点与规律进行分析。

（3）系统论。系统论是美籍奥地利生物学家贝塔朗菲创立的一门逻辑和数学领域的科学，他于1947年发表的《一般系统论》为系统论奠定了基础。所谓系统，是指由相互联系、相互制约的若干组成部分结合在一起并且具有特定功能的有机整体。系统论是从系统的角度去研究事物的发展、运动规律的一门科学。系统论认为，自然界是一个巨大的系统，人类思维也是一个复杂的系统，世界上一切事物、现象和过程几乎都是有机整体，又都自成系统、互为系统；每个系统都是在与环境发生物质、能量、信息的交换中变化、发展，并保持动态稳定的开放；系统内部与系统之间保持一种有序的状态。

系统论是现代教育技术的基础。教育系统论把教育视为一个系统，组成系统的要素是教师、学生、媒体等。系统论促使我们以整体的、综合的观点来考察教育教学过程与现象，运用系统的方法来解决教育教学问题。也就是从系统的观点出发，坚持从整体与部分、系统与外部环境之间的相互联系、相互作用、相互制约等关系中考察、研究系统，以求解决问题的最优化方法。

系统科学"老三论"的思想、观点和方法对教育技术学科的形成和发展产生了广泛而深远的影响，成为现代教育技术最重要的理论基础之一。特别是20世纪60年代以后，系统科学的思想渗透到教育技术的各个领域，促进了教育技术中各个分支的融合，从而诞生了现代教育技术。

2. 系统科学"新三论"的基本内容

自20世纪70年代以来，系统科学又有了很大的发展，其基本内容已由原来的"老三论"发展到由"耗散结构理论""协同学""超循环理论"为代表的"新三论"，相应的，系统方法也有了较大的拓展。"新三论"的共同特点是：以系统为研究对象，研究其有序与无序、平衡与非平衡等状态的内在机制及转化条件。由于这种内在机制及转化条件取决于系统内部各组成要素之间的相互联系、相互作用，即涉及系统的"自组织"问题，因而"新三论"也可统称为"自组织理论"。

（1）耗散结构理论。耗散结构理论最早由比利时物理学家普里高津在1969年提出。所谓耗散结构是指与外界不断进行物质、能量、信息交换的开放系统，在远离平衡态的非线性区，因涨落而形成的宏观稳定有序的结构。一个系统要想形成耗散结构，需要具备四个条件：必须是一个开放系统；该系统必须远离平衡态；系统内部各要素（子系统）之间必须存在非线性的相互作用；要有某种随机的扰动或涨落作为杠杆——"涨落"导致有序。

（2）协同学。协同学是由德国斯图加特大学理论物理学教授哈肯于1976年创立的。协同学和耗散结构理论一样都是研究系统如何实现自组织。哈肯在耗散结构理论基础上指出，使无序转变为有序的关键在于系统内部各组成要素之间非线性相互作用所引起的协同现象。哈肯不仅深入地研究了这种协同现象的形成机制及作用方式，还对"涨落如何导致有序"的具体过程做出了科学的量化分析，从而发展出协同学的重要原理。简而言之，耗散结构理论基于"开放、远离平衡、非线性、有涨落"等原则，提出了系统自组织的外部条件，协同学则通过"协同原理、支配原理、涨落原理、模式原理和广义进化原理"揭示出系统自组织的内在依据。

协同学和耗散结构理论的研究对象、目标完全一致，只是前者的研究内容偏微观、研究方法侧重定量分析，而且更关注内在依据，后者的研究内容则较宏观、研究方法侧重定性分析，并且侧重外部条件，二者正好具有互补性。

（3）超循环理论。德国物理化学家艾根于1977年发表了《超循环——自然界的一个自组织原理》一文，引起了国际学术界的普遍关注，由此掀起研究"超循环"的热潮。艾根在该文中把宇宙生命起源和进化分为三个阶段：第一阶段是前生物的化学进化阶段，第二阶段是生物大分子的自组织阶段，第三阶段是生物进化阶段。艾根着重研究从生物大分子的自组织到原生细胞的进化阶段，提出了"超循环"概念及与超循环相关的三个原理：自然选择原理、结构优化原理和信息增值原理。所谓"超循环"，是指由生物学上的反应循环和催化循环发展而成的新循环，这种循环具有很强的自复制与自催化能力。

如上所述，耗散结构理论和协同学理论主要研究物理世界的自组织现象，然后把其结论推广至社会领域乃至生物领域，以便说明这些领域的自组织现象及其发展、进化规律；而超循环理论直接从生物领域来研究非平衡系统的自组织现象，并具体阐明了生命如何进化、如何永续的机制问题。可见，超循环理论不仅对生命科学具有重大意义，也从新的领域、新的角度为自组织理论的发展作出了有益的贡献。

3. 系统方法的主要特征

众所周知，原来基于"老三论"的系统方法是指"按照事物本身的系统性把对象放在系统运行过程中来加以考察的一种方法"。运用这种方法去考察系统时，要从系统观点出发，着重从整体与部分（要素）、系统整体与外部环境之间的相互联系、相互作用的辩证关系中全面、综合、动态地去考察对象，以便最有效地处理、解决现实问题，达到改造主、客观世界的目的。按照这样的系统方法去处理、解决问题时强调应符合整体性、层次性、动态性和最优化等几方面的要求。

"新三论"仍属系统科学范畴，因而"新三论"的系统方法特征显然应当包含原来"老三论"所具有的整体性、动态性、层次性和最优化等几个方面。与此同时，"新三论"还应增加与系统"自组织"有关的新特征：开放性、非线性、协同性和涨落性。

开放性要求系统与外部环境之间不断进行物质、能量及信息的交换，这是系统形成耗散结构的首要条件。只有通过这种开放性，系统才有可能引进负熵流以抵消熵增，从而促使系统从无序向有序的稳定状态发展。

非线性是指系统内部各组成要素（即各个子系统）之间的相互联系、相互作用呈非线性关系。只有非线性的相互联系、相互作用才能产生相干效应；只有存在这种相干效应，才能使由于某种内部或外部原因引起的微小扰动或涨落被不断放大，使系统从无序走向有序，并最终形成新的稳定有序的结构（即耗散结构）。

协同性是上述相干效应得以形成的关键。系统内具有不同质的各组成要素之间所存在的非线性相互联系、相互作用原先处于一种无序状态，后来在支配原理（一方的属性同化了另一方，使另一方属性与自身相同，此即"协同学"中的支配原理）的作用下，系统会因"同化"作用（也称相关效应）开始按照某个统一的模式而协调一致地运动。这样就使系统逐渐从无序变为有序，并形成一个新的有序的结构。可见，协同性是系统实现自组织的核心机制。

涨落性是指系统一定要有适当的外界扰动或涨落才能导致有序。由于某种内部或外部的原因，系统的状态有可能发生一些小的起伏涨落，但是对处于不同状态的系统来说，涨落的影响是有区别的：对处于平衡态的系统，虽然涨落可正可负，但可以用求统计平均的方法消除它的影响；对处于近平衡态的系统，涨落造成的状态偏离会自行衰减并最终回到稳定状态；对处于远离平衡态的系统，涨落的作用则完全不同，如上所述，这时系统内部各组成要素之间的非线性相互作用将因"协同"而引起相干效应，这些相干效应可以把微小的涨落迅速放大，导致系统达到一个新的稳定有序状态，即形成耗散结构。

1.3.4 现代教育技术的其他理论

1. 视听教育理论

1946年，美国教育技术专家戴尔在他的《视听教学法》一书中，阐述了录音、广播等视听教学手段怎样在教学中使用，以及会产生怎样的教学效果等一系列问题，总结出一系列视听教学方法，提出了相关的教学理论，这就是视听教学理论。由于戴尔把人类获取知识的各种途径和方法概括为一个"经验之塔"来系统描述，因此人们又将这一理论称为"经验之塔"理论。

1)"经验之塔"理论的基本思想

戴尔将人类学习的经验分为做的经验、观察的经验和抽象的经验三大类，并按抽象程度分为十个层次：有目的的直接经验，设计的经验，参与活动，观摩示范，见习、旅行，参观展览，电影、电视，广播、录音、照片、幻灯，视觉符号和语言符号，如图1-1所示。

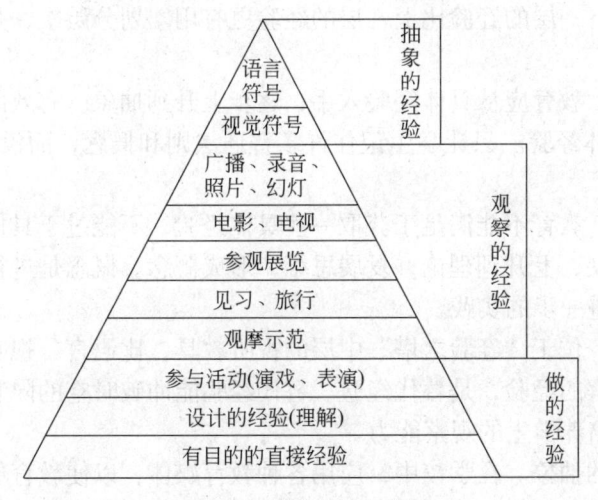

图 1-1 戴尔经验之塔

（1）有目的的直接经验。戴尔认为"经验之塔"的最底层是直接的经验，是直接与真实事物接触的经验，是最丰富的具体经验。也就是通过对事物的看、听、尝、嗅、做所取得的经验。

（2）设计的经验。这是"真实的改编"，这种改编可以使人们对真实更容易理解。如制作模型，尽管模型与原物相比，其大小和复杂程度有所不同，但通过制作模型，可以产生比用实物教学更好的效果。

（3）参与活动。通过演戏、表演，感受那些在正常情形下无法获得的感情上和观念上的体验。

以上三个方面的经验，都包含有亲身参与的活动。在这三种方式中，学习者不仅是活动的旁观者，更是活动的参与者。

（4）观摩示范。通过看别人怎么做，让学生知道是如何做的，以后学生就可以模仿着去做。

（5）见习、旅行。见习、旅行的主要目的是观察课堂上看不到的各种真实事物和景象。

（6）参观展览。通过观察展览中陈列的材料取得观察的经验。

（7）电影、电视。屏幕上的事物是实际事物的代表。通过看电影、电视，得到的是替代的经验。

（8）广播、录音、照片、幻灯。它们提供的内容更加抽象。照片和幻灯缺乏电影和电视画面的动感，广播和录音则缺少视觉映像。但它们给学习者提供的是视听刺激，故仍属一种"观察"的学习经验。

（9）视觉符号。视觉符号主要指表达一定含义的图形、模拟图形等抽象符号。

（10）语言符号。语言符号包括口头语言和书面语言（即文字符号）两种，是一种纯粹的抽象。

2）"经验之塔"理论的要点

（1）塔底层的经验。"经验之塔"底层的经验是最直接、具体的，学习时最容易理解，也便于记忆。越往上越趋于抽象，但并不是说，获取任何经验都必须经过从底层到顶层的阶梯，也并不是说下一层的经验比上一层的经验更有用。划分层次，是为了说明各种经验具体与抽象的程度。

（2）学习方法。教育应从具体经验入手，逐步上升到抽象。有效的学习方法，首先应该给学生丰富的具体经验。只让学生记住许多普通法则和概念，而没有具体经验做支柱，是教育的最大失败。

（3）教育升华。教育不能满足于获取一些具体经验，不能过于具体化，而必须向抽象化和普遍化方向发展，上升到理论，发展思维，形成概念。概念是进行思维、探求知识的工具，它可以指导进一步的实践。

（4）替代经验。位于"经验之塔"中层的视听教具，比语言、视听符号更能为学生提供具体的和易于理解的经验，是替代经验。替代经验能冲破时空的限制，弥补学生直接经验之不足，且易于培养学生的观察能力。

（5）形成科学的抽象。在学校中，应用各种教育媒体，以使教育更为具体，从而形成科学的抽象。把具体的直接经验看得过重，使教育过于具体化，而忽视达到普通化的充分理解是危险的。但当今的教育还远远没有达到应有的具体程度，因此加强视听教育是完全必要的。

"经验之塔"理论所阐述的是经验与抽象程度的关系，符合人们认识事物由具体到抽象、由感性到理性、由个别到一般的认识规律。而位于塔中部的广播、录音、照片、幻灯、电影、电视等介于具体经验与抽象经验之间，既能为学生学习提供必要的感性材料，容易理解、容易记忆，又便于借助解说或教师的提示、概括、总结，从具体的画面上升到抽象的概念、定理，形成规律，是有效的学习手段。因此，"经验之塔"理论不仅是视听教育理论的基础，也是现代教育技术的重要理论。

2. 传播理论

按照信息论的观点，教育过程是一个信息传播的过程，在这个传播过程中有其内在的规律性和理论，所以教育技术应该以人们对传播过程的研究所形成的理论——传播理论为理论基础。传播理论产生于20世纪40年代的美国，是一门研究人类传播行为的新兴边缘学科。随着美国广播和电视事业的发展，传播理论逐渐从社会学、心理学、政治学等学科中分离出来成为一门新学科。威尔伯·施拉姆（W. Schramm）最早研究传播学，他集先驱者的研究成果，把传播规律作为一门学问进行独立的研究，并力图使之系统化，从而形成了传播学。传播学的产生也是对自然科学和社会科学趋于整体化联系的一种反映，传播研究吸取了信息论、控制论等一些自然科学的理论和方法。

1）传播的概念

传播（communication）在特定的语境中也可译为通信、交通、交流、传意等。所谓传播，是指传播者借助一定的媒体或形式将信息传递给接收者，以影响接收者的行为，或达到信息交流和信息共享的行为或过程。

知识链接：传播的基本特征

（1）传播是传播者和接收者传递、接收与反馈信息的完整过程。
（2）传播是信息交流、信息共享和不断扩展共识的互动过程。
（3）传播是建立和改变人们的认知结构，影响与调节各自行为的过程。

2）传播的基本类型

传播按涉及人员的范围大小依次分为自我传播（又称人的内向交流）、人际传播、组织传播（又称团体传播）、大众传播和教育传播等类型。

尽管人们经常处于人际信息的互动之中，但是人也需要自我思考，需要自我剖析。这时，人往往一分为二，成为一个"主我"（I）和另一个"宾我"（me）的对立统一体，主我和宾我不断进行着信息的交流，这就是自我传播。人的内向交流得以进行，要依靠大脑信息库储存的材料，材料愈多，内向交流愈活跃。人是有思想的动物，思维性的内向交流无时无刻不在发生。人际传播是个人与个人之间的信息交流和沟通。以面对面传播为主，也可通过媒介进行传播，使用的媒介主要有电话、信件等。团体传播是团体对团体和众人的传播。传播进行的方式主要有小组讨论、座谈、群众集会等。大众传播是通过媒介对广大公众进行的一种传播。换句话说，它是经由一个有组织的多数人，利用一种有组织的通道，包括印刷媒体的图书、报纸、杂志，电子媒体的广播、电视、网络，超越时间及空间的距离为一群无法预知的大众，提供消息、知识、娱乐、广告等传播活动。

教育传播是由教育者按照一定的要求，选择合适的信息内容，通过有效的媒体和通道，把知识、技能、思想、观念等传递给特定的教育对象的一种传播活动，是教育者和受教育者之间的信息交流活动。教育传播的目的是促进学生的全面发展，培养社会所需要的各种人才。

知识链接：教育传播的特点

与其他传播活动相比，教育传播具有以下特点。
（1）明确的目的性。教育传播是以培养人才为目的的活动。

（2）内容的严格规定性。教育传播的内容是按照教学计划和教学大纲的要求严格规定的。

（3）受者的特定性。

（4）媒体和通道的多样性。在教育传播中，教育者既可以充分发挥口语和形体语言的作用，又可以以板书、模型、投影、电视等为媒体；既可以是面对面的交流，又可以是远距离的传播。

3）传播过程与模式

传播过程是一种信息传送和交换的复杂过程。为了研究这一复杂过程，传播过程往往被分解成若干要素，然后用一定方式去研究这些要素之间的相互关系与相互作用，这样就形成了多种多样的传播模式。在这里我们介绍两种主要的传播模式。

（1）拉斯韦尔直线式传播模式。美国政治学家哈罗德·德怀特·拉斯韦尔（H.D. Lasswell）在1948年提出的传播过程的模型中（见图1-2），简明地表达了传播过程中的要素（5W：传播者——Who，信息——Says What，媒介——In Which Channel，接收者——To Whom，效果——With What Effect）及其功能，以及信息传播是如何进行的，并且根据其要素的功能（作用）来研究如何提高传播的效率和效果。

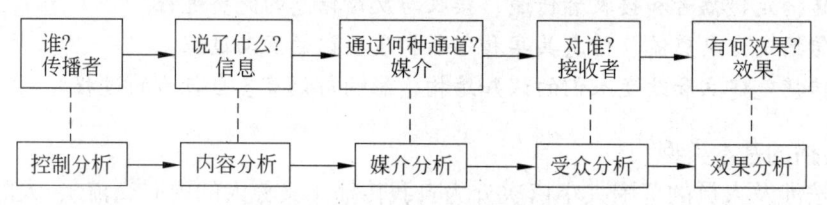

图1-2　拉斯韦尔直线式传播模式

（2）贝罗SMCR传播模式。1960年，戴维·贝罗（D.Berlo）在拉斯韦尔研究的基础上，提出了著名的SMCR（source-message-channel-receiver）传播模式，如图1-3所示。

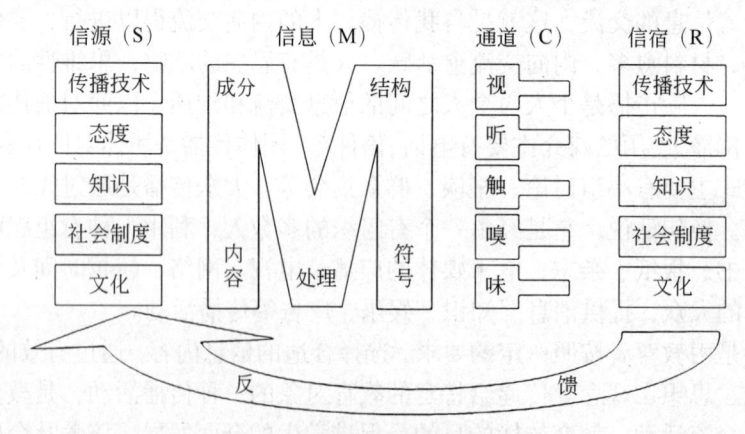

图1-3　贝罗SMCR传播模式

模型明确和形象地说明传播的最终效果不是由传播过程中的某一部分决定的，而是由组成传播过程的信息源、信息、通道和受者四部分以及它们之间的关系共同决定的，而传播过程中每一组成部分又受自身因素的制约。

从信息源（传播者）和接收者来看，有四个因素影响传播效果。①传播技能。传播者的口语、文字表达技能和接收者的听、读技能，以及他们对媒体的掌握能力。②态度。传播者和接收者的态度、对传播内容的态度和传播者与接收者之间的态度。③知识水平。传播者对传播内容和传播方法的掌握程度，接收者原有的知识水平是否能够接受传播的内容。④社会及文化背景。不同的社会阶层及文化背景也影响传播方法的选择和对传播内容的认识和理解。再从信息这个要素来看，它也受到信息的内容、要素以及信息处理、结构安排和编码方式等各种因素的制约而影响最终的传播效果。最后，从信息传递的通道来看，不同传播媒体的选择以及它们与传递信息的匹配程度也会引起对人们感官的不同刺激，从而影响传播效果。

（3）传播过程的要素。任何传播过程几乎都包括以下五个基本要素：传播者、信息、媒介、接收者和效果。

① 传播者和接收者。传播行为被认为是发生于传播者与接收者之间，传播行为必须有人发出信号，并且有人接收信号。传播者在传播过程中处于发送信息的一端，主要任务是提供信息并对信息进行编码以及信息再反馈。

知识链接：传播者与接收者的信息传播过程

提供信息：如在教学传播中，根据教学目标的要求，选择和收集适当的信息内容，并以一种学生容易理解的方式，组织和编排教学内容和材料。

信息编码：把要传递的信息内容（如知识、技能）转换为适宜传递的信号（如声音信号、文字信号、图像信号等），以便传递出去。

信息再反馈：当接收者把接收信息后的反应反馈给传播者后，传播者对接收者反应进行译码，然后对信息传播效果给予再反馈。在教学过程中，教师对学生学习结果给予反馈是非常重要的。

接收者处于传播过程中接收信息的一端，主要任务是对信息进行译码、反馈。

译码：把接收到的信号转变为信息内容。

反馈信息：把接收信息后所产生的反应、思想和行为的变化通过编码回传给传播者。

② 信息和媒介。信息是传播的内容和事实（包括消息、资料、知识、数据等），而这些内容和事实不能凭空传送出去，必须转换为某种符号，然后通过某种媒介才能传送出去。比如，某场足球比赛通过卫星电视向世界转播，足球比赛的情况就是信息，被摄像机转换为图像信号和相应的电信号后，通过电磁波和卫星传送出去，这时，电磁波传送的"空间"和"卫星"就是传播的媒介。

一是信息的符号。信息不能直接传递，实际传递的是信息的符号。不同信息可以选用不同的符号来表征，有时为了表达某一信息，往往同时使用多种符号。表征信息的符号有语言符号和非语言符号两种。

语言符号：口头语言符号和文字符号。

非语言符号：包括动作性符号，如表情、手势、姿势、感情等；音响符号，如音响、音乐等；图形符号，如图像（静止图像、活动图像）、图画（动画、静画、漫画）；目视符号，如地图、图解等。

二是信息的编码、译码。信息是抽象的，信息的符号是具体的，但还不具备直接传送成为接收者可接收的刺激物。例如，语言符号只能当说出来成为声音信号或用文字写出来成为光信号时才能被传送，才能刺激接收者的感官而被接收。信息符号也可以用其他传播媒介，如用照相机拍摄照片或通过广播、电视等转换为光、电信号传播。在传播过程中，发送端将信息转换为信号的过程称为信息编码，将接收到的信号转换为信息的过程称为信息译码。媒介是指传送信息符号的有关工具，包括发出和接收信号的器官或机器，载送声、光、电信号的空间与线路，以及图书、报纸、杂志、广播、电视、网络等。各种传播媒介具有各自的特性与功能，传播者应该根据信息的性质、传播的目的与对象选择合适的传播媒介。

知识链接：媒介的分类

媒介是物质的，不同媒介在存储和传递信息中，为表征信息所使用的符号系统是不同的，大体可分为三类：数序符号、形状符号和模拟符号。

数序符号包括书写、印刷和口语所用的符号，因为语言有先后顺序，不能打乱，如同数字序列排列一样，所以称为数序符号。

形状符号包括图画、图表、地图等，是一种实际事物的抽象符号。

模拟符号包括音乐和动作符号。模拟符号可分为视觉模拟符号（如动作）和听觉模拟符号（如音乐）。

数序符号也称语言符号，形状符号和模拟符号也称非语言符号。

③ 效果。传播总会产生一定的效果，效果可能产生在传播者或接收者身上，或两者都有，也可能影响到周围环境。传播的效果可以表现为知识的增加，行为、能力和态度的改变，社会生产的发展，科学技术的进步，社会商品的流通等。影响传播效果的因素很多，有来自传播者、接收者的生理、心理、知识水平的因素，也有来自周围环境、社会规范等因素。传播过程中各个要素对传播效果都会产生影响。

4）教育传播要素

在教育传播中，构成传播系统的要素包括教育者、教育信息、受教育者、媒体和通道、传播环境等。

（1）教育者。教育者是教育传播系统中具备教育教学活动能力的要素，是系统中教育信息的组织者、传播者和控制者，如教师等。教师的首要任务是发送教育信息，因此从这个意义上说，"教师"并不局限于讲台上的教师，还应包括教育管理者和教材编制者等，在特定的条件下，教学机器也可以成为教师。在教育传播活动中，教师起着"把关人"的作用，传播什么内容、利用什么媒体等都由教师决定。因此，教师必须实现教育传播系统的整体目标，使学生得到全面的发展。而要完成这一重任，教师必须做好设计、组织、传递、评价等工作。

（2）教育信息。教育传播过程是一个信息交流的过程，自始至终都在进行教育信息的获取、传递、交换、加工、储存和输出。在教育信息传播过程中，主要的信息是教学目标信息、预测学生信息、教师传送信息、实践教学信息、家庭教育信息、学生接收信息和学生反馈信息等。信息是抽象的，当它被某种符号表征出来才是具体的。表征教育信息的符号可分为语言符号和非语言符号两大类。语言符号包括自然语言（如口头语言和书面语言）

和人工语言（如专业符号语言、计算机程序语言等），具有抽象性、有限性等特征。非语言符号包括动作性符号、音响符号、图像符号、目视符号等，具有形象性、普遍性、重要性、多维性、整体性等特征。在教育传播过程中，语言符号擅长描述事实与知识，而非语言符号擅长表达态度和感情。合理运用各类传播符号，组成各种类型的教育传播活动，是提高教育传播效率的有效措施。

（3）受教育者。受教育者是施教的对象，一般来说就是接收教育信息的学生。在教育传播过程中，作为受者的学生，首先要接收信号，如阅读教科书和参考书，认真听教师的课堂讲授，观看收听各种教学视频、音频，参加教学实践与社会活动等。然后要对所接收的信息进行加工和储存、分析、判断，得到符号的信息本义。但在教育传播系统运行过程中，学生对教育信息的接收并不是机械的、被动的，在大多数情况下，学生是主动接收教育信息，甚至是有选择地接收和理解教育信息。

（4）媒体和通道。在教育传播通道中，教育传播媒体是必不可少的要素。教育传播媒体就是承载教育信息的物体，是连接教育者和学生双方的中介物，是用来传递和取得教育信息的工具。教育传播通道是教育信息传递的途径，教育信息只有经过一定的通道，才能完成传递任务，达到教育传播的目的。按所传递信号的形式来分，信道包括图像信道、声音信道和文字信道。它的组成要素有各种教育媒体、教学环境、人的感官、处理和传播信息的方式。通道也包括由一方传送到另一方所建立的联系方式。师生间面对面地进行教学是一种口耳相传的古老的联系方式。目前，除了印刷技术、光学影像技术外，多媒体网络技术已为教育传播系统广泛采用，成为师生间重要的联系方式。

（5）传播环境。教育传播环境是影响教育传播效果的重要因素，内容是复杂的和多方面的。社会、经济、科技、文化背景、风俗习惯以及各种自然物、人工物等，都是教育传播环境中不可忽视的因素，其中影响较大、较直接的有校园环境、教室环境、社会信息、人际关系、校风、班风等。

5）教育传播的基本方式

根据教育传播中传播者与受传者的关系结构，可以将教育传播分为以下四种方式。

（1）自学传播。自学传播是指没有专职教师当面传授的一种教育传播方式。自学者自定学习目标，从周围环境中寻找合适的教师替身。平常多选择自学教材，即根据学习要求选购相应的书籍、录音带、录像带、课件等学习材料，自定步调学习。自学传播与自我传播是两个概念，不能混淆。前者是教育传播的一种方式，传播者不是本人，而是学习材料。自我传播则是集传播者和受传者于一身，是主我和宾我之间的信息交流。

（2）个别传播。最早的时候教育传播即采取这种方式，是传播者单独面授受传者知识和经验的一种教育传播方式。尽管这种教育传播方式相当古老，但其效果显著因而沿用至今。现在可以通过传播手段进行，例如，在语言实验室中教师利用设备与学生单独通话讲授。个别传播与人际传播相比较，有许多相似之处，例如，传播者与受传者都是不同的个体，并能即时得到反馈等。两者最大的不同点在于个别传播具有明确的目标，如讲清一个原理、教会一种方法或技术等，教育信息流向受者，而且这一传播过程隶属于更大的一个教育传播系统范围（如学校教育传播系统），它的目标是那个大系统目标的一部分。而人际传播可能具有不同的目标，如朋友之间的交谈可以是各有所思、各有所求。

（3）课堂传播。课堂传播是当前学校普遍采用的一种教育传播方式，学生的学习主要依据课本和教师的语言讲解,即主要通过语言和文字符号进行。这种传播方式有利于发挥教师的主导作用,教师能科学地组织教学过程,充分发挥情感因素在学习过程中的重要作用,学生能快速、有效地掌握知识技能。但由于过分强调整齐划一,课堂传播容易忽视学生的自主性,不利于培养学生的兴趣、特长和发挥自己的个性才能。若将课堂传播和组织传播相比较,则前者是一种不完备的组织传播形式。因为组织传播是组织内的成员之间、本组织与其他组织之间的信息互动,包括过程、信息、网络、相互依赖和环境五个因素。也就是说,在一个组织中,信息传递方向自上而下、自下而上,加上横向传递,构成一个信息流动网络,成员之间形成相互依赖的关系,同时也与组织之外的环境发生信息互动。课堂传播中虽然也有教育信息的沟通过程,但是一般来说,沟通效果较差,学生很少有发言的机会。至于传播的网络、相互依赖和环境等因素,则更不完备。目前,在课堂上,一般以教师讲解为主,就是说自上而下的信息灌输是大量的,学生发言、学生提问则较少,至于学生之间的横向交流在课堂上常常是被制止的,这样就造成了学生过多依赖教师,处于被动的地位。

(4)远程传播。远程传播是一种非面对面的教育传播方式,如函授、电视教学、网络教学等。这种教育传播方式随着广播、电视、卫星广播、计算机网络等现代通信传播和控制手段的推广而逐渐得到普及,但还需要适当的辅导与之相配合。

如果将远程传播与大众传播加以比较的话,除了前者具有严格的教学目标和教学组织形式外,两者十分接近甚至无法分清。比如,大众传播中的教学节目、科普常识的广播等,虽然未将受众严密地组织起来,也不进行考试,但作为系列教学节目常常可为在校学生或自学者提供十分有用的教学信息。在开展远程教育传播方面,特别是在举办广播学校、网络学院等方面,我国取得了令人瞩目的成就。

6)教育传播过程

教育传播过程是一个由教育者借助教育媒体向受教育者传递与交换教育信息的过程。通过信息的控制,这些要素之间相互作用,形成一个连续的动态过程。这一过程可分为六个阶段:确定教育传播信息、选择教育传播媒体、通道传送、接收与解释、评价与反馈、调整再传送。

(1)确定教育传播信息。教育传播过程的第一步是确定传送的教育信息,传送什么信息,要依据教育目的和课程的教学目标而定。一般来说,文字教材是按照教学大纲编写的,通常体现了要传送的教育信息。因此,教师要认真钻研文字教材,对每章节的教学内容进行分析,将内容分解为若干个知识点,并确定每个知识点学生应达到的学习水平。

(2)选择教育传播媒体。以教育传播媒体去呈现要传送的信息,实质就是编码的过程。某种信息该用何种符号和信号的媒体去呈现或传送,比较复杂,需要用理论与方法去指导。一般来说,一是选用的媒体能准确地呈现信息内容;二是选用的媒体符合学生的经验和知识水平,容易被接受和理解;三是选用的媒体容易获得,付出的代价较少,但能取得较好的传播效果。

(3)通道传送。教育传播通道通过教育媒体传送信号,也称施教阶段。在这里,首先要解决两个问题:一是信号要传递的距离和范围。例如,课堂教学传播,教学对象是几十至几百人,范围在几十至几百米之间;至于远程教育传播,则要将信号传到几百甚至几千千米之外,受教育的对象可以是千万人。因此,要根据信号的传送要求,选好传送通道,保证信号的传送质量。二是信息内容的先后传送顺序问题。在课堂教学传播中,教师何时进行口语传播、何时利用视听媒体,要遵循课程的教学结构;在远程教学传播结构中,无论使用广播、电视媒体,还是邮寄印刷媒体,也有一个先后顺序。因此,在通道传送时,教育者要按照教学设计有步骤地去传送信号。

(4)接收与解释。受教育者接收信号并将它解释为信息意义,也就是信息译码阶段。

受教育者首先通过视、听、触等感官接收传来的信号,信号对感官的刺激通过神经系统传至中枢神经,通过分析将它转换为相应的符号。然后,受教育者依据自身的知识与经验,将符号解释为信息意义,并将它储存在大脑中。

(5)评价与反馈。受教育者接收信号解释信息之后,除增加了知识,提高了能力,达到了预定的教学目标,还要进行评价。评价的方式、方法很多,可以观察学生的行为变化,也可以通过课堂提问、课堂作业、阶段性考试等方式实现。评价的结果是教育传播过程中一种非常重要的反馈信息。

(6)调整再传送。通过对掌握的反馈信息与预定的教学目标进行比较,可以发现教育传播过程中的不足,再次调整教育信息、教育传播媒体和教育传播通道,实现再次传播。

如在课堂提问时发现问题,及时调整传播;在课后作业、考试中发现问题,可进行集体或个别辅导;在远程教学的作业中发现问题,可以补发辅导资料,或者集中进行面对面的辅导等。

7)教育传播的基本原理

教育传播的最终目的是取得良好的教育传播效果。教育传播效果是指在一定的教育传播过程完成之后,受教育者在知识、能力和行为等方面所发生的变化,以及与此相关的教学效率、教育规模等。研究发现,教育传播要取得好的效果,须遵循一些原理或规律,其中利用媒体进行传播的原理主要有共同经验原理、抽象层次原理、重复作用原理和信息来源原理。

(1)共同经验原理。教育传播是一种信息传递与交换的活动,教师与学生的沟通必须建立在双方拥有共同经验的基础上。要让学生理解传播的信息,必须是他们经验范围内的材料,否则就会出现传而不通的情况。

(2)抽象层次原理。抽象层次高的符号虽然容易处理信息,但解释或理解起来较难,引起误会的概率也较大;若在较为具体的层次上传递信息,接收固然容易,但效率不会很高。所以,在教育传播中,各种信息符号的抽象程度必须控制在学生能明白的范围内,并且要在此范围内的各抽象层次上下移动。

(3)重复作用原理。重复作用是将一个概念在不同的场合或用不同的方式重复呈现。它有两层含义:一是将一个概念在不同的场合重复呈现,例如,在不同的场合接触某个外语生词,以达到长时记忆;二是将一个概念用不同的方式重复呈现,如同时或先后用文字、声音、图像去呈现某一概念,以加深理解等。

(4)信息来源原理。有权威、有信誉的人说的话,容易为对方所接受。信息来源直接影响传播的效果。因此,在教育传播中,作为教育信息主要来源之一的教师,应树立为学生认可的形象与权威。所使用的教材和相关资料,其内容来源应该正确、真实、可靠。

1.4 现代教育技术与教育发展

1.4.1 现代教育技术与教育改革

传统的教育系统包括教师、学生和教材三大要素。现代的教育系统由于技术的广泛参与，增加了教学媒体这一要素。根据系统论的观点，这几个要素并非简单、孤立地拼凑在一起，而是彼此联系、相互作用形成有机整体。现代教育系统功能的多元化意味着教育模式的创新迎来了新的机遇，也为教育教学质量的提高提供了很好的机会。

1. 现代教育技术促进教育观念的变化

现代教育技术是当代教育改革的制高点。抢占了这个制高点，就可以带动教育领域各方面的发展，包括教育思想、教育观念、教学内容、教材形式、教学手段和方法、教学模式、教学理论和教育体制等都将产生深刻的变化。在课堂教学中，教师由原来处于中心地位的知识讲解者、传授者转变为学生学习能力、个性、创造性和实践能力建构的帮助者、指导者和促进者；学生由原来的被动接受者转变为主动参与者，并成为知识的探索者和建构的主体。现代教育技术对传统教育观念的冲击，表现为人们对传统的学校观、教学观、师生观、教学媒体观和教学方法观的认知改变。

2. 现代教育技术引起学习方式的变革

以多媒体与网络技术为核心的现代教育技术在教育教学中的应用，将引起人类学习方式的重大变革。重大变革主要表现在：以往在教师的指导下进行的课堂学习方式逐步转变为以学生为主的探索性学习方式；学生的学习时间和空间可以从学校转移到家庭和工作单位；学习资源载体多样化，教学信息显示方式多媒体化，学习内容组织结构非线性化，学习信息传输网络化，学习过程的互动性、运行独立性等，使得学生的学习方式和学习活动更加灵活多样；教学媒体由教师讲解的演示工具转变为帮助学生学习的认知工具，既作为感知的对象又作为认知的手段。

3. 现代教育技术推动教学方法的创新

现代教育技术为新的教学模式的产生提供了条件和依据，赋予教师在教学过程中更广泛的选择余地和更丰富的创作空间。现代教育技术使教学方法由原来单纯的基于归纳、演绎的讲解转变为基于情景创设、主动探索、协作学习、会话商讨和建构等教学方法的综合应用。

4. 现代教育技术为构建新型的教学模式提供理想的环境

以计算机为基础的现代教学媒体具有优化教育、教学过程的多种特性，能充分发挥学生的主动性与创造性，从而为学生创新能力和信息素养的培养营造理想的教学环境，而这样的环境正是建构新型教学模式必不可少的。

1.4.2 现代教育技术与教师专业化发展

当前，教师专业化已经成为世界教师教育的发展目标和行动总则。1966年，国际劳工组织和联合国教科文组织颁布了《关于教师地位的建议》，对教师专业化做出了明确的界定：应把教师工作视为专门的职业，这种职业要求教师经过严格、持续的学习，获得并保持专业的知识和特别的技术。1986年美国先后发布《国家为培养21世纪的教师做准备》和《明天的教师》两份报告，重点也是关于教师专业化问题的。

我国"普九"（普及九年制义务教育）任务已基本完成，高等教育正在加快发展，教师教育质量和数量上都有了较大的发展。过去多是满足基础教育对教师数量的要求，而现在开始有条件地满足基础教育和职业技术教育对高素质教师的需要，教师专业化的时代已经来临。

为了提高我国中小学教师教育技术能力水平，促进教师专业能力发展，教育部正式颁布了《中小学教师教育技术能力标准（试行）》。这是我国中小学教师第一个专业能力标准，它的颁布与实施是我国教师教育领域一件里程碑式的大事，标志着我国的教师教育信息化走向一个新的阶段，对我国教师教育改革与发展产生了深远的影响。

教育部启动实施的"全国中小学教师信息技术应用能力提升工程"，将教师信息技术应用能力作为教师资格认定、资格定期注册、职务（职称）评聘和考核奖励等的必备条件，列入中小学办学水平评估和校长考评的指标体系。

现代教育技术是促进教师发展专业技能和自我完善的重要手段。在信息化社会中，教师理应成为"数字化生存"的带头人——应该能够应用信息技术开展有效教学，应该能够应用信息技术进行研究，寻求解决教育教学过程中所遇问题的方法，应该能够利用信息技术进行合作，塑造开放、融洽、互动的协作风格，应该能够利用信息技术进行学习，成为信息化条件下的终身学习者，实现知识、技能、伦理的自我完善，这是信息化社会对教师专业发展的内在要求。

1.4.3 现代教育技术与学生成长

1. 现代教育技术是促进学生信息素养提升的重要保障

信息素养包含技术和人文两个层面的意义：在技术层面上，信息素养反映的是人们搜索、鉴别、筛选、利用信息的能力以及有效地在教学过程中使用信息技术的技能；在人文层面上，信息素养反映了人们对于信息的情感、态度和价值观，它建立在技术层面的基础之上，涉及独立学习、协同工作、个人和社会责任等各个方面的内容。可以说，现代教育技术包含了信息素养的成分，信息素养是现代教育技术的基础。在教育领域中，无论是教师还是学生，要在信息社会中立足，具备竞争力，都必须具备良好的信息素养，而良好的信息素养有赖现代教育技术的开展和学习。也就是说，学习和研究现代教育技术能有效提高信息素养。

2. 现代教育技术是促进学生科学思维能力培育的重要手段

（1）利用现代教育技术营造和谐的氛围，为思维训练提供良好的环境。建构主义学习理论强调，学生学习活动是在一定的情境下进行的，而且学习环境中的情境必须有利于学生对所学内容的意义建构。因此，教师要努力创设合理的情境，特别是尝试用多媒体网络创设情境，让学生融入情境中，使其在宽松和谐的氛围中自由地主动进行思考、探索，激活学生的思维。

（2）利用现代教育技术培养学生的发散性思维。传统的教育以传授知识、发展技能为主要目标，教学方式单一，抑制了学生学习潜力的开发，抑制了学生主动思考、主动探索和创新思维能力的培养。现代教育技术在教学领域的应用，使教学信息的组织实现了非线性化，使教学信息的呈现方式日益多元化，学习者可以自由地选择不同的学习途径，获得良好的学习效果，这对于发散思维能力的提高大有裨益。

（3）现代教育技术有利于培养学生的形象思维。形象思维是以表象为思维材料而进行的思维。在培养形象思维方面，多媒体 CAI 课件有着得天独厚的优势。CAI 课件中广泛地采用动画、影像、图片等多媒体形式，为发展学生的观察、联想、想象力提供了素材和着眼点。

（4）现代教育技术有利于培养学生的直觉思维。直觉思维是以科学概念和科学表象结合而成的、具有整体功能的知识组块为思维材料而进行的思维，是指人脑不借助逻辑推理而综合运用已有知识、表象和经验知觉，以高度省略、简化、浓缩的方式洞察事物的实质，并迅速做出猜测、设想或突然领悟的思维。直觉思维是一种瞬间做出快速判断却并非凭空而来的毫无根据的主观臆断，是建立在丰富的实践和深厚的知识积累基础上所做出的直观判断。直觉思维最重要、最本质的特征是善于把握事物之间的关系，而不考虑事物的具体属性。现代教育技术的最大特点是直观地利用动态方式表现对象之间的空间结构关系，即将难以直观表达的语言文字、抽象的道理、复杂的现象，通过动画的形式形象具体地表现出来，从而大幅降低学生的发现难度。

（5）现代教育技术有利于培养学生的逻辑思维。逻辑思维是以概念、判断、推理的形式来反映客观事物的运动规律，是对事物的本质特征和内部联系的认识过程。计算机网络环境下的"自主学习"，是学生利用计算机生成的学习软件和信息资源库，通过人机交互把学习者和发现材料有机地联系在一起。同时，学生通过多媒体信息的演示、讲解、练习、检测和反馈评价的过程，主动地获取知识。学生在学习中通过"学习—总结—叙述—输入"这一过程，在分析推理过程中认识事物的本质，同时使自己的逻辑思维得到训练。

作为未来教育的主力军，师范生应自觉加强现代教育技术理论的学习，通过大量、多方面的实践促进自身现代教育技能的全面提高，为未来的教师职业生涯做好准备。

拓展实训

【实训目标】

通过实训，使学生初步了解教育技术与现代教育技术的背景知识，了解现代教育技术的发展趋势，掌握现代教育技术的理论基础。

【实训内容】

了解并掌握现代教育技术的相关知识点，如了解现代教育技术的发展，掌握现代教育技术的理论基础。

【实训步骤】

（1）以 2~3 人为单位组成一个团队，设负责人一名，负责整个团队的分工协作。

（2）团队成员通过分工协作，多渠道收集相关资料。

（3）团队成员对收集的材料进行整理，总结并分析现代教育技术的发展脉络，列表展示现代教育技术的理论基础。

（4）各团队将总结制作成表格，派出一人作为代表上台演讲，阐述自己团队的成果。

（5）教师对各团队的成果进行总结评价，指出不足与改进措施。

【实训要求】

（1）考虑到课堂时间有限，实训可采取"课外+课内"的方式进行，即团队组成、分工、讨论和方案形成在课外完成，成果展示安排在课内。

（2）每个团队方案展示时间为10分钟左右，教师和学生提问时间为5分钟左右。

复习思考题

1. 现代教育技术的定义是什么？
2. 现代教育技术的发展趋势是什么？
3. 认知主义学习理论包括哪些内容？
4. "经验之塔"理论的基本思想是什么？

第 2 章

教学系统设计

教学是教师的教与学生的学之间相统一的一种双边活动。在教学活动过程中，教师的教通常包括教学准备、教学实验和教学评价等方面；学生的学通常包括课前预习、课堂学习、课后复习、利用各种学习资源的学习及应用等方面。随着教学理论与学习理论的发展，学习资源不断丰富，在教学领域内越来越强调知识是通过学生主动建构而获取的。学生要成为知识的主动加工主体，教师要成为学习的帮助者、促进者和组织者。教师的角色也由传统教学的讲授者向教学问题的分析者、教与学过程和资源的设计者、教学策略的决策者、学生学习过程的管理者和帮助者转变，这就对教师的教学设计能力和实施教学活动的能力提出了更高的要求。因此，本章将介绍教学设计中的基本要素、基本原理，以及信息化条件下的教学设计应用。

学习目标

知识目标	了解教学设计的基本内容； 掌握教学设计的一般模式
能力目标	掌握以教为主的教学设计模式； 掌握以学为主的教学设计模式； 学会编写课堂教学设计方案，尤其是信息化教学设计方案
素质目标	培养学生开拓创新、团结协作的精神，使学生树立正确的世界观、人生观、价值观

2.1 教学设计概述

2.1.1 教学设计的含义

教师在实施具体的教学和对教学进行评价时，首先要对即将进行的教学活动进行周密思考与精心安排，需要考虑教什么、如何教、如何对教学效果进行评价等一系列问题，同时还需要研究学生的特点、教学目标的设计、教学内容的选取、教学策略的制定、教学媒体的选择等问题，最后才能制订出教学工作的整体方案。教学设计是20世纪60年代以来逐渐形成与发展起来的一门实践性很强的学科，是教育技术学领域中的一个重要分支。作为教育技术学科体系中的核心，教学设计以解决教学问题、优化学习为目的，其理论研究与实践吸收了多个学科领域（如心理学、教育学和系统科学等）的优秀研究成果，是一个跨学科研究的领域。

究竟什么是教学设计呢？美国教育心理学家莱斯里·布里格斯（Leslie Briggs）曾给出这样一个定义："教学设计是分析学习需要和目标，以形成满足学习需要的传递系统的过程。"里齐做了进一步分析，认为教学设计是"为了便于学习各种大小不同的学科单元,而对学习情境的发展、评价和保持进行详细规划的科学"。借鉴他人有关教学设计含义的分析,对教学设计做出如下定义:教学设计是以教学过程为研究对象,以优化教学效果为目的,以学习理论、教学理论、传播理论为基础,运用系统方法分析教学问题、确定教学目标、设计解决教学问题的策略方案、试行解决方案、评价试行结果和修改方案的过程。

2.1.2 教学设计的意义

教学设计是教学活动中的一个重要环节,也是一项建立在一定理论基础上的科学性的教学技术。学习教学设计具有多方面的意义。

1. 有助于科学思维能力与科学态度的培养

教学设计要环环相扣,特别要注意各要素、各环节间的逻辑关系和逻辑顺序,因为教学设计是系统解决问题的过程,它所提出来的一整套确定、分析、解决教学问题的系统方法、逻辑思维和决策技术,也可用于其他领域和其他性质的问题情境中,具有一定的迁移性。所以,教学设计者必须具有科学思维能力和科学态度。

2. 有助于教学工作科学化

在传统的教学过程中,教学设计活动普遍存在于教师的教学实践中,然而这些设计活动大多数是依靠教师经验和意向做出来的,只存在少数优秀教师的"随性"发挥过程中,缺乏一定的系统性,也不宜推广。教学设计需要克服这种局限性,脱离纯粹的经验主义,纳入科学的轨道,以可复制的技术为教学手段,让广大教师易于掌握并在教学过程中进行实际操作。因此,学习和运用教学设计的原理是推动教学工作科学化的有效途径。

3. 有助于教学理论与教学实践的沟通

教学活动是一种社会实践活动。为了使教学活动有序和有效,就要探索教学的机制,对教学过程中涉及的各个要素之间的关系进行研究,并形成一套独立的知识体系(教学理论)。一直以来,人们对教学的研究偏重理论上的描述和完善,广大教师批评教学理论脱离实际,对改进教学工作帮助不大。在这种情况下,作为"桥梁学科"的教学设计起到了沟通教学理论与教学实践的作用。教学设计为了追求教学效果的优化,在解决教学问题的过程中,把个别教师的教学经验升华为便于广大教师掌握和运用的教学科学,把已有的教学研究理论成果综合应用于教学实践,使教学理论与教学实践紧密联系起来。

4. 有助于优化课堂教学结构

教学设计以形成最优化的教学方案、实施最优化的教学为根本目的。应运用系统的方法,从整体出发,统筹思考整体与部分、部分与部分之间的关系,从而设计出切实可行的解决问题的方案。教师可以充分运用其创造力,灵活地改变方案,对同一个课题研究设计多个方案,分析、比较并评出优劣。设计方案可以通过评价进行修改,也可以在教学实施过程中进行调整或优选。这样才能保证教学目标的明确性、教学程序的科学有序性、课堂教学结构的合理性,提高教学质量和效率。

2.1.3 教学设计因素

教学设计是根据课程标准的要求和教学对象的特点，将教学诸要素有序安排，确定合适的教学方案的设想和计划。教学设计因素一般包括教学任务及对象分析、教学目标设计、教学策略设计、教学过程设计与教学评价设计等。

1. 教学任务及对象分析

教学内容是要完成的教学任务，是实现教学目标的主要载体。开展教学内容分析时，既要运用显性教材，也要挖掘和利用隐性教材。

学习者是分析教学任务时必须考虑的重要因素。分析学习者是为了帮助学习者解决学习中的困难，完成教学任务。具体要求：一是了解教学活动开始前学习者在认知、情感、态度等方面已经达到什么样的水平，这是学习者掌握新的学习任务的起点水平；二是了解学习者在教学活动结束后预期能达到的认知、情感、态度等方面的状态。

2. 教学目标设计

教学目标是指教学活动预期达到的结果，是教育目的和课程目标的具体化，也是教师完成教学任务所要达到的要求和标准。

3. 教学策略设计

教学策略是为了实现教学目标、完成教学任务所采用的方法、步骤、媒体和组织形式等措施的综合性解决方案。教学策略是实施教学活动的基本依据，是教学设计的中心环节。

4. 教学过程设计

教学过程设计是教学设计的核心部分，教学任务及对象的分析、教学目标的设计、教学媒体的运用、课堂教学结构类型的选择与组合都在教学过程设计中得到体现。

5. 教学评价设计

教学评价是依据教学目标，对教学过程及结果进行价值判断，并为教学决策服务的活动，是对教学活动现实的或潜在的价值做出判断的过程。教学评价一般包括对教学过程中教师、学生、教学内容、教学方法/手段、教学环境、教学管理诸因素的评价，主要是对学生学习效果和教师教学工作过程的评价。

2.1.4 教学设计中要注意的问题

教学设计是为了实现一定的教学目标，依据教学内容、学生特点、环境条件，运用教与学的原理，为学生策划学习资源和学习活动的过程。教学设计不同于以往的"教案"。具体地讲，教学设计实践中应注意以下几个方面的问题。

1. 明确教学设计的出发点

教学设计的出发点是促进教学，因此教师要深入分析教学中出现的问题，并围绕教学问题的解决开展设计活动，不能为了设计而设计，也不能为了编写教学设计方案而设计。

2. 立足于正确的教学设计观

在教学设计中，一方面要充分体现教师的主导作用和学生的主体地位，另一方面要强调方法的应用，从方法论范畴来思考教学设计，而不是以媒体观为指导，围绕教学资源开展教学设计活动。

3. 注重教学设计的规范性

教学设计要综合考虑各个因素的作用，使之发挥整体效应。教学设计的每个环节都有其特定的作用，都会对学习的过程和结果产生重要影响，因此，不疏忽每个环节的设计，才能使之真正为解决教学问题服务。在编写教学设计方案时要注意描述的规范性，不能似是而非，甚至产生错误。

4. 重视教学设计的情境性

教学设计实践面向具体的教学问题，因此必然会受到教师的教学风格、学生的特征（尤其是非一般性特征）、具体的教学环境等因素的影响，这就要求对具体的教学环境、内容、学生等因素具有较强的解释力，不能采用宽泛、空洞的设计方法和描述方式。

5. 强调教学设计的一致性

教学设计的一致性主要表现在两个方面：一是教学设计的各环节应该相互依存、紧密联系，因此要注意整个教学设计方案的一致性，不要孤立地进行各个环节的设计；二是教学活动是教学策略的具体体现，活动的形式和内容要与所选择的教学策略保持一致，不能出现"张冠李戴"的现象。

6. 体现教学设计的创造性

教学设计是一项创造性的活动。在注重教学设计规范化的同时，教师要充分发挥创造性，坚持灵活运用原则，根据实际教学的需要，选择合适的教学设计模式作为教学设计的参考。

2.1.5　教学设计的层次

教学设计是一个问题求解的过程。根据教学问题范围和大小的不同，教学设计相应地具有不同的层次，即教学设计的基本理论与方法可用于设计不同层次的教学。教学设计一般可分为以下三个层次。

1. 以"产品"为中心的层次——教学产品设计

教学设计最初是从以"产品"为中心的层次开始发展的。也就是把教学中需要使用的媒体、材料、教学包等当作产品进行设计。教学产品的类型、内容和教学功能常常由教学设计人员、教师、学科专家等共同确定，有时还会吸收媒体专家及媒体技术人员对产品进行设计开发、测试和评价。

2. 以"课堂"为中心的层次——教学过程设计

以"课堂"为中心的教学设计是对一门课程或一个单元，甚至一节课或一个知识点的教学过程进行设计。对一门课程或一个单元的教学设计称为课程教学设计，对一节课或一个知识点的教学设计称为课堂教学设计。这一层次的设计一般由专门的教研机构组织教学设计人员、学科专家、教师和学生学习小组来共同完成。

3. 以"系统"为中心的层次——教学系统设计

相对于产品和课堂来说，这里的"系统"是指较综合的教学系统，如一所学校或一门新专业课程的设置、某行业职业教育中的职工培训方案等。这一层次的设计通常包括系统目标的确定及实现目标方案的建立、试行、评价和修改等，涉及内容较多，设计难度较大，而且系统设计一旦完成就要投入范围很大的场合去使用和推广。因此，这一层次的设计需要由教学系统设计人员、学科专家、教师、行政管理人员和学生等共同完成。

2.2 教学设计的模式分析

2.2.1 教学设计的一般模式

模式是再现现实的一种理论性的简化形式。教学设计的模式是心理学家、教育学家、教育技术学专家在教学设计的实践过程中逐步形成的，是运用系统方法进行教学开发、设计的理论性的简化形式。关于教学设计，尽管目前有许多不同类型的理论模式，但可以从各种理论模式中抽取一些基本的组成部分来进行分析，如学习需求分析、学习内容分析、学习者分析、学习目标的阐明、教学策略的制定、教学媒体的选择和运用及教学设计成果的评价设计。这七个基本组成部分可以构成教学设计的一般模式，如图 2-1 所示。从这七个基本组成部分还可以进一步抽取四个基本环节：分析教学对象、制定教学目标、选择教学策略、开展教学评价。完整的教学设计都是在这四个环节对应的四个基本要素（学习者、目标、策略、评价）的相互联系和相互制约所形成的构架上建立的。

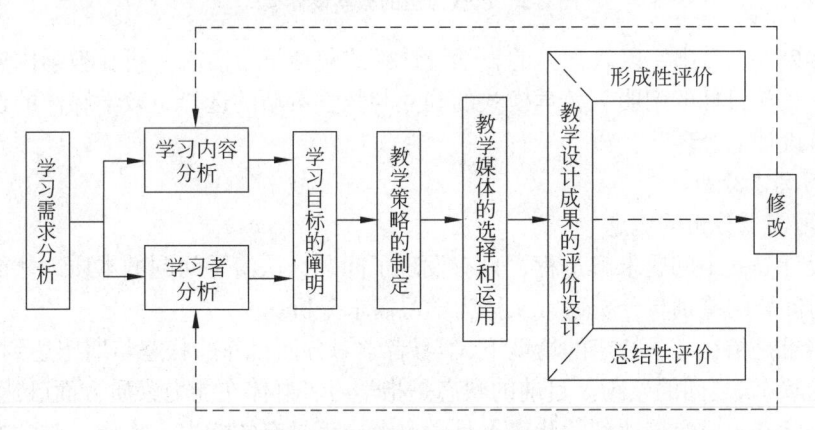

图 2-1 教学设计的一般模式

知识链接：教学设计的一般模式说明

第一，将教学设计划分成各种要素，是为了方便相关人员更加深入地了解、分析、掌握和发展整个教学设计过程；在实际的教学设计中，应该在系统思想的指引下，使各要素之间发挥整体功能，优化教学效果。第二，应该充分认识到教学系统是一个开放的系统，教学过程也是一个开放的过程,它所涉及的各个要素(学生、教师、教学媒体、学习环境等)是处于不断变化之中的。第三,应该充分认识到,虽然该模式将教学设计的各要素进行了一定的线性排列,但它们之间并不是简单的线性关系,而是相互影响、错综复杂、相互制约的非线性关系。

2.2.2 以教为主的教学设计模式

以教为主的教学设计模式,主要基于行为主义学习理论和认知主义学习理论。设计的焦点在教师如何教上,强调教师的主导作用,突出循序渐进、按部就班、精细严密地对教学进行设计。这类模式主要用于课堂教学,已有的教师、学生、课程计划、设施/设备和其他各种资源都是设计的前提条件。设计的目的是解决教师在这些条件下如何做好教学工作,完成预期的教学目标。这类设计模式的重点是让学生达到教学目标的要求,引导教师选择恰当的教学策略及媒体材料。下面介绍一种以教为主的教学设计模式,如图2-2所示。

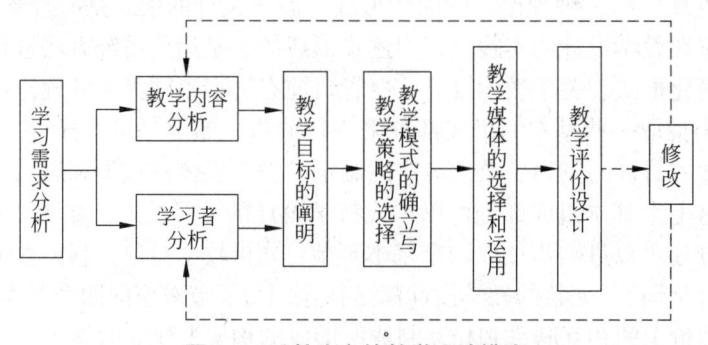

图 2-2 以教为主的教学设计模式

从图2-2可以看出,以教为主的教学设计模式包括学习需求分析、教学内容分析、学习者分析、教学目标的阐明、教学模式的确立与教学策略的选择、教学媒体的选择和运用及教学评价设计七个环节。

1. 学习需求分析

1)学习需求分析的概念

教学设计是一个问题求解过程,只有发现了问题,认清了问题的本质,才能更好地解决问题。对问题的鉴别与分析通常又称为学习需求分析。

学习需求是指在某一特定的情境下,学习者学习方面目前的状态与期望达到的状态(或应该达到的状态)之间的差距。目前的状态是指学习者群体在能力素质方面已达到的水平,期望达到的状态(或应该达到的状态)是学习者应该具有的能力、素质。对学习者的总期望通常由几个方面决定:学习者生活的社会及其变化与发展所赋予学习者的历史使命、学习者未来的职业或现在所从事职业的新发展对人才的要求、学习者未来的工作岗位或所在岗位的技术变化对人才的希望及学习者自身对知识、技能、态度的培养和发展方面的个人要求等。

学习需求分析是指经过系统化的调查研究,发现教学过程中存在的问题,通过分析问题产生的原因,确定问题的性质,并论证解决该问题的必要性和可行性。也就是说,学习需求分析是找到差距、发现问题，而不是寻求解决问题的方法。

2）学习需求分析的内容

学习需求分析的内容包括以下几个方面。

（1）通过调查研究，分析教学过程中是否存在需要解决的问题。

（2）分析存在问题的性质，以判断教学设计是否是解决这个问题的合适途径。

（3）分析现有的资源及约束条件，以论证解决该问题的可能性。

（4）分析问题的重要性，确定解决问题的优先次序。

3）学习需求分析的方法

学习需求分析就是采取适当的分析方法，找出"是什么"和"应该是什么"之间的差距。根据参照系的不同，学习需求分析的方法一般包括内部参照需求分析法和外部参照需求分析法两种。

> **知识链接：内部参照需求分析法和外部参照需求分析法**
>
> 内部参照需求分析法：指由学习者所在的组织机构，使用已经确定的教学目标（期望的状态）与学习者当前的学习状态进行比较，找出两者之间的差距，从而鉴别出学习需求的一种分析方法。
>
> 外部参照需求分析法：指根据教育机构外，即社会的要求（或职业要求）来确定对学习者的期望值，并以此为标准衡量学习者的学习现状，找出差距，从而确定学习者学习需求的一种分析方法。

在实际分析时，可采取内外结合的方法，如图 2-3 所示。根据外部社会需求调整已有的教学目标，并将调整后的教学目标提出的期望值与学习者的现状进行比较，找出差距。

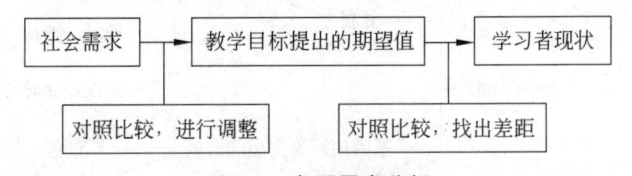

图 2-3　参照需求分析

2. 教学内容分析

通过学习需求分析，可以揭示教学中存在的问题及其主要原因，紧接着需要考虑的问题是用什么样的教学内容去促进学生能力的发展变化，这就是教学内容分析。

1）教学内容分析的概念

教学内容是指为实现教学目标，要求学习者系统学习的知识、技能和态度的总和。教学内容的分析以教学目标为依据，进而规定学习内容的范围、深度，揭示学习内容各部分之间的联系。

2）教学内容分析的方法

教学内容分析的方法包括归类分析法、图解分析法、层级分析法、信息加工分析法、解释结构模型法（ISM 分析法）。

（1）归类分析法。该方法主要研究如何对有关信息进行分类，旨在鉴别为实现教学目标所需要学习的知识点，比较适合语言信息类教学内容的分析。确定分类方法后，或用图示，或列提纲，把实现教学目标所需要的知识归纳成若干方面，从而确定教学内容的范围。

归类分析示例如图 2-4 所示。需要说明的是，从形式上看，该方法与后面讨论的层级分析法相似，但在归类分析中，各知识点之间本质上不存在难度的层级关系。

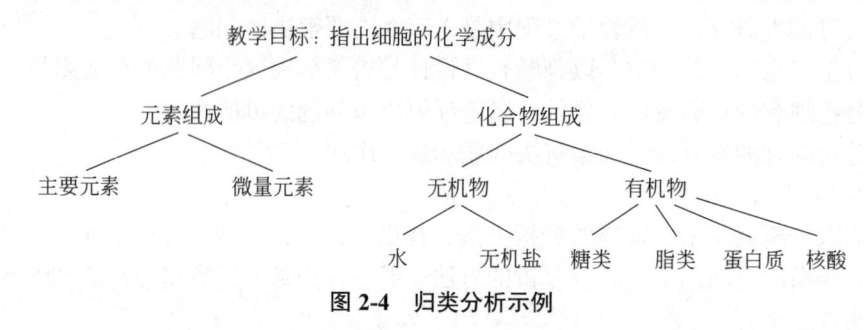

图 2-4 归类分析示例

（2）图解分析法。该方法是一种用直观形式揭示教学内容要素及其相互联系的内容分析方法，常用于对认知教学内容的分析。图解分析的结果是一套简明扼要、提纲挈领地从内容和逻辑上高度概括教学内容的图表或符号。这种分析方法的优点是分析者容易发现内容的残缺或多余部分，以及相互联系中的割裂现象。图 2-5 所示为 DNA 教学内容的图解分析。

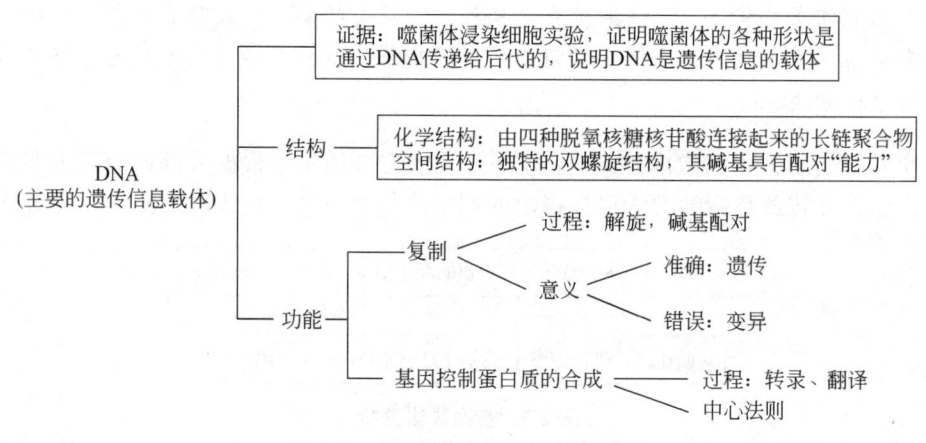

图 2-5 DNA 教学内容的图解分析

（3）层级分析法。该方法是用来揭示为达到总教学目标所要求掌握的从属目标的一种内容分析方法。它是一个逆向分析的过程，即从已确定的教学目标开始考虑，要求学习者为了获得教学目标规定的能力而必须具备哪些次一级的从属能力，而要培养这些次一级的从属能力，又需要具备哪些再次一级的从属能力，以此类推。

（4）信息加工分析法。信息加工分析法由加涅提出，这是一种将教学目标要求的学习者心理操作过程揭示出来的方法，即分析完成特定的教学目标时，学习者要经历怎样的心理活动程序或过程。这种分析方法揭示了学习者在学习或解决问题时所进行的思维活动过程，这一步步的心理过程就构成了要分析的内容。

（5）解释结构模型法（ISM 分析法）。该方法是用于分析和揭示复杂关系结构的有效方法，可将系统各要素之间复杂、零乱的关系分解成清晰的、多级递阶的结构关系。当分析的各级教学目标不具有简单的分类学习特征时，或者其中的概念从属关系不太明了，也不属于某个操作过程或某个问题求解过程时，可使用 ISM 分析法。

> **知识链接：ISM 分析法的步骤**
>
> 这种分析方法主要包括以下三个步骤。
> （1）抽取知识元素，确定教学子目标。
> （2）确定各个教学子目标之间的关系，列出目标矩阵。
> （3）利用目标矩阵绘制教学目标形成关系图。

3. 学习者分析

进行教学设计的目的是促进学习者的学习，而学习者作为学习活动的主体，其所具有的认知和情感等特征会对学习产生影响。教学方案是否与学习者的特点相匹配，是教学成功与否的关键因素。因此，学习者分析是教学设计中非常重要的环节，包括一般特征分析、个性特征分析和初始能力分析。

1）一般特征分析

学习者的一般特征是指学习者具有的遗传因素和环境相互作用下形成的，对学习产生影响的生理、心理及社会等方面的特点。它涉及学习者年龄、性别、心理发展水平、学习动机、人格因素、生活经验及社会背景等诸多方面，了解这些内容对教学设计是有帮助的。对学习者一般特征分析的方法主要有观察法、调查法、查阅文献法等。

2）个性特征分析

个性又称人格，是一个人心理特征的总和。个性特征决定着人的外显行为和内隐行为，从而使其与他人的行为产生稳定的区别。对学习有重大影响的个性特征有动机与兴趣、智力与认知方式、性格与气质等。

3）初始能力分析

学习者初始能力是学习者在学习特定的学科内容之前，已经具备的相关知识和技能，以及对相关内容的认识与态度等。学习者初始能力分析一般采用预测法，包括对预备技能的分析、对目标技能的分析和对学习态度的分析。

4. 教学目标的阐明

教学目标的阐明决定着教学方向、教学内容的确定，教与学活动的设计，教学策略和模式的选择与设计，学习环境的设计，学习评价的设计等。教学目标的阐明是教学设计中的一个重要环节。

1）教学目标的分类

对教学目标进行分类可以使琐碎的目标变得有序，可以防止目标分析中的疏漏或偏颇。目前影响比较大的目标分类理论主要是布卢姆的教学目标分类理论。在该理论体系中，布卢姆将教学活动所要实现的整体目标分为认知、动作技能、情感三大领域，并从实现个人领域的最终目标出发，确定一系列目标序列。其中，认知领域的目标分为识记、领会、运用、分析、综合和评价六级；动作技能领域的目标分为感知、准备、有指导的反应、机械动作、复杂的外显反应、适应、创新七级；情感领域的目标分为接受或注意、反应、评价、组织、价值与价值体系的性格化五级。

我国新课程标准强调，无论哪一门学科，都要在实现课程总体目标的基础上落实知识与技能、过程与方法、情感态度与价值观的三维目标。三维目标是当代知识观在教育中的体现，是知识的本质和价值在课程知识观中的体现。三维目标在具体的教学活动中是不可分割的，是统一的整体，可为当前教学目标的编写提供依据。

2）教学目标的编写

在教学目标的编写方面，主要有两种观点。行为主义心理学家强调用可测量、可观察的外显行为来描述教学目标，而认知主义心理学家强调用内部心理过程来描述教学目标。尽管两种观点不同，但教育心理学家一致认为，教学目标应重点说明学习者行为或能力的变化，而且能反映学习者在完成学习后获得什么新的能力。教学目标是设计者或教育者从学习者的学习过程中提取出来的，而不是施加给学习过程的。因此，教学目标必须是特定而具体的，必须反映学习者的学习行为。教学目标的编写一般采用以下两种方法。

（1）ABCD法。一个规范的教学目标应包括对象、行为、条件、标准四个要素。为了便于记忆，可把编写教学目标的方法简称为ABCD法。

知识链接：ABCD法的内容

A——对象（audience）：指明特定的教学对象，如果教学对象已经明确，则可以在目标中省去。

B——行为（behavior）：教学目标中必不可少的要素，表明经过学习以后能做什么和应该达到的能力水平。通常情况下，使用一个动宾结构的短语来描述行为，其中动词是一个行为动词，表明学习的类型，宾语则说明了具体的教学内容。

C——条件（condition）：说明上述行为是在什么样的条件下产生的，所以在评价学生的学习效果时，也应以这个条件来衡量。

条件一般包括下列因素：环境、设备、时间、信息及学生或教师等有关人员。比如，"在30秒内完成10个仰卧起坐"就规定了完成10个仰卧起坐的具体时间。再如，"查字典，翻译下面的英语短文"就考虑了信息方面的因素。

D——标准（degree）：表明行为合格的最低要求。

（2）内外结合法。行为目标虽然避免了传统目标中陈述含糊的不足，但也存在缺陷，如行为目标在很大程度上忽视了学习者内在的认知和情感的变化。因此，内部过程和外显行为相结合的教学目标阐明方法应运而生。

用内外结合法阐述的教学目标由两部分构成：第一部分为一般教学目标，用一个动词来描述学生通过教学所产生的内部变化，如记忆、知觉、理解、创造、欣赏等；第二部分为具体教学目标，列出具体行为样例，即学生通过教学所产生的能反映其内在心理变化的外显行为。

5. 教学模式的确立与教学策略的选择

构建教学目标后，接下来就要考虑"如何教""如何学"的问题，这就涉及教学模式的确立与教学策略的选择问题。

1）教学模式的确立

教学模式是在一定的教学理论和学习理论指导下，为完成特定的教学目标和教学内容，而围绕某一主题形成的比较稳定的简明教学结构理论框架及其具体可操作的教学活动方式。

在以教为主的教学模式中，比较有代表性的、对我国教育教学有较大影响的教学模式，主要有先行组织者教学模式、五环节教学模式、情境—陶冶教学模式、示范—模仿教学模式等。

（1）先行组织者教学模式。先行组织者教学模式是奥苏贝尔的有意义学习理论的一个重要组成部分。提供先行组织者的目的，在于用先前学过的材料去解释、整合和联系当前学习任务中的材料。该模式的教学过程主要由三个阶段构成，如图 2-6 所示。

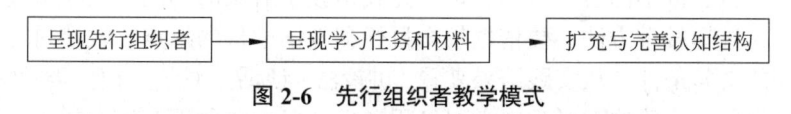

呈现先行组织者 → 呈现学习任务和材料 → 扩充与完善认知结构

图 2-6　先行组织者教学模式

（2）五环节教学模式。五环节教学模式源于赫尔巴特学派的"五段教学法"，后来由国内教育学家改造而成，如图 2-7 所示。

激发动机 → 复习旧课 → 讲授新课 → 复习巩固 → 布置作业

图 2-7　五环节教学模式

（3）情境—陶冶教学模式。情境—陶冶教学模式又称暗示教学模式，是由保加利亚心理学家洛扎诺夫首创的，主要通过创设某种与现实生活类似的情境，让学生在思想高度集中但精神完全放松的情境下进行学习。通过与同学的充分交流与合作，提高学生的合作和自主能力，以达到陶冶修养和培养人格的目的。这是一种主要用于实现情感领域教学目标的教学模式，该模式的教学过程如图 2-8 所示。

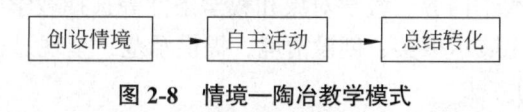

创设情境 → 自主活动 → 总结转化

图 2-8　情境—陶冶教学模式

（4）示范—模仿教学模式是一种主要用于动作技能领域的教学模式，该模式的教学过程如图 2-9 所示。

动作定向 → 参与性练习 → 自主练习 → 技能的迁移

图 2-9　示范—模仿教学模式

2）教学策略的选择

教学策略是指为了完成特定的教学目标而采用的灵活多样的教学方式，主要包括教学方法、教学组织形式的选择等一些具体教学问题。

（1）教学方法的选择。教学方法是教师和学生为了完成教学任务，达到教学目标，以教学原则为指导，借助一定的教学手段（工具、媒体或设备）而进行的师生互动活动。在教学过程中，教师和学生都必须采取一定的方法，运用特定的形式和合适的媒体，才能顺利完成教学。

知识链接：教学方法的分类

根据教学方法的外部形态及教师在课堂教学中使用的手段来分类，教学方法主要有以下五种。

以语言讲授为主的方法：讲授法、谈话法、讨论法等。

以直接感知为主的方法：演示法、参观法等。
以实际训练为主的方法：练习法、实验法、实地作业法等。
以欣赏活动为主的方法：欣赏法等。
以引导探究为主的方法：发现法等。

由于教学学科、教学内容、教学目标，尤其是教学对象的不同，教师所选用的教学方法也应该不同。选择教学方法主要依据教学目标和教学学科的特点、教学内容、学生的实际情况及教师的素养条件。从实践结果来看，讲授法、谈话法对学生记忆类的学习有帮助，而讨论法、练习法、实验法对学生在学习过程中理解概念或原理有较大帮助。如果从学科的角度进行归纳，在文科类的教学中，使用讲授法、谈话法、讨论法所取得的效果较好；而在理科类的教学中，演示法、练习法、实验法所取得的效果较为理想。

（2）教学组织形式的选择。教学组织形式是指在教学过程中师生的共同活动在人员、程序、时空关系上的组合形式。当前教学组织形式主要有班级授课、个别化学习和小组学习三种。三种教学组织形式各有其适用的方面。为了达到优化教学效果的目的，在制定教学策略时必须进行综合考虑，取长补短，逐渐减少教师的集体授课时间，安排更多的个别化学习和小组学习，使学生积极、主动地参与到教学过程中，从而提高其各方面的素质与能力。

6. 教学媒体的选择和运用

1）选择教学媒体的依据

可根据教学目标、教学内容、教学对象和教学条件等选择教学媒体。媒体在教学中的使用目标可以分别表述为展示事实、创设情境、提供示范、呈现过程、设疑思辨等。

2）选择教学媒体的方法

（1）确定教学媒体的使用目标。应依据知识点的学习目标，认真分析教学内容，确定教学媒体的使用目标，即确定在完成该学习目标时媒体在教学中的作用。由于教学过程是复杂、动态的，教学内容、教学对象、教学方法不同，教学媒体所起的作用也不同。而且，同一种媒体随着使用方式的不同，对实现教学目标的作用也是不同的。

（2）选择教学媒体的类型。依据教学媒体的使用目标和教学对象的特点，按照教学媒体层次的划分，选择合适的媒体类型。

（3）确定教学媒体的内容。媒体类型确定后，可查阅资料目录，确定所选媒体的具体内容。如果现有媒体内容合适，则可在教学中使用；否则可通过选编、修改、重新制作等方法来确定内容合适的媒体。

此外，在选择媒体时也可以采用媒体选择最小代价原则，使用流程图选择法、矩形选择法、问卷选择法等。

3）教学媒体的运用

教学媒体的运用要讲究使用方式和出示的时机，只有进行精心设计，才能在教学中起到应有的作用。

（1）教学媒体的使用方式。教学媒体的使用方式包括：设疑—演示—讲解；设疑—演示—讨论；讲解—演示—概括；讲解—演示—举例（或学生讨论）；演示—提问—讲解；演示—讨论—总结；边演示、边讲解；边演示、边议论；学习者操作媒体进行学习；其他方式。

当然，媒体的使用方式不止上述几种，在教学中可根据教学设计自行创造更多、更好的使用方式。

（2）出示教学媒体的时机。出示教学媒体的最佳时机主要有以下几个时间段：学生的心理状态由无意识向有意识转换时；学生的心理状态在有意注意与无意注意之间转换时；学生的心理状态由抑制向兴奋转换时；学生的心理状态由平静向活跃转换时；学生的心理状态由兴奋向理性升华时；学生的心理状态进入"最近发展区"，树立更高的学习目标时；鼓励与激励学生的求知欲望时；鼓励学生克服畏难心理、增强信心时；满足学生表现欲时。

7. 教学评价设计

教学评价是教学设计的重要因素，无论是对教学设计中涉及的多种因素进行评价，还是对教学设计结果的肯定或否定、修改及完善等，评价活动始终给予教学设计价值体现，引导教学设计活动朝着实现预定目标的方向前进。

2.2.3 以学为主的教学设计模式

以学为主的教学设计主要研究如何设计教学来帮助学生学习，即树立以学为主的教学观，帮助学生将现代教育技术作为认知工具和学习资源去进行探索学习。长期以来，课堂教学一直由教师主导且在教师的组织下进行，因此多讨论如何教的问题，对于如何设计帮助学生学的论述较少。近年来，随着信息技术的发展及建构主义理论的兴起，人们越来越关注课堂教学中如何更好地发挥学生的主动性。以学为主的教学设计主要包括教学目标、学习者、教学主题、教学情境、教学资源、教学策略和教学评价等要素，这些要素构成了以学为主的教学设计模式，如图 2-10 所示。

以学为主的教学设计模式描述了教学设计的基本过程，在实施时，可以根据实际情况灵活把握。

由图 2-10 可以看出，以学为主的教学设计模式主要包括教学目标分析、学习者特征分析、教学主题确定、教学情境设计、教学资源设计、教学策略设计和教学评价设计等环节。下面对其中的部分环节进行介绍。

1. 教学目标分析

以学为主的教学设计模式依据知识单元的学习任务确定教学目标。教学目标能反映学习该知识单元后，学习者应该掌握的基本知识、基本技能，以及情感的变化和解决问题能力的形成等。

教学目标不是基于单一知识点，而是基于知识单元，因此具有整体化的特点。教学目标的表述仍然采用内外结合的方式，但在描述外在行为变化的同时，要更加注意内在情感的变化和能力的形成，通常采用较宽泛的行为动词（如了解、掌握、学会、树立等）来描述，具有一定的弹性。

2. 学习者特征分析

在以学为主的教学设计模式中，影响学习者学习效果的因素，除了在以教为主的教学设计模式中考虑的一般特征、个性特征和初始能力等因素外，还有一个重要的因素，就是学习者的信息素养。

3. 教学主题确定

教学主题的确定是以学为主的教学设计模式的核心。应在认真分析教学目标、学习者

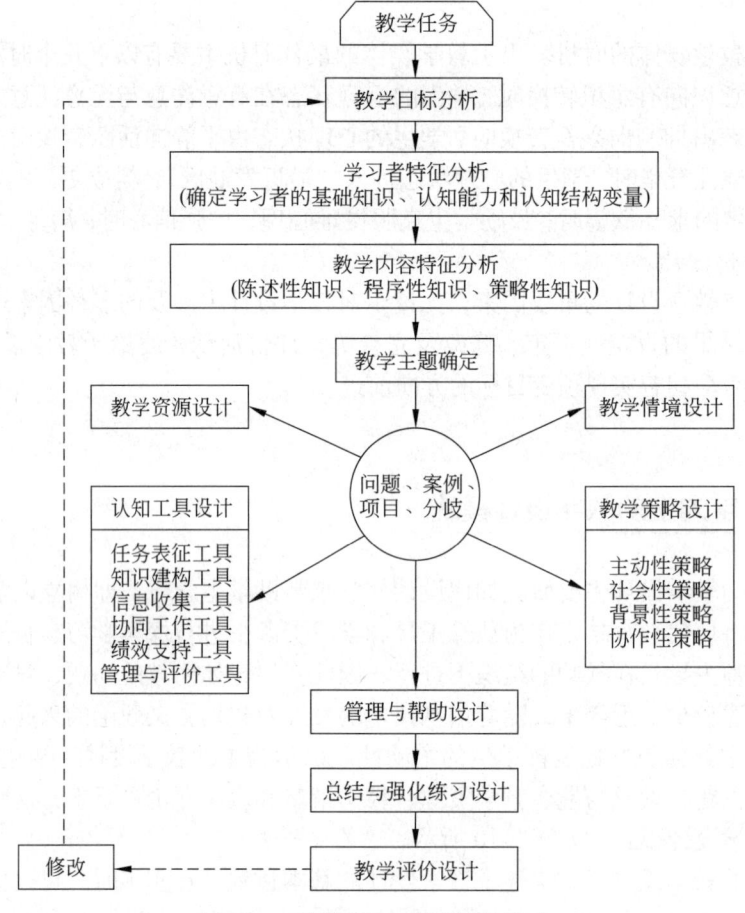

```
                        教学任务
                           ↓
                    教学目标分析  ←----┐
                           ↓           |
                   学习者特征分析        |
          (确定学习者的基础知识、认知能力和认知结构变量)
                           ↓           |
                   教学内容特征分析      |
              (陈述性知识、程序性知识、策略性知识)
                           ↓
                    教学主题确定
                           ↓
    教学资源设计  ←    ┌─────────┐   →  教学情境设计
                      │ 问题、案例、│
                      │ 项目、分歧 │
    认知工具设计  ←   └─────────┘   →  教学策略设计
    任务表征工具                         主动性策略
    知识建构工具                         社会性策略
    信息收集工具                         背景性策略
    协同工作工具                         协作性策略
    绩效支持工具
    管理与评价工具
                           ↓
                    管理与帮助设计
                           ↓
                  总结与强化练习设计
                           ↓
        修改  ←----------  教学评价设计
```

图 2-10 以学为主的教学设计模式

特征、教学内容特征的基础上，提出要达到教学目标需要解决的关键问题。这个问题的解决过程，就是完成该知识单元学习的过程。

所设计的问题不应该是简单且轻而易举就可以找到答案的问题，而应该有一定的难度，可涵盖该知识单元的学习任务，并和现实生活有密切联系，需要学习者付出努力才能找到解决方法的实际问题。

4. 教学情境设计

建构主义者认为，学习总是与一定的社会文化背景即情境相联系的，因此设计与当前学习主题相关的、尽可能真实的情境，有利于唤醒学习者长时记忆中有关的知识、经验或表象，从而使学习者利用自己原有的认知结构中的有关知识与经验，去消化当前学习的新知识，或者对原有认知结构进行重组与改造。

5. 教学资源设计

教学资源是指支持学生进行自主学习的各种必要条件。在现代信息技术条件下，教学资源主要包括各种 CAI 课件、网络课程、教学平台、信息资源等。丰富的教学资源是建构主义学习必不可少的条件。教学资源设计是指确定教学资源的种类及每种资源所起的作用。在进行教学资源设计时，必须全面考虑学生解决问题时需要查阅哪些资料，需要了解哪方面的知识。

6. 教学策略设计

以学为主的教学设计模式应能激发学生的积极性和主动性，充分体现学生的主体地位，包括自主学习和协作学习两个方面，这是学生进行意义建构的基础。自主学习的具体形式较多，但不论什么形式都要求学习者自主探索、自主发现。常见的自主学习策略主要有支架式、抛锚式、启发式、探究式、学徒式、随机进入式等。在选择自主学习策略时，需要考虑主客观条件。主观条件指学习者的智力因素和非智力因素，客观条件指知识内容的特征。

协作学习是在个人自主学习的基础上进行小组讨论、协商，以进一步完善和深化对主题的意义建构。整个协作学习过程均由教师组织引导，讨论的问题也均由教师提出。

7. 教学评价设计

以学为主的教学设计模式不仅重视学习效果的评价，而且重视学习过程的评价，在评价方法上多采用案例、量规和档案袋等形式。具体内容见 3.3.5 小节。

2.2.4　主导—主体教学设计模式

主导—主体教学设计模式（简称"双主"模式）是何克抗教授在奥苏贝尔的有意义学习理论、动机理论、先行组织者教学策略及建构主义学习理论与教学理论指导下提出的，将以教师为主导、以学生为主体相结合的教学设计模式。此模式将以教为主和以学为主的教学设计模式有机结合，避免了在教学过程中单纯使用一种教学设计模式而产生的教学时单方面（教师或学生）主导教学而出现的"满堂灌"或"盲目学"等现象，使学生采用更合理的学习策略掌握学习内容，提高自学能力，如图 2-11 所示。

1. 理论基础

奥苏贝尔的有意义学习理论、动机理论和先行组织者教学策略是以教师为中心的教学结构的主要理论基础，建构主义学习理论与教学理论则是以学生为中心的教学结构的主要理论基础。这两种教学结构都有其优点与不足。现将二者结合起来，取长补短、优势互补，形成比较理想的教学结构。

2. 过程与模式

可根据教学内容和学生的认知结构情况，灵活选择以教为主或以学为主的教学模式，如传递—接受教学或发现式教学。在传递—接受教学过程中基本采用先行组织者教学策略，也可同时采用其他教学策略作为补充，以达到更佳的教学效果。在发现式教学过程中可以充分吸收传递—接受教学的长处，考虑情感因素的影响。

斯坦福大学教育学和心理学教授李·舒尔曼博士，在其教育理论专著《范式与课题》中精心"勾画"过一幅教学研究概括图，整合各种研究课题之间的重要联系。其核心内容包括：教师和学生是教学研究的主要因素，教学活动则是教师与学生的共同工作（活动），师生双方的三种属性决定了教室里的教和学，这三种属性是能力、行动和思考；教学活动发生在不同的背景之下；教师与学生通过教学内容实现交互。

教学实践证明，学生知识的获得、技能的提高、创新的源头，在很大程度上来源于课堂教学（教师、学生共同）活动，并且"学生主体"始终未离开"教师主导"，结合新课程标准的理念，可以认为：教学活动可以作为联系师生双方的第三个维度。在教师、学生和教学活动这三个维度构成的空间中，能够充分展示教师的主导作用、学生的主体意识，

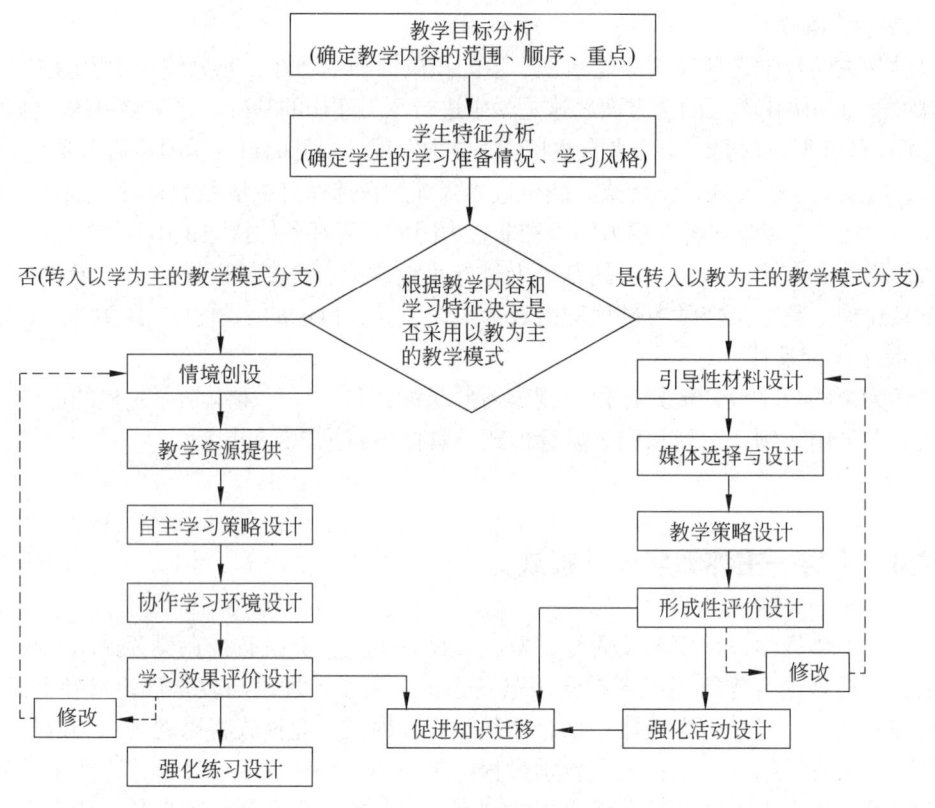

```
                    ┌─────────────────────────┐
                    │      教学目标分析         │
                    │(确定教学内容的范围、顺序、重点)│
                    └─────────────────────────┘
                                │
                                ▼
                    ┌─────────────────────────┐
                    │      学生特征分析         │
                    │(确定学生的学习准备情况、学习风格)│
                    └─────────────────────────┘
                                │
                                ▼
                           ◇ 根据教学内容和
    否(转入以学为主的教学模式分支)  学习特征决定是  是(转入以教为主的教学模式分支)
    ◄──────────────────────  否采用以教为主  ──────────────────────►
                             的教学模式 ◇
```

以学为主分支	以教为主分支
情境创设	引导性材料设计
教学资源提供	媒体选择与设计
自主学习策略设计	教学策略设计
协作学习环境设计	形成性评价设计
学习效果评价设计 → 修改	→ 修改
强化练习设计 → 促进知识迁移 ← 强化活动设计	

图 2-11　主导—主体教学设计模式

承载新课程标准的基本理念。因此，课堂教学评价应该聚焦于这个空间。

3. 关于教师

教师是联结学生与教材的纽带，是教学主体化的先导，其作用在于引导、指导示范、反馈矫正与点拨。

（1）引导。虽然近年来关于建构主义学习理论下的教学改革很有气势（也很有成果），行为主义（外界刺激与行为体间的有效结合）学习理论及实践几乎销声匿迹，但是很多成功的课堂教学实例与教学经验表明，行为主义学习理论有着极其重要的地位，未必要先"构建"再"认知"，通过"构建"去"认知"与通过行为体的"刺激"去"认知"，虽属不同理论指导下的不同学习行为（或许一堂课不可能将其同时展示出来），但两种行为的引导都离不开教师。课堂教学评价不应该拘泥于教学方法的选择，"循循善诱"应涵盖丰富的新观念。

（2）指导示范。以数学课程为例，传统的数学课程体系基本是严格按照学科体系展开的，较少重视学生的经验，虽然能对学生的知识储备起到作用，但是学生的视野、学习主动性与创造精神受到抑制。这里的指导示范应建立在充分暴露学生头脑中那些非正规的数学知识和数学体验基础上，使其发展为科学的理论，并从中感受到数学的乐趣，增强学好数学的信心，形成应用意识、创新意识。在这一环节，教师角色应由传统的课程体系的灌输者转变为教育学意义上的对话者。

（3）反馈矫正。因课堂教学内容的不同，自然会出现传统讲解法与新潮探究式教学法的选择，或许前者较易掩盖问题与矛盾，但后者也存在所需时间与知识容量间的矛盾。这就要求教师充分了解学生并有预见性。一般认为学生无问题可问或者找不出问题的一堂课必定存在着重大问题，所以教师应站在学生的角度指导学生收集问题、整理问题、解决问题，而这将成为一个重要的评价指标。

（4）点拨。教师的思维无法代替学生的思维。较高的点拨艺术需要综合教育学和心理学技术。"豁然开朗""于无声处"见"成果"则是点拨的较高境界。

4. 关于学生

下文仍以数学课程为例进行讲述。

（1）参与投入。由于知识并不是主体对客观实际的简单、被动反映，而是学生以自身已有的知识和经验为基础的一个主动的建构过程，同时学生的学习活动是在一个特定的环境里，在教师的直接指导下进行的，所以学生的学习活动是一种特殊的建构活动。

（2）展开。有一种普遍的现象：刚开始时，"差生"的状态并不差，除了保持注意力及其他非智力因素外，还有一个重要的原因，就是现行教材的每单元、每小节，总是以基础的知识点，甚至以常识为例展开新环节。正是在这个关键点——展开新环节处，"差生"暴露了"无为"，严重妨碍了新知识、新信息的接收，时间一长，"差生"才真正成了差生。展开的过程便是学生将实际问题抽象成纯数学问题（实际问题数学化）的过程，教师应帮助学生学会"数学地"思考，学会"数学地"观察世界，而这将影响学生科学的世界观的形成。

（3）深入。数学知识的获取、能力的提高、教学进程的推进呈螺旋式上升模式，学生的数学知识储备面不断扩大，就在于逻辑思维与非逻辑思维能力的协调。数学知识的创新主要靠想象、直觉、顿悟等非逻辑思维方法，而不是靠严格的推理论证。同时，若没有严格的推理论证，创新"成果"就经不起推敲，也就难成"正果"。数学课程教学正是让学生"领悟"这个过程，并引导学生进入科学研究领域，形成科学的世界观。比如，"触摸"概念，发现定理，认识定理并证明、应用定理，便是数学课程教学的较高境界。当然并不是每节课都会有定理，倘若学生能够不拘泥于"参与投入""展开"状态，在教师的积极引导下，总结或发现新观点、新方法，也是"深入"的精华所在。这一环节包含了极其丰富的数学思想（类比、联想、发现、论证、创新）及诸多的教育心理学技巧（兴趣、注意力、意志的调动与培养）。

（4）拓展。数学源于实践，又最终为实践服务。经过"参与投入""展开""深入"历程之后，应用才是目标，将前三段历程的积累进行"拓展"，是课堂教学的最高目标和境界。

数学课程标准要求"把宝贵的精力放在创新与互动上"，这强调了数学课程教学中"拓展"环节的重要性与必要性，该环节是创新的"分流"和"实验场"。

5. 关于教学活动

教学活动的核心是重视学生对知识发生过程的心理体验、心智感受，并不断上升为理性的判断与创新，直至创新能力的形成。具体到数学教学活动，其核心观念是在数学教育中指导学生，将数学知识/方法体系与使学生体验数学知识/方法的过程并重，提高学生的数学素养与基本素质。

（1）材料组织化。数学教学大纲指出，在数学教学中应使学生通过背景材料，运用已有知识进行观察、实验、比较、猜想、分析、综合、抽象和归纳，将实际问题抽象为数学问题，建立起数学模型，从而解决问题，拓宽自己的知识面。可见，进行一系列数学知识应用的前提是不断将背景材料加工、整理、组织的过程。该环节还有一项主要任务：在学生有个性差异的前提下，使不同层次的学生都适应自己的状态，即在材料的组织内容和要求上有一定的弹性,以体现不同的教学要求。

(2)材料逻辑化。材料逻辑化主要针对新信息技术环境下的数学教学。教师在进行教学设计时应注意体现以人的发展为本,突出学生的主体性和主动性,以学生为中心,以情境创设为前提,以问题驱动为导向,引出每节课的学习主题,学生围绕主题查阅信息资料,自主学习或与同学协作学习或与教师交流。教师通过网络及时收集学生的反馈信息,进行指导和提供帮助,学生通过思考探索,对获取的信息进行判断和逻辑推理,完成对学习主题的理解、掌握、应用和建构。

(3)材料数学化。教学活动力求体现知识的发生过程、对规律的探求和发展过程。在教师的指导下,通过观察、操作、分析、比较,由学生去发现关系、性质和方法,并做出合理的判断,让学生在做数学题的过程中学会"数学化"。

(4)内化。学生活动也可能启示教师的再活动(信息扩充、教学法创新、材料重组)。这个活动是师生间互动、学生间互动的产物。

2.3 典型教学设计案例分析

教学设计理论除了运用于各类教学软件的设计与开发外,还广泛应用于各种课堂教学,随着教育技术的不断深入,形成了各种各样的教学设计模式和方案,但不外乎是以教为主、以学为主、主导—主体三种教学设计模式的具体应用。本节针对这三种模式提供两个案例:一是以教为主的教学设计案例;二是以学为主的教学设计案例。设计方案大致包括学习者分析、教学内容、教学重/难点、教学策略、教学过程等,由于各学科的特点和内容不尽相同,因此给出的教学设计案例在形式上略有不同。

2.3.1 以教为主的教学设计案例

以小学语文趣味动物篇课文《蜘蛛会被自己织的网粘住吗》为例,进行教学设计的案例如下。

1. 概述

本文选自自编课本。这是一则知识性短文,写的是蜘蛛会织网捉虫,苍蝇、蚊子碰到网就被粘得牢牢的,想逃也逃不了;而蜘蛛身上有一层油,在网上爬来爬去也不会被粘住。

2. 学习者分析

(1)学生原有认知结构中有对"油脂"的感性认识及其并列组合概念"水"的相关知识。

(2)学生思维活跃,能跟上教师的思路,并能用完整的话回答教师的提问。

(3)学生学习不具有自觉性,需要教师设计教学环节,并给予充分的关注和指导。

3. 教学内容与学习水平的分析与确定

教学内容与学习水平的分析与确定如表 2-1 所示。

表 2-1　教学内容与学习水平的分析与确定

课文名称	知识点	学习水平			
		识记	理解	应用	分析综合
蜘蛛会被自己织的网粘住吗	（1）字：蜘、蛛、织、网、粘、结、苍、蝇、蚊、碰、牢、逃、油、脂、层	√	√		
	（2）了解蜘蛛的特点；理解蜘蛛为什么不会被自己织的网粘住		√		
	（3）能理解课文的含义，正确、流利、有感情地朗读课文		√		

知识点	描述语句
（1）	正确读出字音，分析字形，正确拆分，正确编码
	理解字、词的意思
（2）	了解蜘蛛的特点；理解蜘蛛为什么不会被自己织的网粘住
（3）	理解课文的含义

4. 教学重/难点分析

理解蜘蛛为什么不会被自己织的网粘住。

5. 教学媒体的选择和运用

教学媒体的选择和运用如表 2-2 所示。

表 2-2　教学媒体的选择和运用

知识点	多媒体网络资源、工具的形式与来源	多媒体网络资源、工具的主要内容	使用时间/分钟	多媒体网络资源、工具的作用	使用方式或教学策略
（1）	自编课件1	生字的音、形、义、扩词	8	创设情境	教师演示 传递—接受
（2）	自编课件2	课文录音，专家解说	8	提供资源	教师演示 传递—接受
（3）	自编课件3	课文录音	3	提供资源	示范—模拟

6. 课堂教学结构的设计

课堂教学结构的设计如表 2-3 所示。

表 2-3　课堂教学结构的设计

知识点	题目内容	引导或答案
（1）	读音节，写汉字 zhī zhū（　）　cāng yīng（　）　wéi zi（　） zhī wǎng（　）　yóu zhī（　）　zhān zhù（　）	蜘蛛、苍蝇、蚊子、织网、油脂、粘住
（2）	蜘蛛为什么不会被自己织的网粘住呢？	因为它身上有一层油

7. 案例分析

思考交流：上述案例有哪些优点？

2.3.2 以学为主的教学设计案例

1. 概述

这是澳大利亚门尼·彭兹中心小学所做的教学改革实验（抛锚式教学）。

实验班为小学六年级某班，30名学生，教师名叫安德莉亚。

教学内容：关于奥林匹克运动会。

2. 教学设计

首先，安德莉亚鼓励学生围绕这一教学内容拟定若干题目，如《奥运会的举办历史》《澳大利亚在历次奥运会中的成绩》等。确定与题目密切相关的真实性事件或问题作为学习的中心内容，并要求学生用多媒体课件形式直观、形象地把自己选定的题目表现出来。

在图书馆和网络上查阅资料以后，米彻尔和沙拉两位同学合作完成了一个关于奥运会历史的多媒体演示课件。在向全班同学播放这个课件以前，安德莉亚提醒大家注意观察和分析课件表现的内容及其特点。

课件播放后，安德莉亚立即组织讨论。一位学生说，通过奥运会举办的时间轴线，他注意到奥运会是每四年举办一次；另一位学生则提出不同的看法，他认为并不总是这样，如1904年、1906年和1908年这几届是每两年举办一次；还有一些学生则注意到1916年、1940年和1944年没有举办奥运会。

这时安德莉亚提出问题："为什么这些年份没有举办奥运会？"有的学生回答可能是这些年份发生了一些重大事件；有的学生则回答可能发生了战争；有的学生则确切地指出1916年停办是由于爆发了第一次世界大战，1940年和1944年停办是由于爆发了第二次世界大战。

经过讨论和协商，学生们认为有必要对米彻尔和沙拉的多媒体课件进行两点补充：①说明第一次世界大战与第二次世界大战对举办奥运会的影响；②对初期的几次过渡性（两年一次）奥运会做出特别的解释。

这时候有一位学生提出要把希特勒的照片放到时间轴1940年这一点上，以说明是他挑起了第二次世界大战。安德莉亚询问全班同学："有无不同意见？"沙拉举起手，高声回答："我不同意用希特勒的照片，我们应当使用一张能真实反映第二次世界大战给人民带来巨大灾难的照片，以激起人们对希特勒的痛恨。"安德莉亚对沙拉的发言表示赞许。

3. 点评

（1）教师的教学目标主要是让学生建立一个有关奥运会某个专题的情境（多媒体课件），并以奥运会的举办历史或澳大利亚在历次奥运会中的成绩这类真实性事件或问题作为"锚"（学习的中心内容），激发学生的学习兴趣和主动探索精神，再通过组织讨论，逐步引入有关教学内容。

（2）学生始终处于主动探索、主动思考、主动建构意义的认知主体位置，但是又离不开教师事先所做的、精心的教学设计（目标指向）和在协作学习过程中画龙点睛的引导。教师在整个教学过程中说的话很少，对学生建构意义的帮助却很大，充分体现了教师指导作用与学生主体作用的结合。

（3）整个教学过程围绕建构主义的情境、协作、会话和意义建构这几个认知环节展开，且自始至终是在多媒体教学环境下进行的（同时借助网络实现资料查询），所以是通过信息化教学工具实现建构主义抛锚式教学的良好案例。

拓展实训

【实训目标】

通过实训，使学生初步了解教学设计的基本知识，掌握教学设计的模式分析，比如教学设计的一般模式、以教为主的教学设计模式、以学为主的教学设计模式、主导—主体教学设计模式。

【实训内容】

了解并掌握教学设计的模式并能独立完成经典模式的教学设计。

【实训步骤】

（1）以 2~3 人为单位组成一个团队，设负责人一名，负责整个团队的分工协作。

（2）团队成员通过分工协作，多渠道收集相关资料。

（3）团队成员对收集的材料进行整理，总结并分析教学设计的经典模式并独立完成一种教学设计。

（4）各团队将总结制作成表格，派出一人作为代表上台演讲，阐述自己团队的成果。

（5）教师对各团队的成果进行总结评价，指出不足与改进措施。

【实训要求】

（1）考虑到课堂时间有限，实训可采取"课外＋课内"的方式进行，即团队组成、分工、讨论和方案形成在课外完成，成果展示安排在课内。

（2）每个团队方案展示时间为 10 分钟左右，老师和学生提问时间为 5 分钟左右。

复习思考题

1. 教学设计的意义是什么？
2. 教学设计中要注意的问题有哪些？
3. 教学设计的因素有哪些？
4. 以学为主的教学设计模式包括哪些内容？

第 3 章

信息化教学设计与评价

进入 21 世纪，随着信息技术的发展，越来越多的国家和地区实现了网络连接，教育进入了信息化时代。信息成倍增长，知识更新速度加快，面对这种变化，现代化的教学必须基于现代丰富的信息资源进行发展。传统的教学和教学设计已经难以满足社会发展的需要，于是产生了信息化教学模式以及相应的教学设计——信息化教学设计。

学习目标

知识目标	了解信息化教学设计的概念与特点； 掌握信息化教学设计的原则与过程； 了解信息化教学设计的流程与策略
能力目标	掌握信息化教学设计方案的撰写
素质目标	培养学生开拓创新、团结协作的精神，使学生树立正确的世界观、人生观、价值观

3.1 信息化教学设计概述

3.1.1 信息化教学设计的概念与特点

1. 信息化教学设计的概念

所谓信息化教学设计，就是在信息化环境下的教学设计。这一概念是由上海师范大学黎加厚教授率先提出来的。在综合把握现代教育和教学理念的基础上，运用系统方法，以学为中心，充分利用现代信息技术和信息资源，科学地安排教学过程的各个环节和要素，以实现教学过程的优化。应用信息技术构建信息化环境，获取、利用信息资源，支持学生自主探究学习，培养学生的信息素养，提高学生的学习兴趣，从而优化教学效果。

信息化教学设计强调发挥学习者在学习过程中的主动性和建构性，注重学习者学习能力的培养，提倡利用各种信息资源支持教与学。其核心是创设问题情境，提出任务项目，提供相关信息资源，设定评价标准，在教师指导下让学生进行探索式学习、资源型学习和协作化学习。

2. 信息化教学设计的特点

信息化教学设计是在传统教学的基础上对教学媒体和手段的改变，也是以现代信息技术为基础的整体的教学体系的一系列改革和变化，信息化教学设计具有以下几个特点。

（1）以信息技术为支撑。信息化教学设计要求教师和学生具备相应的信息知识和素养，能够使用先进的信息技术设备，掌握一定的信息技术。

（2）以现代教育教学理论为指导。信息化教学设计围绕"以学生为主体""以学为中心"的现代教育教学理论，充分利用各种信息资源（尤其是网络上的全球信息资源）来支持学生的"学",这也符合素质教育的根本要求和国家新课程标准——注重培养学生的创新精神和实践能力。

(3)强调新型教学模式的构建。信息化教学设计强调新型教学模式的构建,体现了新型教学关系。相较于多媒体组合教学设计,信息化教学设计是在多媒体组合教学设计基础上的拓展,二者不是对立关系而是包容关系。因为信息化环境包含了多种媒体及其优化组合,不可避免地包含教学传递的成分,只不过在学习环境中,这些教学传递活动的启动者和控制者不再是教师,而是学生。

(4)教学内容具有更强的时代性和丰富性。21世纪是一个协作的时代,尤其体现在技术领域。信息化教学设计强调协作,这种协作不仅指学生之间、师生之间的协作,也包括教师之间的协作,如实施跨年级和跨学科的基于资源的学习,针对学习过程和学习资源的评价等。

信息化教学内容具有更强的时代性。此外,信息化教学设计要求教师转变自己的角色。教师的教学设计和教学任务要基于学生学习的水准,对教学目标、课程标准、教学资源、活动过程、评价量规、个别指导等进行设计和组织实施,而不是教师才华的表演和知识的广播,教师要不断更新、拓展自己的知识面,以提高教学内容的丰富性。

(5)教学更适合学生的学习需要和特点。信息化教学设计不限于课堂教学形式和学科知识系统,而是将教学目标组合成新的教学活动单元,以任务驱动、问题解决作为学习与研究活动的主线,以学为中心,倡导三种新型学习模式,即探究式学习、资源型学习和协作化学习;注重培养学生的信息能力、批判性思考能力和问题解决与创新能力;把学生对知识的意义建构作为整个学习过程的评价标准;注重个别指导,针对不同学生的特点和学习情况进行科学引导。

知识链接:信息化学习方法与传统学习方法比较

信息化学习方法与传统学习方法有很大的不同,如表3-1所示。

表3-1 信息化学习方法与传统学习方法比较

比较项目	信息化学习方法	传统学习方法
知识观	知识是在行为活动(经验)中建构的、逐渐显现的、情境化的、分布式的	知识是传递的、外在于学习者的、客观的、稳定的、现成的、非情境化的
现实观	心智(思维)活动的结果	外在于学习者的客观存在
意义观	反映个人对观点(经验)的理解	外部世界的反映
符号观	建构现实的工具	用于描绘或表现世界
学习观	知识建构、解释世界、建构意义、略构的、真实—经验的、阐释—反思的、重视过程的	知识传递、反映教师所知、结构的、抽象—符号化的、接受—保持—回忆的、重视结果的
教学观	反映多种观点、递进的复杂度、发散性(多样性)的、由下至上的、归纳式的、认知学徒、模拟、指导、探究、以学习者为中心	简化知识、抽象原则、重视基础、从上至下的、推演式的、重视符号表征系统(规则或原理)的应用、讲授的、监护的、教师支配(控制)的、个别化的、竞争性的

3.1.2 信息化教学设计的原则

1. 以学生的"学"为中心，注重学习者学习能力的培养

在信息化教学环境下，强化学习者在教学中的主体地位。传统的讲授法（接受式学习）忽略了对学生学习兴趣、学习主动性、积极性和求知欲的培养，对学生探索知识能力的培养不够，没有调动起学生的积极性和主动性，很多学生即使学习了十几年，依然停留在教师要求做什么就做什么、教师不安排就不知道怎么做的被动状况。

信息化教学设计强调教学的中心应该由教师的"教"转变为学生的"学"，学生由被动学习转变为主动学习，由接受式学习转变为探究（问题）式学习。

教师作为学习的促进者，应该把学生当作教学的主体，引导、监控和评价学生的学习进程，以充分调动学生参与学习的积极性、探索知识的主动性；培养学生思维的独立性和批判性，培养学生的创新意识和创新能力。

2. 利用各种信息技术工具和信息资源来支持"学"

为了支持学习者的主动探索和意义建构的完成，在学习过程中要为学习者提供各种信息资源（包括各种类型的教学媒体和教学资料）。这些资源并非用于辅助教师的讲解和演示，而是用于支持学生的自主学习和协作式探索。教师的任务是告诉学习者如何获取信息资源、从哪里获取，以及如何有效地加以利用。比如，提供给学生与教学主题或问题相关的网络资源、典型案例，对学生的学习进行一定的指导等。信息技术工具和信息资源在信息化教学设计中具有不可替代的作用。

3. 为学习者的意义建构创设情境

建构主义认为，学习总是与一定的社会文化背景即情境相联系，在实际情境下进行学习，有助于学习者利用自己原有认知结构中的有关经验同化当前学习到的新知识，从而赋予新知识以某种意义；如果原有经验不能同化新知识，则要引起顺应过程，即对原有认知结构进行改造与重组。所以在学习中，教师要尽量为学生创设接近真实任务的情境，帮助学生进行意义建构，而且情境应具有生动性、丰富性。

4. 强调协作学习

建构主义理论认为，学习者与周围环境的交互作用，对于学习内容的理解（即对知识意义的建构）起着关键性的作用。这是建构主义的核心概念之一。学生在教师的组织和引导下一起讨论和交流，共同建立起学习群体并成为其中的一员。在这样的群体中，学习者一起批判地考察各种理论、观点、信仰和假说；进行协商和辩论，先内部协商，再相互协商。通过这样的协作学习环境，学习者个人的思维与智慧可以被整个群体共享，即整个学习群体一起完成对所学知识的意义建构，而不是其中某一位或某几位学生完成意义建构。学生之间相互协作，共享他人的知识和背景，共同实现教学目标。这种协作学习不仅指学生之间、师生之间的协作，也包括教师之间的协作，如实施跨年级和跨学科的基于资源的学习等。

5. 学习的最终目的是完成意义建构

学习的最终目的就是我们的教学目标，它既是教学过程的出发点，又是教学过程的归宿。在传统教学设计中，教学目标是检查最终教学效果和进行教学评估的依据。建构主义

学习理论强调学生是认知主体,是意义的主动建构者,所以在信息化教学设计中,要把学生对知识的意义建构作为整个学习过程的最终目的。信息化教学设计通常不是从分析教学目标开始,而是从如何创设有利于学生意义建构的情境开始,整个教学设计过程紧紧围绕"意义建构"这个中心展开,无论是学生的独立探索、协作学习还是教师辅导。

6. 强调对学习过程和学习资源的评价

传统的教学设计评价是对教师的教学过程和设计结果(教案、课件)的评价,从教案、课件中反映教师的教学思想理念、对教学内容的把握、对教学方法的运用等情况,重在对教师进行评价。信息化教学设计的评价,其评价目标不仅针对教师的教学结果,也强调学生在学习过程中的表现,以及教师提供的学习资源对学生学习的影响情况等。信息化教学设计是一个连续的、动态的过程,在学习过程中,教师通过不断的研究和质量评估,收集数据,使用过程性评价,达到改进设计的目的。同时,由于信息化学习资源种类繁多,为了有效利用信息化学习资源,必须对资源进行优化选择。

知识链接:传统教学设计与信息化教学设计特点的比较

信息化教学设计以建构主义为指导思想,它在教学设计思想上与行为主义主导的传统教学设计有很大的不同。传统教学设计与信息化教学设计特点的比较,如表3-2所示。

表 3-2　传统教学设计与信息化教学设计特点的比较

传统教学设计	信息化教学设计
设计过程是顺序的、客观的和线性的	设计过程是递归的、非线性的,有时甚至是混沌的
制订计划开始时概念还不清晰,随着开发工作进展而渐趋详细。开发工作应该是合作性的,设计小组人员一起工作,产生一个共同的意愿	制订计划是自上而下的和有规则的,包括一个带行为目标的严格行动计划,并且按计划有组织地按顺序展开设计过程
教学设计专家对设计工作至关重要	不存在教学设计专家。懂得教学内容与情境的开发者是必要的,但他们不是一般意义上的教学设计专家
复杂任务被分解为子技能并按顺序进行教授	教学重点是在意义丰富的情境中拓展理解能力
教学重心在于教授由专家选定的事实并强化技能。计算机承担起传统教师的角色:信息发送者、评价者、学习记录者	所用教学手段是为了提出问题,并为学生提供获取解决这些问题所需知识的条件
总结性评价至关重要,因为它可以用来检验学习材料是否行之有效	形成性评价比终结性评价重要,因为它能够提供有助于改进教学的反馈信息
主观性数据可能最有价值,因为许多重要目标无法仅用客观性数据来评估。许多时候,其他类型的评估方法(如电子作品、面谈、观察、重点小组、口头征询)会比定量数据要宝贵	客观性数据是教学过程各部分的组成要素,从确定起点行为到事后测试

3.1.3　信息化教学设计的过程

1. 分析单元教学目标

教师需要根据国家或地方课程标准,分析学生特征和课程学习的特点,在此基础上确定单元学习目标，明确教学活动中要解决的问题或任务，这是信息化教学设计的起点。

2. 学习任务/问题设计

学习问题或任务的确定应与单元目标一致，而且应具有趣味性、吸引力和挑战性，应当反映学科的基本概念、原理、规律/法则，充分描述其产生的情景，恰当地呈现/模拟、描述对问题的可操控方面，使学生进入问题情境，拥有问题意识或主人翁意识。

3. 学习资源/工具设计

学习资源和技术工具如果由教师提供，教师必须提前寻找、收集并认真评价相关资源的学习价值，以确保学生获得可靠、有用的学习信息。如果由学生自行查找，教师则应设计好信息资源查找和收集的目的、要求、策略等，以免学生在信息搜索时没有目的性、浪费时间。

4. 教学活动/过程设计

教师要仔细设计帮助学生进行学习和探究的步骤，包括学习进程计划、教材分析与研究、学习活动方案和组织形式、课堂教学的日常开展，以及根据不同学生的差别设计出相应的教学策略和情景要求等，如告知学生学习过程中如何开展探究活动、需要遵循哪些步骤才能完成任务等。

5. 学习案例/范例设计

为了拓展学生的学习经验，教师需要为学生提供与主题学习任务有内在联系的各种学习案例或作品范例。学习案例要有益于唤醒学生已有的知识经验，并与学生已有的知识经验相关联；案例必须能描述问题的复杂性，不能采用抽象化和简单化的案例来替代复杂化的问题。

6. 选择/创建学习量规

学习评价量规应当建立在教师和学生共识的基础上，量规的选择与创建必须具有科学性，应该符合对学生预期的学习结果和形式，符合课程或单元学习目标、主题任务、学习者心理特点的需求。学习评价量规应该事先提供给学生，以便每位学生都知道教学要求和学习结果，从这个意义上说，评价量规工具是学生进行学习活动的指导原则。

7. 实施单元教学计划

在课程或单元教学计划的实施中，教学计划可以根据实际的教学情形不断进行适当的调整。

教学方案在实施过程中应该体现学生的自我管理和组织参与，教师应该为学生提供适当的策略建议、咨询帮助、学习指导和心理激励等。

8. 学习评价与反思

学习评价与反思应贯穿信息化教学设计全过程。在教学设计方案实施的过程中，教师应适时组织学生展示学习结果（作品），并引导学生说明结果产生的过程。学生应按预定的学习量规开展自我评价、同伴评价、教师评价或外部评价。教师可以为学生创建学习过程自我评价表，以便学生检视自己的学习过程，并根据评价结果反思学习得失，改进学习策略或调整学习活动等。

知识链接：经典计算机辅助教学设计与信息化教学设计比较

在信息化教学设计中，有时会涉及电子作品的制作，它与经典计算机辅助教学设计（CAI）有很大的区别。虽然经典CAI中的主要教学模式从广义上讲属于信息化教学模式，但信息化教学设计更加强调以"学"为中心,致力于促进学生综合能力的提高。表 3-3 所示为经典 CAI 设计与信息化教学设计比较。

表 3-3 经典 CAI 设计与信息化教学设计比较

比较项目	经典 CAI 设计	信息化教学设计
设计核心	教学内容设计,以课件开发为中心	教学过程设计,重视学习资源的利用
学习内容	单学科知识点	交叉学科专题
主要教学模式	讲授或辅导	探究或研究型学习
	模拟演示	资源型学习
	操练练习	合作型学习
教学周期	以课时为单位	以单元为单位(短至一星期,长至一学期或一学年)
教学评价	依据行为反应	依据电子作品集

3.1.4 信息化教学设计的流程

信息化教学设计的流程如图 3-1 所示。

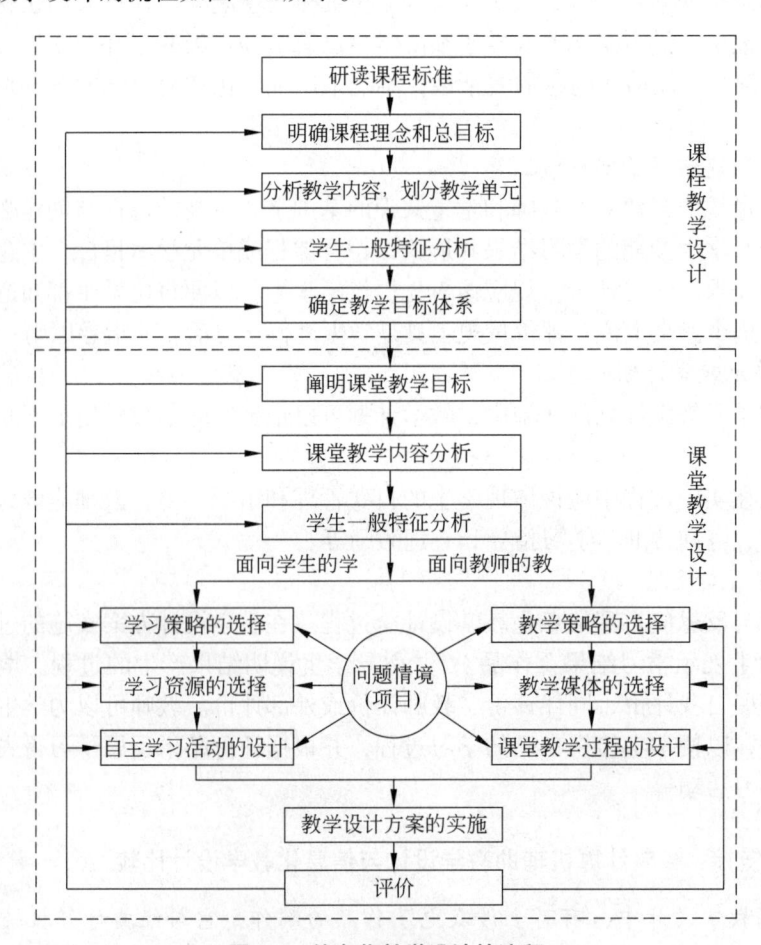

图 3-1 信息化教学设计的流程

1. 研读课程标准

《基础教育课程改革纲要（试行）》提出："国家课程标准是教材编写、教学、评估和考试命题的依据，是国家管理和评价课程的基础。应体现国家对不同阶段的学生在知识与技能、过程与方法、情感态度与价值观等方面的基本要求，规定各门课程的性质、目标、内容框架，提出教学和评价建议。"课程标准阐述了课程性质、课程理念、设计思路和实施建议，这样教师既能够从课程结构上把握课程，也能够从宏观理念上理解课程。

2. 明确课程理念和总目标

课程教学设计的第二步是明确课程理念和总目标。课程理念是课程标准制定者提出的对课程实施具有哲学指导意义的观念，它应该被渗透到课堂教材编写、课程教学等各个环节当中。如《科学》（初中）的课程理念是面向全体学生，立足学生发展，体现科学本质，突出科学探究，反映当代科学成果。课程目标包括课程总目标和分目标。课程总目标是对学生学完本课程后应达到的各方面能力水平要求的总体描述。课程分目标从知识与技能、过程与方法、情感态度和价值观等方面对学生应能达到的能力水平进行概括性描述。课程理念和目标是进行后续教学设计的出发点和归宿，对教学设计起到方向性指导作用。

3. 分析教学内容，划分教学单元

教学内容是指为了实现教学目标，要求学生系统学习的知识、技能和行为规范的总和。

分析教学内容的工作以课程目标为基础，旨在规定教学内容的范围、深度和揭示教学内容各组成部分之间的联系，以保证达到教学最优化的内容效度。课程标准中已经明确规定了内容标准，罗列出了教学内容体系。教师通过研读这部分内容，进一步明确、理顺教学内容各组成部分的联系，为教学单元划分、教学顺序的安排奠定了基础。

教学单元作为一门课程内容的划分单位，一般包括一项相对完整的学习任务。通过选择与组织单元，可以确定课程内容的基本框架，这又为后续课堂教学设计的内容选择奠定了基础。

4. 学生一般特征分析

学生是学习活动的主体，学生具有的认知、情感、社会等方面的特征都将对学习的信息加工过程产生影响。因此，教学设计应该与学生的特征相匹配，做到因材施教，才有可能取得理想的教学效果。学生一般特征分析主要包括认知发展特征分析、学生的总体水平分析、兴趣爱好分析等。对于学生一般特征进行分析的目的在于对学生整体情况有一个大概了解，使教师在教学设计过程中做到心中有数。

5. 确定教学目标体系

课程总目标对于整门课程的教学设计和教学实施起到指导作用。课程目标的设立有利于分析教学内容、划分教学单元。为了使课堂教学更加有针对性，仅使用课程总目标对课堂教学要求进行高度概括是远远不够的，因此，需要对每个单元、每堂课甚至每个知识点制定明确的目标，从而构成一个完整的教学目标体系。

教学目标体系不仅在教学设计过程中起到指导教学内容选择、激发学生学习动机的作用，还可以作为学习效果的评测依据。教学目标体系的建立在一定程度上保证了教学设计的科学性，有效避免了教学的经验性和随意性。

（1）阐明课堂教学目标。分析课堂教学目标是为了确定学生学习的主题（与基本概念、基本原理、基本方法或基本过程有关的知识内容），对教学活动展开后需要达到的目标做出整体描述。教学目标包括学生通过这节课的学习，将学会什么知识和能力、会完成哪些创造性产品和潜在的学习结果等。

（2）课堂教学内容分析。课堂教学内容分析的任务有三项：一是评价教学内容是否直接为课堂教学目标服务；二是分析教学内容（知识点）间的关系，确定教学顺序；三是分析教学内容的类型、特点，为后续制定教学策略、选择教学媒体、制定学习策略和提供学习资源等提供依据。

6. 问题情境（项目）

信息化教学是基于问题驱动的教学模式。提出有意义与有价值的问题，是信息化教学设计模式的核心和重点。学习问题可以是问题、案例、项目、分歧，它们都代表连续性的复杂问题。提出问题的原则：一是问题要有意义；二是问题的解决过程要隐含所要传授的知识；三是问题要有一定的复杂性与歧义性；四是问题要有开放性；五是问题要与学习对象的认知特征相匹配，要结合学习者的最近发展区；六是学习主题具有挑战性，问题具有争论性。

7. 教学策略的选择

信息化教学设计的基本策略，是教学情境的创设和信息资源的开发。具体内容见 2.1.3 小节。

8. 教学媒体的选择

教学媒体是指教师在教学过程中为了教学需要而使用的媒介和工具。教学媒体选择的依据、原则、方法、程序等参见前文。

9. 课堂教学过程的设计

课堂教学过程是师生在实现教学任务中的活动状态变换及其时间流程，由教师、教学内容、教学环境（包括教学媒体、学习资源等）和学生四个要素构成。精心设计课堂教学过程可以保证科学、合理的教学进度和优化的教学效果。

10. 学习策略的选择

教师在设计学生的自主学习活动时，可以为学生选择资源型学习、探究型学习、研究型学习、协作型学习等自主学习模式。在自主学习中，常使用的学习方法有支架式、抛锚式和随机进入式等。这几种方法的具体应用步骤参见前文。

无论是哪种自主学习方法，都离不开教师和学生的共同参与。教师的作用在于提出问题，对学生的学习给予指导和帮助；学生则应充分发挥认知主体的作用，主动进行探索、发现和提高。

11. 学习资源的选择

学习资源包括所有能够支持学生进行学习、锻炼能力和发展思维的工具、材料、设施、人员、机构等。从传统的教科书、印刷品，到各种现代教学媒体，乃至网站、社会文化机构都是学习资源。教师在进行教学设计时应尽可能给出不同种类的资源，以便学习者根据自身的条件去选择、利用。

12. 自主学习活动的设计

自主学习活动的设计是教师根据教学目标、教学内容和教学对象的具体情况，对学生学习活动的过程和结构事先做出的假设和计划，包括学生应阅读的材料，教师和学习资源中心能给予学习者必要支持的类型和内容,以及学习活动的方式、过程、进度、预期的结果和建议等。由于学生群体具有差异性、教师预计不足等原因,学生的学习活动往往会偏离教师设计的方案,但是只要能够朝着预定的教学目标前进,教师应尽可能不去干预学生的学习活动。

13. 教学设计方案的实施

这一步骤主要是按照事先做好的教学设计方案对学生进行教学实践。

14. 评价

信息化教学设计的具体成果形式不只是一篇传统意义上的教案,更包括教学设计单元包,其主要由教学情景问题定义、教学活动设计规划、教学课件和可以链接与嵌入的多媒体网络资源组成。信息化教学有利于采用多元的教学评价支持教学的进行。一方面,评价主体可以是教师、学习者、家长、社会人士等;另一方面,可以利用信息技术手段,循序渐进地采用过程评价、终结性评价、作品集评价等方式,评价教师的"教"与学习者的"学"。评价在本质上是一种通过"协商"而形成的"心理结构",因此,评价应该坚持"价值多元性"的信念,反对"管理主义倾向"。评价是评价者和被评价者"协商"共同进行心理建构的过程,受多元主义价值观支配。支配是一种民主协商、主体参与的过程,而非控制过程。学习者是评价的参与者、评价的主体。

3.1.5 信息化教学设计的策略

信息化教学设计的目的是充分利用信息化资源环境,设计自主探究学习过程,培养学生解决问题的能力、创新意识和创新能力。信息化教学设计及其组织实施的大致过程是将课程内容按国家课程标准和实际教学进度进行组合,提出一个核心问题及其相关问题,形成问题情境和任务活动系列,组织、优选学习资源,设计学习过程,指导学生自主学习、协作化学习,动手操作,参与实践,广泛收集、处理相关信息资源,获得知识,得出结论,以电子作品形式(如 PPT 报告、电子板报、网页等)提交任务完成报告,再对学生电子作品进行多元化评价。信息化教学设计的关键是创设教学情境和提供信息资源环境。

1. 创设教学情境

信息化教学设计的情境创设,简单地说就是基于特定的教学目标创设问题情境,以及将学习的内容安排在信息技术支持下的比较真实或接近真实的活动中,让学生通过参与真实的问题求解等实践活动而获得有效的学习。

1)常见的教学情境

利用信息技术和信息资源创设接近真实的情境的方式有很多,其使用的方法也因不同的学科和内容而具有很大的差异性。根据创设的作用和一般方法的相似性,可以有以下几类教学情景:问题情境、故事情境、模拟实验情境、协作情境等。

(1)问题情境。创设问题情境,就是在教学内容和学生求知心理之间设障立疑,让学生处于"愤""悱"的状态,将其引入一种与问题有关的情境。教师创设情境的重要原则是激情引趣,即通过情境激发学生的情感,引起学生对知识、科学、人生的兴趣。问题情境是启迪思维、激发兴趣的重要途径。教师如果能抓住时机,依据问题情境所提供的各种线索，引导学生多角度、多方位地对情境内容进行分析、比较、综合，让学生不断地完成"同化"和"顺应"，就能使学生很好地建构新的认知结构。创设问题情境的方式多种多样，也可以在其他创设情境的途径中交叉使用。教师可以通过故事、模拟实验、图像、音像、活动等途径设置问题情境。

（2）故事情境。在信息化教学设计中创设故事情境，就是将教学内容通过各种信息技术和信息资源，以故事的形式展现给学生。创设故事情境需要利用丰富的信息资源，调动学生视觉、听觉等尽可能多的感官来理解和建构知识。实验心理学家告诉我们，获取信息的途径有视觉、听觉等多种感官，并且多感官的刺激有利于知识的保持和迁移。教师创设故事情境要根据教学内容、教学目标、学生原有认知水平和学生无意识的心理特征，采用适当媒体创设能够引起学生积极情绪反应的形象整体。

（3）模拟实验情境。实验是学生学习的重要方式。恰当的实验可以使学生把当前学习内容所反映的事物尽量和自己已经知道的事物相联系，并通过这种联系认真思考，从而建构起当前所学知识的意义。但实验的条件在课堂上并不能得到满足，创设模拟实验情境可代其功能。学生一方面按照教师的要求及学习目标模仿练习，以巩固新知识；另一方面凭借想象，再现表象，展开联想，体会实验的乐趣，得到成功的体验，从而强化对问题的求解能力。创设模拟实验情境首先需要设计与主题相关的、尽可能接近真实的实验条件和实验环境，其次要利用各种信息资源去实现，最后由教师进行指导评价。

（4）协作情境。信息化教学设计中的创设协作情境，就是利用网上多种交流工具，如网络论坛（BBS）、可视化语音聊天室、电子邮件、网上会面、QQ和因特网电话等，通过竞争、协作、伙伴和角色扮演等方式进行学习，针对某一个问题展开讨论交流，共同完成学习任务。一般情况下，在信息化教学设计中创设协作学习情境包括以下几个步骤：对信息资源的整合，对学习任务和目标的确定，小组学习，小组学习成果的交流，教师总结与评价。在信息化环境中创设协作学习情境，不仅实现了时间和空间上的连续，也使交互变得更加容易控制，学习者的角色可以隐藏，教师的角色也发生了根本性转变，他们要掌握的不只是教学内容的逻辑序列和目标的合理安排，更多的是学生的协作情况、学习过程的规划设计。

2）创设教学情境的一般程序

（1）明确教学目的，研究教学内容，分析教学内容各维度，确定教学目标落实点。课堂教学要完成一定的教学目标，有一定学习内容的预设。教学情境是为完成课堂教学目标和内容服务的，因此，教师要创设一个好的教学情境，必须认真学习和弄清学科课程标准中相应阶段知识与能力、过程与方法、情感态度价值观等目标在本教学中的具体落实，弄清课程的性质、目标、学习的内容框架，认真学习和落实课程标准中相应的教学和评价建议。另外，教师还要认真理解课程标准中有关学段目标、相应学习领域的具体标准和课程实施建议等，根据新课程的要求创设适合学生认知状况、生活实际，蕴含多维目标要素的学习情境。

（2）了解学生实际认知状况和生活经历，使用与学生生活和实际经验密切相关的教学情境素材。教学情境是学生主动积极开展建构性学习的学习环境，教师所创设的教学情境符合学生的认知状况，贴近学生生活。有课程专家指出，"你要把学生领到你要他去的地方，你必须知道他现在在哪里"。好的教学情境一定是学生熟悉的，是学生个人经历中可以找到或相似的、可以理解的东西。要创设一个好的教学情境，就必须先了解学生，熟悉学生的生活，了解学生的认知状况。通过家访、与学生交谈和师生共同参与各种活动等机会，深入了解学生，积累各种有用的素材和信息。这样在创设教学情境时，才能在学生熟悉的生活中找到并筛选出学生感兴趣的、具有挑战性的、能自由参与探索和创新的课程资源。当然还要注意，教育既不能脱离生活，也不能简单地还原为学生的生活；教育必须高于生活，教育的内容和活动是对生活的提炼和超越。

（3）在较为丰富的课程资源中认真进行筛选。新课程要求教师必须有课程资源的意识，把校内、校外、自然、社区的课程资源和信息化的课程资源利用起来，这样才会有大量可供选择的素材，并从中筛选出最适合用于创设教学的情境。与传统教科书相比，课程资源是丰富的、大量的、开放性的，具有具体形象、生动活泼和学生能够参与等特点，给学生多方面的信息刺激，调动学生多种感官参与活动，激发学生兴趣，使学生身临其境，在愉悦中增长知识、培养能力、陶冶情操，这是传统教科书所无法代替的。在信息化教学设计中，教师面临的不是创设一个或几个好的教学情境，而是每个教学情境都是恰当的、有效的，这需要大量的课程资源的支持。我们应当树立新的课程资源观，发挥课程资源的作用，使各种资源和学校课程融为一体，更好地为教育发展服务。学生应该成为课程资源的主体和学习的主人，应当学会主动地、有创造性地利用一切可用资源，为自身的学习、实践、探索性活动服务。教师应该成为学生利用课程资源的引导者，而不只是知识的传授者，应该围绕学生的学习，引导、帮助学生走出教科书，走出课堂和学校，充分利用校外各种资源，在社会的大环境里学习和探索。同时，教师还应当成为课程资源的开发者和利用者，充分挖掘各种资源的潜力和深层次价值，提高利用率。

（4）精心设计教学情境和教学方案。准备创设教学情境和制订教学方案时必须解决下列问题：教学目标的确定与撰写、教学材料的处理与准备（包括课程资源的开发与利用）、主要的教学情境与教学行为的选择、教学组织形式的设计、教学方案的编制。在创设教学情境时可以设计几个方案，必要时要有代表性地选择对象征求学生的意见，也可以与其他教师进行讨论，然后再确定教学情境创设的方案。在进行教学设计和教学情境创设时，要考虑为学习者理解知识提供合理的概念支架。这种支架中的概念是学生理解问题所必需的，为此，事先要把复杂的学习任务进行分解，并在教学情境设计中将各种要素蕴含其中，以便把学习者的理解逐步引向深入。

（5）准备教学设备和试操作。利用创设的教学情境进行教学，需要运用大量的信息技术手段，也需要对课程资源进行开发和应用，涉及学生动手操作、分组合作、交流研讨等学习活动，还可能涉及使用大量的设备器材、收集素材、组织活动等。为了在教学中不出或少出差错，教师必须做好充分的准备，复查小组活动方案的可行性。

（6）做好学生可能出现的问题的预案。学生的发展是在活动中的发展，因此学生在课堂上要想真正获得发展，唯有积极参与建构知识的活动才能实现。建构活动是学生的知识经验对课程资源的意义加工和重组的过程，因此在教学过程中调动学生已有的经验，并促成其与要学习的内容相互作用，并建立起实质性非人为的联系，就显得尤为重要。

教师在教学方案的预先设计中，可能已经对学生的直接经验有所估计，但只有在与学生的教学交往中，才能对学生拥有直接经验的情况做出准确判断。如果课堂中获取的反馈与预先估计不一致，应该及时对教学做出调整。在创设教学情境的过程中，充分做好课堂教学中可能出现问题的预案是十分必要的。

（7）教学中的应用。在课堂教学中，教师按照事先创设好的教学情境和教学程序进行教学。教师应当充满激情地利用所创设的丰富的教学环境，激发学生的学习动机，培养学生的学习兴趣；为学生提供各种便利，为学生的学习服务；建立一个易被接纳的、支持性的、宽容的课堂气氛。教师应当作为学习参与者，平等参与学生的研究，注意发现学生思维中的闪光点，并与学生分享自己的感情和想法；和学生一起寻找真理，并且能够承认自己的过失和错误。教师还要成为学生学习的促进者，积极地旁观学生认知建构的过程。在学生自主观察、实验或讨论时，教师要积极地看，积极地听，设身处地地感受学生的所作所为、所思所想，随时掌握课堂中的各种情况，考虑下一步如何指导学生学习。教师要给予学生精神上的支持，创造良好的学习氛围，采用各种适当的方式，给学生以心理上的安全感和精神上的鼓励，使学生的思维更加活跃，探索热情更加高涨。教师还要注意培养学生的自律能力，注意教育学生遵守纪律，与他人友好相处，培养学生的合作精神。

教师应成为学生学习的引导者，对课堂教学中出现的突发情况和学生学习中遇到的问题，要运用合理的方法加以解决。

2. 提供信息资源环境

信息化教学设计的另一个策略是信息资源环境的开发。信息资源环境是信息化教学设计的重要内容，在信息化教学中，教师能够提供什么样的信息资源环境或者学习者能够获取什么样的学习资源，直接决定了学习者的学习效果。

信息资源环境的创设已成为衡量信息化教学设计质量的一项重要指标。

信息资源环境大致可以分为**硬件信息资源环境**和**软件信息资源环境**两部分。

1）硬件信息资源环境的创设

信息化教学的实施要在信息化环境下进行，信息化环境建设没有最高标准，为了获得一个真实、复杂的信息化教学情境，目前，多媒体网络教室是最佳选择。在多媒体网络教室中，学生可以自主探究、相互合作、支持并利用信息技术和信息资源参与问题解决活动；教师可以借助多媒体网络教室所提供的网络教学环境，为学生创设更有利于探索的教学情境。比如，教师围绕教学单元中的某一个问题，要求学生利用互联网收集信息，并创建一个指向单元学习内容的演示文稿。在教学情境中教师鼓励学生进行团队合作，结对评审他们的学习或设计成果并共同解决问题，促进学生竞争意识的形成等，均可以在多媒体网络教室中进行。多媒体网络教室一般由两部分组成，一部分是多媒体演示系统，另一部分是网络学习系统，其中多媒体演示系统主要用于教师创设情境、展示学生作品、进行报告演示和交流讨论等。

2）软件信息资源环境的创设

（1）信息资源种类。目前常见的信息资源主要包括媒体素材（文本类素材、图形或图像类素材、音频类素材、视频类素材、动画类素材）、题库、试卷素材、课件与网络课件、案例、文献资料、常见问题解答、资源目录索引和网络课程。另外，还可根据实际需求，增加其他类型的资源，如电子图书、工具软件和影片等。

（2）信息资源开发。在信息化教学中，教师不仅要具备一定的知识，还应该具备设计、开发、利用和评价信息资源的能力；教师既传授知识，还应该引领学生搜索、获取和处理信息；教师不仅要研究"如何教"，还要更多地设计"如何学"。教师在开发信息资源过程中，要考虑不同特点的学习者,使基础差的学生获得足够的帮助,高水平学生的能力得到充分发挥,要为学生实现学习目标提供多种活动或策略。需要强调的是,信息化教学设计如果忽视了信息资源的开发,那么教学情境将成为空中楼阁,因为教学情境的创设与信息资源的开发是相互依存的。

3.1.6 信息化教学设计的模式

1. 个别授导模式

个别授导是经典的信息化教学模式,此模式试图在一定程度上通过计算机来实现教师的指导性教学行为,对学生实施个别化教学。其基本教学过程为计算机呈示与提问—学生应答—计算机判别应答并提供反馈。

在多媒体方式下,个别授导型教学软件的教学内容呈示可变得图文并茂、声色俱全,并可使交互形式更为生动活泼,结合网络技术还可以做成网络型个别授导型教学软件。

2. 操练与练习模式

操练与练习模式是发展历史最长而且应用最广的教学模式,此类教学软件并不向学生教授新的内容,而是由计算机向学生逐个呈示问题,学生在计算机上作答,计算机给予适当的即时反馈。运用多媒体,可将许多可视化动态情境作为提问或答案的背景。

3. 教学模拟型模式

教学模拟是利用计算机建模和仿真技术来表现某些系统(自然的、物理的、社会的)的结构和动态,为学生提供一种可供体验和观测的环境。建立教学模拟的关键是构建被模拟对象(真实世界)的模型(数学的、逻辑的、过程的),然后用计算机程序描述此模型,通过运算产生输出。这些输出能够在一定程度上反映真实世界的行为。教学模拟允许学生通过改变输入数据的范围来观测系统的变化状态,这在教学中有广泛的应用。

4. 教学游戏型模式

教学游戏与计算机模拟有密切关系,多数教学游戏本质上是一种模拟程序,只不过在其中加入了趣味性、竞争性、参与性的因素,做到了寓教于乐。在教学游戏中利用多媒体技术,不但可使模拟的现象变得更加逼真,而且可以创造在现实世界中难觅的虚拟现实情境。

5. 智能导师型模式

严格地讲,智能导师是个别授导的一种,因为它需要借助人工智能技术来实现,因此智能导师又称智能导师系统。智能导师系统是利用人工智能技术来模拟"家教"的行为,允许学生与计算机进行问答式对话。一个理想的智能导师系统不仅要具有学科领域知识,而且要知道它所教学生的学习风格,还要理解学生用自然语言表达的提问。然而,世界上迄今所建立的此类系统能达到实用水平的屈指可数。

6. 问题解决型模式

问题解决是一个十分广泛的概念,但作为一种 CAI 模式,问题解决专指利用计算机作为解题计算工具,让学生利用计算机的信息处理功能解决学科领域相关的问题。

7. 微型世界模式

微型世界是利用计算机构造一种可供学习者自由探索的学习环境，大多数微型世界是借助计算机化建模技术构造的，且和教学模拟与教学游戏有密切的关系。微型世界的基本特点是学生可操纵模拟环境中的对象，可建构自己的实验系统，可测试实验系统的行为。

8. 虚拟实验室模式

所谓虚拟实验室，实际上是利用虚拟现实技术仿真或虚构某些情境，供学生观察与操纵其中的对象，使学生获得体验或有所发现。

9. 情境化学习模式

情境化学习是当前盛行的建构主义学习的主要研究内容。情境化学习是利用多媒体计算机技术创设接近实际的情境进行学习，利用生动、直观的形象有效激发联想，唤醒长期记忆中的有关知识、经验和表象，从而使学习者利用自己原有认知结构中有关的知识与经验去同化当前学习到的新知识，赋予新知识以某种意义。

10. 案例研习模式

案例研习系统为学生提供了一种丰富的信息环境，系统中包含从实际案例中抽取的资料，让学生以调查员的身份去调查案情（犯罪案件、医疗事故、道德伦理问题等），通过资料收集、分析和决策，得出问题的结论。

11. 基于资源的学习模式

基于资源的学习由来已久，不是信息化教育特有的。学习资源的概念非常广泛，基于资源的学习要求学生利用各类资源进行自学。在信息化教育的范围内，基于资源的学习从量与质两方面来说不可同日而语。现代信息技术，特别是多媒体与计算机网络技术的应用，为学习者提供了极为丰富的电子化学习资源，包括数字化图书馆、电子阅览室、网上报纸期刊和数据库、多媒体电子书等。学习者掌握了一定的网络通信操作技能，就可以通过各种网上检索机制，方便快捷地获取自己所需要的知识，进行高效的学习。

12. 探究性学习模式

探究性学习本质上是数据库系统和情报检索技术的教学应用，能按照学生的提问从学科数据库中检索出有关信息，如历史、地理、生物等涉及大量数据的领域。学生利用系统的信息服务功能，通过信息收集和推理之类的智力活动，对预设（通常由教师所给）问题进行解答。

探究性学习与案例研习、基于资源的学习的相似之处是均涉及信息检索技术的应用，但三种学习模式的数据组织与范围是不同的。探究性学习的数据库通常按学科范围组织而成，案例研习的数据库是围绕有一定实际背景的事例来组织的，而基于资源学习的资源通常无预定范围。

13. 计算机支持合作学习模式

计算机支持合作学习是与传统的个别化 CAI 截然不同的概念。个别化 CAI 注重人机交互活动对学习的影响，计算机支持合作学习模式强调利用计算机支持学生之间的交互活动。在计算机网络通信工具的支持下，学生们可突破地域和时间上的限制，进行同伴互教、小组讨论、小组练习、小组课题等合作性学习活动。

14. 虚拟学伴模式

虚拟学伴系统是利用人工智能技术，用计算机来模拟教师和同级学生的行为。

20 世纪 80 年代初，出现了智能导师系统的概念，即企图用计算机模拟教师的行为；20 世纪 80 年代中期，提出让计算机扮演学习者的角色，而不是当教师；20 世纪 80 年代末期，提出了让计算机同时模拟教师和学生（多个或至少一个）的行为，从而形成一个虚拟的社会学习系统。

15. 虚拟学社模式

虚拟学社是指利用网上群体虚拟现实工具 MUD/MOO 支持异步式学习交流的形式。MUD/MOO 是 20 世纪 90 年代中期开始在互联网上流行起来的多用户异步通信系统。MUD 代表虚拟的多用户空间。MOO 是由 MUD 发展而来的，是一种面向对象的 MUD，它通过对由各种 MOO 对象构成的核心数据库的共享来向用户提供虚拟社会环境。每个用户通过自己的客户机程序进入 MOO，MOO 提供实时的在线通信。MOO 引入了房屋空间隐喻的概念，使得在实际地理位置上处于分离状态的用户能够在共同的机制中进行交互和协作。

MUD/MOO 是为支持网上虚拟社会中的交际活动而设计的，近年来，MUD/MO 越来越多地应用于教育和研究工作，为网上合作学习提供了新颖而有效的手段。一个教育 MOO 有一个学术主题，利用 MOO 提供的各种通信工具，如电子邮件、电子报纸、文档、电子白板、虚拟教室等，支持各种学习活动和校园文化。

16. 协同实验室模式

网上协同实验室是对真实实验环境和虚拟实验平台的集成，它实现了基于网络的问题求解过程。在协同实验室中，学生可以同学习伙伴一起设计实验，并通过模拟软件观看到实验结果。直到他们认为方案成熟，转移到真实的实验环境中完成实验，以验证真实的情形。学生的所有行为会被系统记录，以供进一步研究，找出最佳学习路径或分析实验中的交互行为。网上协同实验室中的学生组成一个个学习小组，所有学习小组构成一个学习型社会。在实验过程中，只有组长能够控制实验器材，获取实验数据，其他成员只是向组长提供想法和观察实验结果。当然，组内的每一名成员都有明确的分工，且各司其职。教师在整个实验过程中观察每一位成员的表现和实验结果。

17. 计算机支持讲授模式

计算机支持讲授包括计算机多媒体在课堂教学中的多种应用。例如，电子讲稿的制作与演示，用网络化多媒体教室支持课堂演示、示范性练习、师生对话、小组讨论等。计算机在课堂教学中的应用使传统的教学形式得以扩展，并且有助于教师在信息化时代的教学过程中继续发挥其应有的作用。

18. 虚拟教室模式

虚拟教室是指在计算机网络上利用多媒体通信技术构造的学习环境，允许身处不同地方的教师和学生互相听得着、看得见，不但可以利用实时通信功能实现传统物理教室中所进行的大多数教学活动，还能利用异步通信功能实现前所未有的教学活动，如异步辅导、异步讨论等。

随着教育信息化的发展，新的教学模式不断出现，要对教学模式做一个系统的分类是比较困难的。

3.2 信息化教学设计方案的撰写

3.2.1 基本信息

信息化教学设计方案的基本信息包括设计摘要、教学题目、所属学科、学时安排、年级及所选教材等，如表3-4所示。

表3-4 教学设计方案基本信息表

设计摘要					
教学题目					
所属学科		学时安排		年级	
所选教材					

3.2.2 教材分析

信息化教学设计方案中的教材分析，主要描述教材使用版本、第几册、第几单元、第几课，主要学习内容简介、作用地位、教学重难点及课时要求。这里以"欧姆定律"为例来描述教材分析的写作技巧，如表3-5所示。

表3-5 教材分析示例

作用地位及主要内容	"欧姆定律"是人教版高中物理教材选修3-1第二章第三节的知识，是电学内容的核心，揭示的是电流、电压和电阻三者间的内在联系，是电路计算的基础定律，并为学习闭合电路欧姆定律、电磁感应定律、交流电等内容做了铺垫。本节课中分析实验数据的两种基本方法，设计实验的思想、规范接线、科学读数等，将在后续电学实验中多次应用。因此，无论从知识上，还是从方法上，本节课都是为后续课程的学习做准备
教学重点、难点	教学重点：①电阻的定义；②欧姆定律的实验设计、实验过程及学生对实验数据的分析、归纳并得出结论；③利用欧姆定律分析、解决实际问题。 教学难点：①电阻的定义及其物理意义；②数据处理曲线拟合；③伏安特性曲线的物理意义
课时要求	本节所需课时为1课时

3.2.3 学生特征分析

信息化教学设计方案中的学生特征应从以下几个方面来分析。

1. 知识和技能

对于即将学习的知识和技能，学生目前的状态如何？已有的经验如何？可能存在哪些误解？已经掌握了多少术语？学生的学习技能水平如何？需要多少外部的指导和反馈？学生能否使用相关的教学媒体？能否运用新的学习方式进行学习？

2. 过程与方法

对于即将学习的过程和方法，学生目前的状态如何？已有的经验如何？可能存在哪些误解？已经掌握了多少术语？学生已掌握的方法如何？需要多少外部的指导和反馈？

3. 情感态度与价值观

学生对学习任务的态度如何？对哪些任务可能存有喜好或反感的情绪？学生喜欢什么样的学习风格？学生喜欢什么样的学习方式、教学组织形式和教学媒体？学生喜欢什么样的评价方式？

4. 其他

学生的焦虑水平如何？学生的一般认知发展水平如何？

这里以"力的合成"为例来描述学生特征分析，如表 3-6 所示。

表 3-6 学生特征分析示例

知识基础	学生已经学习了重力、摩擦力、拉力、支持力等，并能计算二力在一条直线上的合力；对多力作用于物体的生活实例也接触较多；有的学生在初中学习了多力合成的定则，因此，对力已有较多感性认识。在前几节课中，学生在初中原有基础上深化学习了几种常见的力（重力、弹力、摩擦力），从而具备了学习"力的合成"所需要的基本物理知识。此外，学生在数学中已经学习了直角三角形和平行四边形的知识，做好了相关知识的准备。但对于力的矢量合成的过程和方法，对刚接触高中物理的绝大多数高一学生是有一定难度的
认知能力	学生思维活跃，抽象思维能力发展较好；具有较强的分析、概括和归纳能力；能够开展自主学习和合作学习
学习动机	对新鲜事物有强烈的好奇心，具有较强的求知欲；对于以教育技术支持物理问题解决具有浓厚的学习兴趣
学习风格	喜欢多媒体技术和网络技术支持的学习环境；具有良好的独立思考能力，自控能力较好，不易受外界影响，焦虑水平适中

3.2.4 教学目标分析

教学目标分析是指根据教学设计的前期分析，将期望学生达到的结果性或过程性目标加以明确化和具体化的过程。这里以"原子的核式结构"为例来说明教学目标的分析。

1. 学习目标描述（知识与技能、过程与方法、情感态度与价值观）

1）知识与技能

（1）说出原子物理学发展的历史背景、有关科学家及原子模型发展的过程。

（2）阐述汤姆生原子枣糕结构的依据、成功及不合理之处。

（3）掌握卢瑟福设计 α 粒子散射实验的思想、实验现象及结论。

（4）解释卢瑟福提出的原子核式模型且运用该模型求解某些问题。

（5）使用猜想、推理、类比，提出模型。

2）过程与方法

（1）通过作品展示、表演，观察现象、收集证据。

（2）通过自行设计制作原子结构模型，尝试科学研究方法。

3）情感态度与价值观

（1）在原子模型发展的过程领略锲而不舍、严谨务实的科学进取精神。

（2）体会科研的艰辛和分享成功的喜悦。

2. 学习内容与学习任务说明（学习内容的选择、学习形式的确定、学习结果的描述）

1）学习内容的选择

本节内容比较抽象，如果按传统教学讲起来比较枯燥乏味，可以通过大量的图片资料分析，让学生掌握其内容。

2）学习形式的确定

课堂上可以采用讨论法、讲授法。

3）学习结果的描述

让学生分组讨论总结，最后教师点评。

3.2.5 学习环境与学习资源设计

学习环境是影响学生学习的外部环境，是促进学生主动建构知识意义和促进能力生成的外部条件。学习环境主要包括物理学习环境、学习资源环境、技术学习环境和情感学习环境。

1. 物理学习环境

这里的物理学习环境包含自然因素和人为因素。自然因素指学生学习的自然环境，包括噪声、空气、光线等，这些环境影响着学生的情绪与学习动机。人为因素包括网络环境、使用计算机硬件及整个网络的运行状况。

2. 学习资源环境

学习资源是指与学习内容有关的信息，如教材、教案、参考资料、图书、网络资源等，这些信息资源可以不同媒体和格式存储与呈现，包括印刷、图形图像、音频视频、软件等形式，还可以是这些形式的组合。

对于课堂教学来说，完全依靠学生来查找学习资源是缺乏可行性的。互联网上的信息资源浩如烟海，学生的学习时间、精力及检索信息的能力有限，且学习资源的质量良莠不齐，这些因素都会对学生的学习产生巨大干扰。因此，教师应把相关的学习资源进行整理、数字化，优化整合，以增加其易用性和共享性，围绕学生需要合理组织信息资源，保证资源、信息的及时供给。教师还可以把自己设计的有针对性的学习资源放到网络上，供学生在活动过程中共享。这个网络可以是广域网，也可以是局域网。

3. 技术学习环境

技术学习环境主要包括：学习过程中学生可自由选择学习理论；支持系统要有良好的界面设计，能够激发学生的学习兴趣；各功能模块有良好的导航机制，便于学生在学习过程中根据学习进程任意选择模块；支持学生进行小组讨论和协作学习。

4. 情感学习环境

情感学习环境主要由心理因素、人际交互和策略三部分组成。学生的学习观念、学习动机、情感、意志等心理因素，对学习动机的激发、学习时间的维持和获得良好的学习效果有着直接的影响；人际交互（包括自我交互）的顺畅同样对学生的自主学习有着重要的作用；教学策略和学习策略直接影响着学生的学习效果。学习环境选择与学习资源设计的内容如表 3-7 所示。

表 3-7　学习环境选择与学习资源设计

1. 学习环境选择（打√）			
	（1）Web 教室	（2）局域网√	（3）校园网
	（4）因特网	（5）其他	
2. 学习资源类型（打√）			
	（1）课件	（2）工具	（3）专题学习网站
	（4）多媒体资源库	（5）案例库√	（6）题库
	（7）网络课程	（8）其他	
3. 学习资源内容简要说明（说明名称、网址、主要内容）			
本节课上课地点是多媒体教室，所需要的资源来自学校的电教资源			

3.2.6　学习情景创设

教学情境是指在课堂教学中根据教学的内容，为落实教学目标所设定的，适合学习主体并作用于学习主体，且能产生一定情感反应，能够使学习主体主动积极建构学习的具有学习背景、景象和学习活动条件的学习环境。教学情境可以贯穿全课，也可以设在课的开始、课的中间或课的结束。在传统课程教学中，课堂教学强调以教学大纲为纲，以教材为本，课堂教学基本按照教材安排的内容和顺序进行，学生以被动接受式学习为主，教师基本不需要或很少创设与教材不同的教学情境。而新课程的实施，课程功能和目标的调整，使传统教学模式面临着变革。基于问题情境，以问题研究为平台的建构性教学成为课堂教学主流，教师创设教学情境的能力随之成为重要的教师专业能力。创设情境的途径有以下几种。

1. 生活展现情境

生活展现情境即把学生带入社会，带入大自然，从生活中选取某一典型场景，作为学生观察的客体,并以教师的语言描绘,将场景鲜明地展现在学生眼前。

2. 实物演示情境

实物演示情境即以实物为中心,略设必要背景,构成一个整体,以演示某一特定情境。实物演示情境时,应考虑到相应的背景,如"大海上的鲸""蓝天下的燕子""藤上的葫芦"等,都可作为背景,激起学生广泛的联想。

3. 图画再现情境

图画再现情境是展示形象的主要手段。用图画再现课文情境,实际上就是把课文内容形象化。课文插图、特意绘制的挂图、剪贴画、简笔画等都可以用来再现课文情境。

4. 音乐渲染情境

音乐的语言是微妙的,也是强烈的,有着丰富的美感,往往使人心驰神往。它以特有的旋律、节奏,塑造出音乐形象,把听者带到特有的意境中。用音乐渲染情境,并不局限于播放现成的乐曲、歌曲,教师的弹奏、轻唱及学生表演唱、哼唱都是行之有效的办法。关键是选取的乐曲与教材的基调、意境和情境的发展要对应、协调。

5. 表演体会情境

表演体会情境教学中的表演有两种,一是进入角色,二是扮演角色。进入角色即"假如我是课文中的××";扮演角色,则是担当课文中的某一角色进行表演。由于学生进入、扮演角色,课文中的角色不再是在书本上的插图和文字,而是自己或自己班集体中的同学,这样学生对课文中的角色必然产生亲切感,很自然地加深了体验。

6. 语言描述情境

语言描述情境教学十分讲究直观手段与语言描绘的结合。在情境出现时,教师伴以语言描绘,这对学生的认知活动具有一定的导向作用。语言描绘提高了感知的效应,情境会更加鲜明,并且带着感情色彩作用于学生的感官。学生因感官的兴奋,主观感受得到强化,从而激起情感,促进自己进入特定的情境中。学习情境创设的内容如图 3-2 所示。

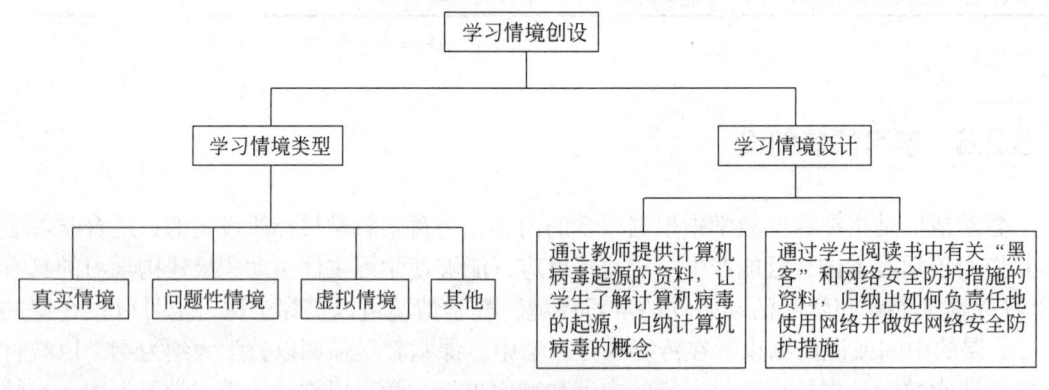

图 3-2 学习情境创设的内容

3.2.7 学习活动的组织形式

学习活动的组织形式主要包括自主学习和协作学习两种。

1. 自主学习

自主学习是与传统接受式学习相对应的一种现代化学习方式。自主学习是指以学生作为学习的主体,学生自己做主,不受别人支配,不受外界干扰,通过阅读、听讲、研究、观察、实践等手段,使个体可以得到持续变化(知识与技能、方法与过程、情感与价值的改善和升华)的行为方式。自主学习的基本模式主要有抛锚式、支架式、随机进入式等。

2. 协作学习

协作学习是一种通过小组或团队的形式组织学生进行学习的策略。小组成员的协同工作是实现班级学习目标的有机组成部分。小组协作活动中的个体(学生)可以将其在学习过程中探索、发现的信息和学习材料与小组中的其他成员共享,甚至可以同其他组或全班同学共享。协作学习的基本模式主要有竞争、辩论、合作、问题解决、伙伴、设计和角色扮演。学习活动的组织如表 3-8 所示。

表 3-8　学习活动的组织

1. 自主学习设计(填写相关内容)

类　　型	相应内容	使用资源	学生活动	教师活动
(1)抛锚式				
(2)支架式				
(3)随机进入式				
(4)其他				

2. 协作学习设计(填写相关内容)

类　　型	相应内容	使用资源	学生活动	教师活动
(1)竞争				
(2)伙伴				
(3)合作				
(4)辩论				
(5)角色扮演				
(6)问题解决				
(7)设计				
(8)其他				

3.2.8　教学过程设计

教学过程的设计是教学设计方案的核心,具体包括引入课题、讲授新课、总结、作业布置等几个环节,在每个环节中都要兼顾教师活动和学生活动,并说明设计意图及相关资源准备情况。教学过程设计示例如表 3-9 所示。

表 3-9　教学过程设计示例

教学结构流程的设计		
教师导入，学生阅读资料及教材→学生分组讨论了解计算机病毒并归纳计算机病毒的概念→分组阅读书中有关"黑客"和网络安全防护措施的内容→根据教材及自身生活经验分组讨论如何安全地使用网络，截断病毒传播途径→教师归纳总结		

教学环节	教　师　活　动	学生活动	设计意图及资源准备
引出主题，导入新课	同学们，大家可能在一些媒体中经常听到有关病毒泛滥导致计算机瘫痪、网络阻塞的报道，那么计算机病毒是如何起源的，什么是计算机病毒，又该如何防范，大家知道吗？想必上完今天这节课大家都会明白		创设情境，引入课题
分组讨论	在服务器上下载并阅读有关计算机病毒起源的资料，然后阅读书上资料，把小组讨论所了解的病毒记录下来，写在书上的任务表中（一人记录，其他人讨论），然后归纳计算机病毒的概念，提出问题，让各组派代表写出本组的信息	小组讨论：一人记录，其他人讨论。各组代表写出病毒名称	
教师讲解	计算机病毒是一组计算机指令或者程序代码，能自我复制，通常嵌入计算机程序中能够破坏计算机功能或者毁坏数据，影响计算机的使用； 在背景资料中让学生了解我国颁布实施的与信息安全有关的法律法规； 介绍几种影响较大的病毒，起到警示作用	学生在书上做标记并理解内容，然后思考和提出问题	
分组合作	快速阅读书上的"黑客"入侵和网络安全防护措施的内容，然后让学生根据教材内容和自身经验分组讨论预防病毒、截断病毒传播途径主要采取哪些措施	分组合作回答问题	协作学习能力 语言表达能力
教师总结	"黑客"是指那些尽力挖掘计算机程序功能的最大潜力的计算机用户。而今天"黑客"一词已被用于指代那些专门利用计算机和网络搞破坏或恶作剧的人。引导学生合理利用自己的聪明才智； 安装杀病毒软件和网络防火墙是大家防范病毒的常用方法，常用的杀毒软件有金山毒霸、瑞星、KV、天网防火墙、卡巴斯基、木马克星等； 对待计算机病毒应当采取以"防"为主、以"治"为辅的方法	学生思考	
课堂小结	提出问题，了解学生所学知识	总结本课的收获	
板书设计			
作业布置			

3.2.9　学习评价设计

1. 学习评价设计的原则

（1）目标性原则。学习评价的设计要以教学目标为依据。教学之后，学习者在认知、情感和动作技能等方面是否产生了如教学目标所期待的变化，这是要通过学习评价来回答的，离开了明确具体的教学目标就无法进行学习评价。

（2）关联性原则。设计学习评价时应关联教学目标与评价方式，追求不同评价方式的互补，通过多样化的评价方式和工具，促进学习目标的实现。

（3）过程与结果统一原则。学习评价，既要评价教学的结果，也要对教学的过程、教学中的方方面面进行评价。信息技术环境下的教学设计，要改变以往过分重视总结性评价的学习评价方法，强调形成性评价、面向学习过程的评价，对学生在学习过程中的态度、兴趣、参与程度、任务完成情况和学习过程中所形成的作品等进行评估。

（4）客观性原则。在设计学习评价时，从测量的标准和方法到评价者所持的态度，特别是最终结果的评定，都应符合客观实际，不能主观臆断或掺杂个人情感。

（5）整体性原则。在设计学习评价时，要对教学活动的各个方面做多角度、全方位的评价，而不能以点代面，以偏概全。为此，学习评价应该具有多样化的特点，实现评价的主体、内容、方式、对象和标准的多元化和评价过程的动态化。

（6）指导性原则。在设计学习评价时，不能就事论事，而应把评价和指导结合起来，要对可能的评价结果进行认真分析，从不同角度探讨因果关系，确认产生的原因，设计具有启发性的应对方案，以帮助被评价者明确今后努力的方向。

2. 学习评价设计的方法

学习设计评价常用的方法有档案袋评价法、问卷调查法、访谈法、观察法、作业与测验法等。学习评价设计如表 3-10 所示。

表 3-10 学习评价设计

1. 测试形式与工具（打√）		
（1）课堂提问	（2）书面练习	（3）达标测试
（4）学生自主网上测试	（5）合作完成作品	（6）其他
2. 测试内容（填写相关内容）		

3.2.10 教学反思

1. 教学反思的内容

教学反思的内容包括以下几点。

（1）在教学之前的设计或期望是什么？实际的教学情境如何？期望与实际情境之间是否存在差距？为什么存在差距？学生学会了什么？

（2）根据学生情况与课标要求，教学目标是什么？今天的教学是否达到了预期的目标？为什么？

（3）今天采用了哪些教学方法？有哪些创新？安排了哪些教学活动？其优缺点各是什么？

（4）今天是否设置了特殊的教学情境？其目的是否达到了？为什么？在今天的课堂上，教师印象最深的是什么？

（5）在今天的教学中，教师用了哪些方法来评价学生的学习情况？这些方法适用吗？为什么？

（6）在教学中发生的主要事情是什么？为什么会发生？教师是如何解决的？效果如何？怎么做会更好？

（7）知识点上有什么新的发现？组织教学中有什么新的招数？哪些地方应该调整？

2. 教学反思的撰写

教学反思的撰写包括以下几点。

（1）写成功之处，如为达到教学目标的一些做法，课堂中临时应变的得当措施，教学方法上的改革与创新等。

（2）写不足之处，如情境的设计不能很好地为教学服务，任务设计不当，小组分工与合作流于形式，评价未能实施等。

（3）写学生创新，如学生的精彩回答、见解、作品等。

（4）教学分析和对教学设计的思考。

3.3 教学评价

3.3.1 教学评价的概念

教学评价是指以教学目标为依据，按照科学标准，运用一切有效的技术手段，对教学活动的过程和教学效果进行测定、衡量，并做出价值判断。教学评价是教学设计的有机组成部分，由评价主体、客体、方法、标准等基本要素构成。通过教学评价，可以检测教学设计是否科学、是否符合学生的认知规律和教学效果的成因等。

3.3.2 教学评价的功能

1. 诊断功能

教学评价有对教学成果及成因进行分析、测量的功能。这就如同医生为患者诊断疾病，通过评价可以找出教学过程中导致某种教学结果的"病因"和影响学习效果的原因，从而调整教学方案，提高教学质量。

2. 激励调控功能

肯定的教学评价对教师和学生都具有激励作用，能使被评价者获得成功的满足和喜悦，激发教与学的主动性、积极性。公正、准确的评价也能使被评价者冷静思考，找出原因，承受失败的压力，接受教训，明确方向，向新的目标迈进。

3. 管理功能

教学评价活动有利于教学行政管理和促进教师队伍建设，同时也能为教学科研积累资料。客观、准确、公正的评价结果能使被评价人调整工作情绪，改变教与学的行为，激发努力奋进的信心。

4. 教学功能

教学评价的结果可以证明教师的教学态度、效果和水平。教学评价中的测试是一种学习经验的积累，可以证明学生基本技能、基础知识的提高幅度，也可以证明被评价者的能力。

教学评价分类标准不同，评价类型自然各异。如以评价基准为依据的有相对评价、绝对评价、自身评价；以评价内容为依据的有过程评价、成果评价；以评价功能作用为依据的有诊断性评价、形成性评价、总结性评价；以评价方法为依据的有定性评价、定量评价。

3.3.3 教学评价的分类

这里着重阐述以功能作用为依据的评价。

1. 诊断性评价

诊断性评价是在教学活动之前进行的，所以也称为前置性评价或准备性评价。诊断性评价的目的在于找出影响教学效果的原因。所谓"诊断"，即分析找出学生的优点和特殊才能，以及原有的知识储备、学习兴趣和取得成功（或失败）的原因等。通过诊断，设计激励、补救方法，调整教学设计方案，帮助被评价人在原有基础上有所提高和发展。诊断性评价通过对学生学习准备和诸多方面条件做摸底测试，以选择适合学生学习及发展的策略。

评价时应注意了解学生原有知识、语言能力、学习兴趣、家庭状况、学生经历、身体条件等因素。评价时可以采用测试和谈话的方法取得第一手资料，并做好记录，为设计教学方案准备材料。教师了解到学生个体的原有知识和能力与整体间的差异以后，要考虑创设良好的学习环境，安排有意义的活动，选择多种施教方法，以适应每一个个体的成长发展，力求多解决学生的学习困难，消除或缩小差别。

2. 形成性评价

形成性评价是在教学活动中进行的具有监测、调控意义的评价活动，也称作过程评价。这种评价在教学活动、科研活动中被广泛使用。通过形成性评价，能准确、及时地掌握教学过程中的问题和阶段教学情况，了解教学双边的缺陷与需求，便于及早调整教学设计方案，改进教学；同时也能通过测试、作业，强化学生的学习，取得阶段性进步。开展形成性评价的目的在于确定教师、学生的改进方向和选择改进的措施。形成性评价可以在每堂课、每个学习单元及学期教学中进行，用来了解教学进程中的阶段达标情况，及时分析原因，找出改进办法。形成性评价注重对教学过程的测试。每次测试的范围较小，但是每一个概念、知识点的测试都能为教师提供必要的反馈信息。

3. 总结性评价

总结性评价是在教学活动告一段落时做出的结论性评价，又称后置评价、结果评价。总结性评价注重的是结果，有区分等级、甄别鉴定的功能。总结性评价的目的是检验教学活动是否达到标准。通过对学生进行单元、期中、期末或学年考试，教师教学结果的考核，测量出学生对学科课程内容的掌握程度和教师教学任务的完成程度。对学生来说，通过考试测得某学科阶段的知识掌握程度和理解情况，基于评价结果给学生一个学习成绩的结论，可为今后改进提供量化依据。对教师来说，评价结果可以为教学管理提供依据，为教研部门提供研究资料。更重要的是，找出教师工作的优点和不足，从而确定今后的发展方向。实施总结性评价要注意：评价的重点在于改进、激励；学生具有可塑性，成绩具有可变性，不可简单地打分、排位；教师的能力和水平，学生的智力和成绩都会不断提高；给出评价结果应配合激励性的评语，要做到分析与指导同在。

三种评价方法结合使用，相得益彰，取得较好的效果。

知识链接：教学评价应遵循的原则

1. 客观性原则，即实事求是的原则

在进行教学评价时，从测量的标准、方法到评价者的态度，特别是评价结果都要实事求是，公正客观，不含任何主观臆想或个人感情、习惯等因素。这样才能对教师、学生做出符合实际的判断。否则，结果失真，评价活动便失去了意义。客观的评价应该是标准没有随意性和偶然性，态度没有主观性，是公开、规范的评价活动。

2. 整体性原则

评价活动是系统性很强的多因素构成的社会活动，是评价主体多元、评价方法多样、评价内容综合的全方位的整体活动。评价中不能以点带面、以偏概全，如忽视整体则会失去评价的意义。评价中要做到标准全面，抓住主要矛盾，定性与定量相结合。

3. 指导性原则

评价的目的在于使被评价者了解自己的优点和不足，明确今后努力的方向。评价要在准确、真实的评价资料基础上进行，帮助被评价者认真分析结果的成因和影响结果的不良因素。不允许简单定论，使评价活动成为批评教育，因而失去积极的指导意义。评价活动中要考虑被评价者的情绪，提出有针对性、指导性和易于接受的意见；要立足现实，着眼发展；要注意启发诱导，不可强行指控。

4. 科学性原则

教学评价要遵循科学的原则，从教与学统一的角度出发，确定科学合理的标准和权重，认真研究、编制评价指标和评价工具。不可因人而异，或凭直觉做出不合实际的判断。对评价中获得的数据要认真归纳、分析、整理，使评价依据真实、可靠，方法适当，结果有积极意义。

3.3.4 教学评价的指标体系与方法

教学评价的实质是对学校办学水平进行价值判断，所以，必须有科学的标准。

评价标准是从教育教学实践中总结出来的具有科学性、可操作性的体系。这个指标体系要对教学质量的高低有清楚的描述，也要对教学情况予以科学的判断。

1. 课堂教学的评价指标

课堂教学的评价是教学评价中最重要、关键的环节。构成课堂教学评价指标的主要因素有教师、学生、教学目标、教学方法、教学管理、教学环境等。

1）与施教者有关的指标

一是教学能力。主要判断教师是否对课程标准和文字教材有比较深刻的理解；确立本节课的知识、情感、能力目标是否符合素质教育的要求；教师在教学设计中对教学知识点的处理是否合适；重难点的确定是否符合学生认知和学科知识的规律；教学过程的安排是否有利于实现教学目标。二是教师对教学策略、方法的选择能力。主要判断在不同章节内容教学中，教师能否激发学生兴趣，使主导、主体作用得到充分发挥和体现；现代教育技术的运用是否有利于学生采用不同的学习形式和培养信息素养。

2）教师的课堂调控管理能力

教师的课堂调控管理能力主要判断教师能否组织教学、维持良好的课堂教学秩序；能否调动学生学习的积极性，使教学活动气氛活跃、和谐；在教学活动中能否考虑每位学生的学习需求，激发学生的非智力因素；能否及时妥善处理突发事件，保证良好的学习秩序。

3）教师的自身素养和行为

教师的自身素养和行为主要判断教师是否应用新的教学理论，正确对待角色转变；是否有较高的信息素养并能在教学中熟练应用信息技术；教学态势、言谈举止是否大方得体；教学语言、讲解表述是否准确；是否有良好的心理素质、道德品质；是否有亲和力、凝聚力和创新意识。

实施课堂教学评价前，要根据需要选择有针对性的内容制定评价指标，使评价工作更有意义。

2. 与学习者有关的指标

从学生的表情看，教师教学时所用的方法、媒体是否与学生的学习相适应；学生对讲解、练习的内容是否理解或感兴趣；教师讲解的速度与学生接受、理解的速度是否一致等。这些都能从学生的表情中观察出来。学生对知识的需求、兴趣的增减也会在行动上有所表现。

从课堂提问的结果看，学生对教师提问的反应是否热烈；学生对已掌握的知识是否积极抢答，且语言流畅，流露出自信；学生对教学内容的理解是否达到了目标的要求。

从课堂教学的秩序看，学生是否积极、主动参与学习，并跟随教师的讲解、提问而深入思考；课堂教学气氛是否活跃而有序，保证教学活动的顺利进行；学生的注意力是否集中，等等。

3. 与教学目标有关的指标

课堂教学目标依据教学总体目标设定，分为知识（智育）目标、技能（能力）目标、情感（思想）目标。

理科认知目标包括知道、理解和掌握。理科技能目标包括懂得、学会及熟练。文科认知目标包括理解和能力两个方面。学生通过学习，观察能力、思维能力、活用学习资料能力获得发展。文科情感目标主要表现在学生对课堂所学知识的反应、态度和接受程度上。

4. 与教学方法和教学管理有关的指标

教师施教所用教法是否符合学生的认知规律和特点，能否激发学生学习的兴趣和帮助学生系统理解并记忆；教学中教师的管理方法是否合适，学生是否乐于在教师的指导下学习；课堂纪律是否良好，教师能否排除干扰、恰当地处理突发事件等。

1）教学评价的方法

教学评价的一般方法有例行评价法、竞赛评价法、研讨评价法、汇报评价法。

（1）例行评价是学校或教育行政、业务部门为了解学校的教育教学情况而进行的评价活动。目的是了解、掌握一定时间（期中、期末、学年）内教育教学水平和学习成绩的变化情况；了解工作进程或某项工作的贯彻情况；积累办学、教学、学习中的业绩，为考核工作准备资料。

（2）竞赛评价是学校或教育行政、业务部门通过各类竞赛活动进行评价的方法。通过开展评比、竞赛发现人才，选拔业务骨干；树立典型、推广先进经验或授予荣誉称号，以此推进教育教学改革。竞赛评价要聘请专家，组建评委会，认真研讨评价指标和评价结果，避免成为单一的竞赛活动。

（3）研讨评价是学校或教育科研部门通过开展业务研讨活动进行评价的方法。目的是通过对某一教研任务、科研项目或命题的评价，检查研究工作的落实、进展情况，并确定研讨实施方案是否需要调整等。

研讨评价一般把一节典型课例、一种教学技能、一种教学策略方法作为典型研讨对象和材料，交由专家检验判断。专家组要事先制定评价标准，编制评价工具，进而实施研讨评价。专家组通过评价决定是否调整研究方案，使教学科研活动取得更好的成绩。

（4）汇报评价是学校或教育相关部门组织不同单位、个人参加，通过教学科研工作汇报形式进行评价的方法。目的是以某项工作的结果为成果，向有关单位、专家做汇报。由专家指出优点与不足，给予适当的肯定与指导或提出鉴定意见，决定是否推广。汇报评价经常与研讨评价结合进行。

教学评价方法除上述四种外，还有以下两种：专项评价，是为了解、掌握某一专项活动的评价。专项评价目的明确、针对性强、操作方便，有利于以点带面。综合评价，是为了解、总结、测量全面性工作的评价。后者需多方收集资料，科学规划，分类组织，分步实施，才能得出有价值的判断。如果被评价系统较大，评价指标体系一定要多维度考虑，才能避免以偏概全。这是对学校素质教育的落实情况、教育信息化发展建设情况等的评价。

教学评价方法各有自己的特点和用途，应视其目的、需要而定。

2）教学评价的一般过程

各类教学评价虽各有特点，但总体程序基本相同，一般包括明确评价问题、确定评价目的、确定评价对象、确定评价方法、制订评价方案、编制评价工具、组织实施评价等。

课堂教学评价的基本过程包括：确定评价目的、对象、内容，学习评价资料，实施评价，填写评价表，结果统计与整理，总结评价结果。

3）教学评价工具的编制

教学评价工具是根据评价需要和目的编制的用于评价各环节的测量材料。评价工具能对评价指标做出定性或定量的判断，能直接影响评价工作的速度和质量。编制有科学性、可操作性的评价工具是评价者应具备的能力之一。

（1）用书面语言编制的评价工具

用书面语言编制的评价工具分为测试卷、问卷和观察表三种。

① 测试卷。这是根据教学需要编制的评价学生学习效果的工具，有供答和选答两种。供答题是教师提供给学生要求用书面语言表述答案的试题，如演算题、作文题、填充题等；选答题是教师向学生提出要求，在题目所附带的两个以上答案中选择正确答案的试题，如是非选择、多项选择、配对、组合等。

② 问卷。这是用于调查的一种书面评价工具。评价者把问卷作为工具向被评价者征

集信息，也称征答法或填表评价法。问卷可以采用现场发放即时收回或限时收回的方法进行。问卷题是开放式的，题目不宜过多，语言要准确明了，便于回答。因为问卷可以不记名，所以能获得比较真实的信息。

③ 观察表。这是根据评价者现场观察需要编制的评价工具。因为是评价者的现场记录，所以评价信息比较准确。根据观察目的不同可以编制成检核观察表和轶事观察表。

（2）用口语作为评价工具

运用口语进行教学评价，是一种调查评价的方法，以口语的交际作为评价工具，了解信息并完成评价任务，包括个人面谈、小组讨论和非正式讨论三种。

① 个人面谈。个人面谈指的是评价者有目的地收集评价信息的行为，亦称访问法。

② 小组讨论。小组讨论指的是以评价者为核心的几人或较多人的讨论。评价者要做好计划，确定讨论题目，控制情绪和秩序，做好记录。小组讨论可以在较短的时间内获得较多的信息，参加讨论的人员可以相互启发和补充，从而获取更多较为准确的评价信息。

③ 非正式讨论。非正式讨论是无目的的，发生在日常生活之中带有自由谈论、自发议论特点的评价方式，话题不定，内容广泛。评价时要坚持以公正作为评价材料的原则。

3.3.5 信息化教学设计案例

信息化教学设计案例如表 3-11 所示。

表 3-11 信息化教学设计案例

摘 要				
教学题目	杨氏之子			
所属学科	小学语文	学时安排	2	年级	五年级
所选教材	人教版小学《语文》五年级下册			

一、学习内容分析

1. 学习目标描述（知识与技能、过程与方法、情感态度与价值观）

（1）知识与技能：紧扣重点词句，感悟杨氏之子的"甚聪惠（今同'慧'）"。
　　　　　　　　体会故事中孩子应对语言的巧妙，体会字里行间浓郁的生活情趣。
（2）过程与方法：在朗读中感悟，熟读成诵，培养语感，发展思维。
（3）情感态度与价值观：学会尊重他人，发展思维

2. 学习内容与重/难点分析（学习内容概述、知识点的划分、知识点之间的关系及其他必要的信息）

抓住重点词句，通过多种形式的朗读与对话，感悟杨氏之子的"甚聪惠"

项　　目	内　　容	应对措施
教学重点	抓住重点词句，通过多种形式的朗读与对话，感悟杨氏之子的"甚聪惠"	让学生课外通过信息技术补充了解《世说新语》
教学难点	古文的理解方面有点难	让学生通过网络多接触古文，分析、理解古文

二、学习者特征分析（说明学生的一般特征、个性特征、初始能力等）

（1）一般特征：能独立使用计算机，能熟练使用课件和进行网络交流。
（2）个性特征：有轻松、活泼的学习风格，以交流为主，能主动学习，发挥学习的积极性。
（3）初始能力：有独立使用计算机的能力，可以上网浏览并提取相关信息素材。
　　　　　　　会使用 PowerPoint 软件进行教学和学习设计

续表

三、学习环境选择与学习资源应用

1. 学习环境选择（打√，如 ☑）

（1）简易多媒体教室 ☑　　　　　　　　（2）交互式电子白板 □

（3）网络教室 □　　　　　　　　　　　（4）移动学习环境 □

2. 学习资源应用

知识点	媒体类型	媒体内容要点及来源	教学作用	使用方式
明确要求	课件	百度文库	创设情境，引发动机	边播放边讲解
交流评价	专题学习网站	老百晓在线	补充知识，启发思维	播放—讨论—总结
结合注释自学	网络文章	人教论坛	课外补充，开阔视野	讲解—播放—举例
总结，布置作业	课堂作业本	课堂作业本	归纳总结，复习巩固	结合注释学习一篇古文

3. 板书设计

杨氏之子　　　"甚聪惠"

杨—杨梅　　反应快
　　　　　　会听
孔—孔雀　　会说

四、流程与活动设计

1. 教学流程设计

简单介绍教学环节及流程，说明每个环节中的教师活动、学生活动及媒体应用策略，推荐使用图示加文本的方式描述。

杨氏之子 → 提示题目，激发兴趣 —PPT→ 明确要求 —PPT→ 朗读课文

汇报交流 ← 初步成文 ← 个别字词理解 ← 掌握课文大意
　｜教师指导点评　　　教师指导　　　　教师巡视指导

总结 → 布置作业 → 结束

2. 学习活动索引设计（依据教学流程将学生学习活动依次填入下表）

序号	活动内容	使用资源	学生活动	教师活动	备注
1	观看PPT、词语手册资料	老百晓在线	学习生字	指导	
2	结合课文注释，掌握课文内容	PPT	课外拓展	指导	

3. 教学实施方案

教学环节	教师活动	学生活动
创设情境导入	播放课件，明确学习要求	了解学习要求
观看PPT	指导	初步掌握课文，了解文言文
课外拓展，总结	在学习本文的基础上拓展	初步成文，并交流杨氏之子的"甚聪惠"

五、评价方案设计

1. 评价形式与工具（打√，如☑）

（1）课堂提问 ☑　　　（2）书面练习 ☐　　　（3）制作作品 ☐
（4）测验 ☐　　　　　（5）其他 ☐

2. 评价表内容（测试题、作业描述等）

（1）学习后能基本了解课文大意并能复述、理解"聪惠"之意。
（2）课外拓展，了解徐孺子、谢太傅兄女等聪慧的表现

六、备注（技术环境下的课堂教学管理思路、可能存在的教学意外及应急预案等）

（1）教学目标控制不得力：多媒体让教师"脱掉"了边讲边写板书的模式，知识点切换较快，容易导致学生思路跟不上，因此要控制教学的时间和速度。
（2）教学目标实施不理想：对于信息化软件的操作有时候还不熟练，导致有些教师在软件操作上消耗大量时间，因此熟悉软件操作很重要，需要提前掌握所要使用的软件

3.3.6 信息化教学评价

1. 信息化教学评价原则

（1）教学前提出预期。在信息化教学中，学习的任务往往是真实的，而学生又具有较大的自主权和控制权。为避免学生在学习过程中迷途，教学前可通过提供范例、制定量规、签订契约等方式，使学生对自己要达到的目标有一个明确的认识。这样一来，学生就会主动向预期目标看齐。

（2）评价要基于学生在实际任务中的表现。在信息化教学中，教学的组织者要尽可能地从真实的世界中选择具有挑战性的问题，并在评价时关注学生在实际任务中所表现出来的提问的能力、寻求答案的能力、理解的能力、合作的能力、创新的能力、交流的能力和评价的能力。评价的重点要放在如何使学生的这些能力得到发展和提高上，而不只在对学生的能力做出判断上。

（3）评价是随时并频繁进行的。既然信息化教学中的评价是一个进行中的、嵌入的过程，那么评价也应该随时并频繁进行，目的是衡量学生的表现与教学目标之间的差距，进而及时改变教学策略，或者要求学生调整自己的学习方法及努力方向。事实上，评价是促进学生学习发展的主要工具。

（4）学生对评价进程和质量承担责任。要发展自我评价能力，学生需要有机会制定和使用评价标准，使他们在思考和反思中发展自身的技能。学生应该知道如何回答和解决"需要解决的问题是什么""我们如何才能得到提高"之类的问题。因此，要鼓励学生进行自评或互评，并让他们对评价的进程和质量承担责任。

2. 信息化教学评价工具

在信息化教学中，除了要根据教学目标的不同充分利用传统的评价方法外，还要对传统的评价方法进行改造，要发展新的评价方法（工具）。评价工具是评价主体为完成评价任务所采用的相关技术和方法，它们支撑着评价中的各种相关因素，决定评价的质量。因此，正确选用评价工具，对顺利完成评价工作有着不可忽视的意义。信息化教学评价工具主要有以下几种。

（1）范例展示。范例展示是指在布置学习任务之前，向学生展示符合要求的学习成果范例，是为学生提供清晰的学习预期目标的教学评价工具。

（2）档案袋。档案袋又称评定包，是按一定目的收集的反映学习过程及最终成果的一整套材料，这些材料借助信息技术能很好地实现组织与管理。档案袋评价（portfolio assessment）是一种典型的基于过程的评价。随着信息技术的广泛应用，出现了各种各样的电子档案，推动了档案袋评价的迅速发展。

档案袋又称文件夹，是依据一定的目的，收集反映学生学习过程中所做的努力、取得的进步、最终成果及学习反思的一整套材料，是对个人评价的系统收集。依据使用目的、提交对象等不同，档案袋可以有不同的种类。以档案袋的不同功能为标准，常见的学习档案袋主要有三种类型：描述学生进步的档案袋、展示学生成就的档案袋和评估学生状况的档案袋。

学习档案袋的制作一般包括规划设计、选择材料、反思交流三个阶段，其中最重要的就是规划设计档案袋，以保证学习档案袋的质量和扩展性。

（3）概念图。概念图是一种图表，作为评价工具，它可以方便地表征课、单元或知识领域的组织结构。概念图是用来组织和表征知识的工具，通常将有关某一主题的概念置于圆圈或方框之中，然后用连线将相关的概念和命题相连，连线上标明两个概念之间的意义关系。作为学习工具，概念图能够构造一个清晰的知识网络，便于学习者掌握整个知识架构。作为评价工具，概念图有助于了解学生的学习进展和内心思维活动的情况，从而及时给出诊断；从概念图中不但能发现学生理解上的问题，还可以发现学生的学习风格和思维习惯。

（4）量规。量规是为评估工作（作业或产品）和获取反馈信息而使用的一种评分标准，也是一种结构化的定量评价工具，可操作性强，准确性高，常用来评价、管理和改善学习行为。

量规有一套等级标准，每个被认为重要的评价方面、元素都有一个等级指标，每个元素的等级指标都由几个等级组成，并用于描述不同的绩效水平。如在评价多媒体课件时，可以把课件内容、教学设计、制作技术、操作应用等作为重要的评价指标，在每个指标中，根据实际情况进一步细化成二级或三级指标，并分别描述不同指标的绩效水平。具体描述见表3-12。

表 3-12　多媒体课件评价指标体系

一级指标	二级指标	评 价 标 准	权重	合计
课件内容	选题	选题有价值，具有典型性，重点突出，主次分明，能解决教学中的重/难点问题	8	20
	内容组织	内容编排逻辑合理，符合学习者的认知规律	6	
	资源扩展	提供丰富的与课件内容密切相关的多种资源	6	
教学设计	学习目标	有明确的学习目标和教学基本要求	10	25
	信息呈现	媒体选择恰当，能激发和维持学习者的学习动机与兴趣	10	
	练习评价	提供不同层次的练习和及时有效的评价反馈	5	
制作技术	素材质量	图片视频清晰，音效质量高，动画生动有趣，媒体格式符合有关技术标准	13	30
	界面设计	界面设计简洁、美观，布局合理，风格统一，色彩协调，重点突出，搭配得当	13	
	安全可靠	课件能正常、可靠地运行，各功能按钮能正常工作，没有链接中断或错误情况，没有技术故障	4	
操作应用	操作使用	操作方便，使用简单	10	25
	导航链接	导航明确，设计合理，链接明显易辨，准确无误	10	
	帮助说明	有明确、清晰的指导说明	5	

为了使学习者清楚地了解学习的要求，教师可以设计一套评价体系，供学习者对照检查，这种评价体系应简单、明确，便于操作。学习者通过使用评价体系，可以明确自己在学习过程中应该如何做、做到什么程度。

（5）学习契约。学习契约又称学习合同，是学习者与帮助者（专家、教师或学友）之间的书面协议或者保证书，主要有自学式学习契约和同伴辅导式学习契约两种。这种评价方法来源于真正意义上的契约或合同，其意义与实施方法与现实合约相差无几。

（6）评估表。评估表是以问题或评价条目组成的表单，对评价表适当地进行设计，可以帮助学习者通过回答预先设计好的问题而产生某种感悟，有效地促使学习者进行反思，从而增强他们自主学习的能力。

3. 信息化教学评价要求

评价一项信息化教学设计是否成功，应考虑以下几个方面的内容。

（1）是否有利于提高学生的学习效果。学习目标应该内容明确，表述清晰，符合教学大纲的要求。教学设计应考虑学生的个体差异，并明确说明如何调整标准以适应不同的学习者。

教学设计应能激发学生的兴趣，符合学生的年龄特征，并有利于学生的学习及高级思维能力的培养，有利于学生信息处理能力的培养。

（2）技术与教学相整合是否合理。技术的应用和学生的学习之间要有明显的关联，不能只是为了使用技术而使用技术。技术应该是教学成功必不可少的一部分。计算机作为工具，要有助于教学计划的实施，但是不应被视为信息化的全部。

（3）教学计划的实施是否简单易行。教学计划应该可以根据具体教学情况的差异很容易地进行修改，以便应用到不同的班级。教师应该可以轻松地应用教学计划中所涉及的技术，并获得相应的软件和硬件支持。

（4）是否能够有效评价学生的学习。教学设计中应该包括一些评价工具，用于务实的评价和评估。学生的学习目标和学习成果评估标准之间要有明确的关系。

4. 信息化教学评价与传统教学评价的比较

与传统的教学设计相比，信息化教学设计强调以学为中心，促进学习者创新能力和综合能力的形成。为了达到信息化教育的培养目标，即培养具有处理信息能力的、独立的终身学习者，信息化教学评价必须与各种相关的教学要素相适应，从而必然与传统的教学评价迥然不同，其区别可以概括为以下几点。

（1）评价目的不同。传统的教学评价侧重于评价学习结果，以便给学生定级或分类。评价通常包含根据外部标准对某种努力的价值、重要性、优点的判断，并依据这种标准对学生所学到的与没有学到的进行判断。为了评价学习结果，传统的评价往往是正规的、判断性的。而在信息化教学中，评价是基于学生的表现和过程，用于评价学生应用知识的能力。它关注的重点不再是学到了什么知识，而是在学习过程中获得了什么技能。这时评价通常是不正规的、建议性的。

（2）评价标准的制定者不同。传统评价的标准是根据教学大纲、教师或课程编制者等的意图制定的，因而对全体学生的评价标准是相对固定且统一的；信息化教学强调学生的个别化学习，学生在如何学、学什么等方面有一定的控制权，教师则起到督促和引导的作用。在信息化教学中，评价的标准往往是由教师和学生根据实际问题和学生先前的知识、兴趣和经验共同制定的。

（3）对学习资源的关注不同。在传统教学中，学习资源往往是相对固定的教材和辅导材料，因而对于学习资源的评价有所忽视，往往只是在教材和辅导材料等成为产品前，才有检验或实验性质的评价出现。在信息化教学中，学习资源的来源十分广泛，特别是互联网在学习中的介入，更使学习资源呈现出取之不竭之势。如何选择适合学习目标的资源，不仅是教师的重要任务，也是学生所要获得的必备能力。因而，在信息化教学评价中，对学习资源的评价受到广泛的重视。

（4）学生所获得的能力不同。在传统的教学评价中，学生的角色是被动的。他们通过教师的评价被定级或分类，并从评价的反馈中认识自己的学习是否达到预期。然而，在信息化社会中，面对不断更新的知识，指望像传统教学中的教师一样适时地对学生的学习提供评价是不可能的。因而，作为一个合格的终身学习者，自我评价将是必备技能，培养学生的这种技能本就是信息化教学的目标之一，也是评价工作的任务之一。

（5）评价与教学过程的整合性不同。在传统教学中，评价往往是在教学之后进行的一种孤立的、终结性的活动，目的在于对学习结果进行判断，如图3-3所示。而在信息化教学中，培养自我评价的能力和技术本就是教学的目标之一，评价具有指导学习方向、在教学过程中给予激励的作用。正是有了评价的参与，学生才有可能达到预期的学习结果。因此，评价被列入真实任务之中，评价的出现是自然而然的，是一个进行之中的、嵌入的过程，是整个学习不可分割的一部分，如图3-4所示。

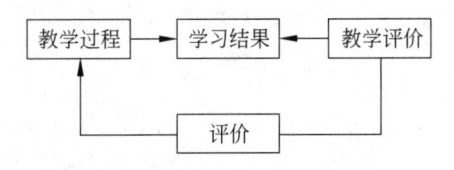

图 3-3　评价在传统教学中的位置 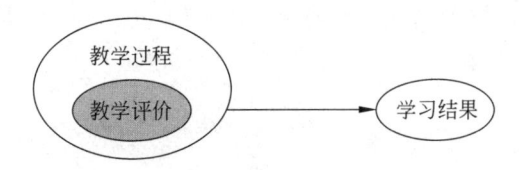　　图 3-4　评价在信息化教学中的位置

拓展实训

【实训目标】

通过实训，学生初步了解信息化教学设计的基本知识，掌握撰写信息化教学设计方案的方法，掌握教学评价的指标体系与方法。

【实训内容】

了解并掌握信息化教学设计的相关知识，比如信息化教学设计的过程、信息化教学设计的流程等。

【实训步骤】

（1）以 2~3 人为单位组成一个团队，设负责人一名，负责整个团队的分工协作。

（2）团队成员通过分工协作，多渠道收集相关资料。

（3）团队成员对收集的材料进行整理，总结并分析信息化教学设计的流程并列表展示。

（4）各团队将总结制作成表格，派出一人作为代表上台演讲，阐述自己团队的成果。

（5）教师对各团队的成果进行总结评价，指出不足与改进措施。

【实训要求】

（1）考虑到课堂时间有限，实训可采取"课外＋课内"的方式进行，即团队组成、分工、讨论和方案形成在课外完成，成果展示安排在课内。

（2）每个团队方案展示时间为 10 分钟左右，教师和学生提问时间为 5 分钟左右。

复习思考题

1. 信息化教学设计的原则是什么？
2. 信息化教学设计方案包括哪些内容？
3. 信息化教学设计的过程是什么？
4. 教学评价的概念是什么？
5. 教学评价有哪些分类？

第 4 章

现代教学媒体

随着科学技术的发展，教学媒体的种类越来越多，性能也越来越好。教学媒体发展至今，已是品种繁多，五彩缤纷。目前，在我国的教育技术领域中已将研究的重点放在现代教学媒体的开发与运用上。

学习目标

知识目标	了解教学媒体的分类； 掌握教学媒体的主要特性； 了解教学媒体选择的影响因素
能力目标	掌握教学媒体选择的基本依据； 掌握教学媒体编制的基本原则
素质目标	培养学生开拓创新、团结协作的精神，使学生树立正确的世界观、人生观、价值观

4.1 教学媒体概述

4.1.1 教学媒体的定义

1. 教学媒体

什么是媒体？加拿大学者马歇尔·麦克卢汉（Marshall McLuhan）认为，媒体是人体的延伸——笔是手的延伸，书是眼的延伸，广播是耳的延伸，电视是眼和耳的延伸。媒体的变化会引起人的感官的变化，引起感觉重心的转移。例如，使用书本，感觉重心是视觉；改用录音，感觉重心就从视觉转移到听觉了。

（1）媒体也是信息——随着媒体而来的"内容"可能是另一种媒体。如电影的内容可能是一部小说、一部戏剧，或是一部歌剧，而小说、戏剧、歌剧都属于媒体。

（2）媒体有"冷""热"之分——对象参与程度小的是热媒体，如报纸、图书、广播；对象参与程度大的是冷媒体，如电影、电视。

（3）媒体是导致社会变动的最强动力——影响并改变人们的生活、工作和思维方式，改变人与人的关系、人与世界的关系。

什么是教学媒体？教学媒体是传递教育教学信息的物体，是连接教育者与受教育者的中介物，是用来传递和取得教育教学信息的工具。

2. 现代教学媒体

现代教学媒体就是指直接介入教学活动过程，能用来传递和再现教育信息的现代化设备（硬件）及记录、储存信息的载体（软件），如幻灯机和幻灯片，投影仪和投影片，录音机和录音带，电影机和电影片，录像机和录像带，计算机与CAI课件等。这些软、硬件按一定功能组成各种各样的交互教学系统，如多功能教室、语音实验室、CAI辅助教学系统、多媒体网络教室、广播电视和现代远程教学系统等。

知识链接：CAI 辅助教学系统

计算机辅助教学系统简称 CAI，是英文 computer assisted instruction 的缩写。

4.1.2 教学媒体的分类与研究

1．教学媒体的分类

为了方便使用和研究，应该将教学媒体分门别类。当前教育学家与传播学家对媒体的分类由于出发点不同，对媒体的分类也不同。下面介绍几种常用的分类方法。

1）按媒体发展先后分类

按教学媒体的发展先后，通常把过去传统教学中常用的媒体称为传统教学媒体，而将 20 世纪以来利用科技成果发展起来的电子传播媒体称为现代教学媒体。

（1）传统教学媒体。传统教学媒体通常指教学中常用的教科书、黑板、粉笔、挂图、标本、模型、实验演示装置等教学媒体。

扩大一点范围，教师，包括教师的语言、表情、手势、体态、板书、板画等也是传统教学中常用的教学媒体。

再扩大一点范围，传统教学中的校园环境、实验室、实验与实践基地，也可包括在传统教学媒体范畴中。

（2）现代教学媒体。现代教学媒体是指 20 世纪以来利用科技成果发展起来并被引入教学领域的电子传播媒体，在我国也称为电化教学媒体，主要包括幻灯、投影、广播、录音、电影、电视、录像、电子计算机、手机终端等教学媒体，还包括它们组合的教学媒体系统，如语言实验室、多媒体综合教室、计算机网络教室、视听阅览室、微格教学训练系统、网络交互电视系统（IPTV）、校园计算机网络系统等。教学媒体的分类如表 4-1 所示。

表 4-1 教学媒体的分类

教学媒体	举 例 说 明
传统教学媒体	黑板、粉笔
	实物、标本、模型
	报纸、图书资料
	图表、图片、挂图
现代教学媒体	视觉媒体：幻灯机、照相机、投影机等
	听觉媒体：录音机、广播、CD、MD、SACD 等
	视听觉媒体：电影机、电视机、录像机、VCD、SVCD、DVD 等
	交互媒体：语音实验室系统、多媒体计算机教学系统、网络系统等

2）按媒体印刷与否分类

按印刷与否分类，教学媒体可分为印刷媒体与非印刷媒体。

（1）印刷媒体。印刷媒体是指各种印刷出版的教学资料和参考资料，如教科书、图表、辞典、杂志、报纸、教与学的指导书及其他印刷文字资料等。

（2）非印刷媒体。非印刷媒体泛指各类非印刷的电子传播媒体、视听材料和部分非印刷的传统教学媒体，如幻灯片、投影片、录音带、电影片、视频、计算机软件等。

3）按使用媒体的感知器官分类

按学习者使用媒体的感知器官分类，教学媒体可分为以下几种。

（1）听觉型媒体，如口头语言、广播、录音。

（2）视觉型媒体，如教科书、板书、幻灯、投影。

（3）视听型媒体，如配录音的幻灯、电影、电视。

（4）相互作用型媒体，如程序教学机、计算机辅助教学课件、语言实验室、微格教学训练系统、网络交互电视系统（IPTV）等。

4）按媒体的物理性质分类

根据现代教学媒体的物理性质分类，教学媒体可分为四大类。

（1）光学投影教学媒体。光学投影教学媒体包括幻灯机和幻灯片，投影器和投影片，电影机和电影片等。这类媒体主要通过光学投影，把小的透明或不透明的图片、标本、实物投射到银幕上，呈现所需的教学信息，包括静止图像和活动图像。

（2）电声教学媒体。电声教学媒体包括电唱机、扩音机、收音机，教学信息以声音形式储存和播放传送。

（3）电视教学媒体。电视教学媒体是指语言实验室及唱片、录音带等。主要有电视机、录放像机、影碟机、录像带、视盘、网络交互电视系统（IPTV）和微格教学训练系统等，其主要特点是储存与传送活动的图像与声音信息。

（4）计算机教学媒体。计算机教学媒体包括计算机、计算机课件、计算机网络教室、计算机校园网等，在各种教学活动中实现文字、图表、图像、活动图像等教学信息的传送、加工处理，与学习者相互作用，开展有效的教学活动。

5）按媒体的使用方式分类

根据使用方式分类，教学媒体又可分为教学辅助媒体和自学媒体。

（1）教学辅助媒体。教学辅助媒体是辅助教师课堂教学的媒体，如投影片、幻灯片、电视和计算机课件等。

（2）自学媒体。自学媒体是指教师不在场的情况下，学生可进行自学的媒体，如电影、电视、计算机网上资源等。

6）按媒体呈现的形态分类

罗纳德·安德森根据媒体呈现的形态，将教学媒体分为十类，如表4-2所示。

表4-2　教学媒体按媒体呈现的形态分类

序号	分类
1	听觉媒体，如广播、录音、电话
2	印刷媒体，如程序课本、讲义、图表、卡片
3	听觉—印刷媒体，如录音带（或唱片）和图表
4	静止图像投影媒体，如幻灯片、幻灯卷片、投影片
5	听觉—静止图像投影媒体，如幻灯卷片和录音带，带有录音带的各类幻灯片
6	活动视觉媒体，如无声电影

续表

序 号	分　类
7	有声活动视觉媒体，如有声电影、电视的录像
8	实物媒体，如实物、实物的模型或模拟
9	人类与环境的资源，如教师、教育者、环境
10	计算机，如计算机辅助教学

7）按信息传播过程中信息流动的交互性分类

根据信息传播过程中信息流动的交互性分类，数字媒体可以分为单向传播媒体和双向传播媒体。

（1）单向传播媒体。单向传播媒体包括诸如大班讲课、电影、电视、书刊和演示等。这些媒体信息都由教师流向学生，没有交互性。当采用这类媒体时，学生几乎没有机会去影响或改变信息。如果使用恰当，这些媒体可以在尽可能短的时间内对大量的学生传递大量的信息。

（2）双向传播媒体。双向传播媒体包括讨论、游戏、个别辅导、角色扮演等。在传递信息方面，这些媒体不像单向媒体那样有效，双向传播媒体允许学生积极参与学习，但影响信息的传播速度、内容及其再现。教师可以从学生那里获得有关学生理解和接受课程内容的反馈信息，并利用这些信息改进教学。双向传播媒体还包括程序教学、计算机辅助教学一类的自学型媒体。

另外，根据教学媒体的制作技术分类，还可以把教学媒体分为基于视觉技术的媒体、基于视听技术的媒体、基于计算机技术的媒体和基于整合技术的媒体。

上述仅简要介绍了部分教学媒体的分类法，可见分类方法之多，我们可以按照研究的需要，选用最有用的分类法。

2. 关于教学媒体的研究

20 世纪末至 21 世纪初是科学技术发展的高峰期，多种高效能的信息加工、储存与传播的媒体相继出现并获得有效应用，如何迅速将它们引入教育领域，使其成为有效的现代教学媒体并促进教育发展与现代化，是一个非常值得研究的课题，主要研究领域如下。

1）硬件研究

（1）将已出现的现代信息传播媒体引进教学领域并加以改进，使之符合教学活动要求，方便教师与学生操作使用，这样可以降低成本，便于在教育部门推广。

（2）根据教学活动的要求，应用科学技术成果研究制造专门的教学设施。近年研制成功并获得广泛应用的有语言实验室、多媒体综合控制系统、计算机网络教学系统、微格教学训练系统等。

2）软件研究

软件研究是现代教学媒体研究的核心领域，是媒体能否成为有效的教学媒体的关键。我国电化教育重新起步后，先后有计划地组织了幻灯教材、投影教材、录音教材、电视录像教材、计算机课件的编制、审定与推广应用工作，这些都属于这一领域的研究与开发工作。

3）教学媒体的理论研究

（1）戴尔的"经验之塔"理论。20 世纪 30 年代至 50 年代，大量视听媒体如广播、幻灯、电影、唱片、录音、电视等引入教学领域，因此，关于媒体的运用方法、教学效果等问题引起了广大教育工作者的关注。他们从教学实践的研究中总结了一系列视听教学的方法，并提出了相应的理论依据。其中，比较著名的和有影响的是戴尔提出的"经验之塔"理论。戴尔认为，人们学习知识，一是由自己的直接经验获得，二是通过间接经验获得。当学习是由直接到间接、由具体到抽象时，获得知识和技能就比较容易。"经验之塔"把人们获得知识与能力的各种经验，按照抽象程度分为三大类十一个层次（最初为十个层次，1969年修改为十一个层次）。

（2）教学媒体的对比研究。各国学者对教学媒体进行了许多研究，主要是对比研究。教学媒体研究可分为四个层次，具体如下。

① 教学媒体在教学中是否有用？
② 如何有效地设计教学媒体材料？
③ 在教学中如何更好地使用教学媒体？
④ 将教学媒体和教与学过程中的各因素结合起来进行综合研究。

（3）关于教学媒体的本质研究。

① 马歇尔·麦克卢汉关于媒体本质的观点。"媒介就是信息"是马歇尔·麦克卢汉学说的中心论点。"媒介是人体的延伸"，面对面的交谈（最古老的媒介）是五官的延伸，印刷品是眼睛的延伸，广播是耳朵的延伸，电视则是耳朵和眼睛的延伸。每一种新媒介的出现，每一项新的延伸，都会使人的各种感官的平衡状态产生变化，使某一种感官凌驾于其他感官之上，造成"心理上和社会上的影响"。媒介有"冷""热"之分。

② 理查德·克拉克的观点。理查德·克拉克（Richard E. Clark）认为，教学媒体只是一种信息发送手段。无论是电视、书本，还是面授，传递的信息内容没有什么不同，其教学效果也没有什么不同，不同的只是信息传递的方式。"能带来稳定且再三复现高质量教学的，与其说是所使用的媒体，不如说是软件的设计。"

③ 安东尼·贝茨的观点。安东尼·贝茨（Antony Bates）认为，媒体一般是灵活的和可替换的，焦点是在给定的条件下何种媒体最合适；每种媒体都有其内在的规律，即有一套能发挥其功能的固有法则，对每种媒体的特性有待探索，从而设计高质量的教学媒体；并不存在某种"超级媒体"，所有媒体都有其长处和短处，而且一种媒体的长处往往正好是另一种媒体的短处。

④ 杰罗姆·布鲁纳的观点。杰罗姆·布鲁纳（Jerome Bruner）认为，媒体在传授知识方面的功能是相近的，几乎毫无差别；在发展技能方面则是独特的，各有不同。如讲授事实，用电视、广播、印刷材料、面授都行，都容易达到目标。但如果要发展技能，总会有一种相应的媒体比其他媒体更合适、更有效。

（4）教学媒体的理论基础研究。教学媒体的理论基础研究可进一步划分为四种，具体如下。

① 教学媒体的教育学基础。
② 教学媒体的心理学基础。
③ 教学媒体传播过程的理论基础。
④ 教学媒体的艺术与美学基础。

4）教学媒体的应用研究

（1）通过应用教学媒体探索现代教学媒体的教学规律，创建新型的教育方式、教学模式，提高教学质量，促进教育信息化、现代化发展。

（2）通过运用教学媒体提高硬件的质量，改进软件的编制，从而促进现代教学媒体的完善与发展。

20世纪80年代以来，我国有组织、有计划地开展了多项大规模的现代教学媒体应用实验研究，如"电化教育促进中小学教学优化""小学语文'四结合'教改试验""电化教育促进素质教育的实验研究""全国中小学现代教育技术实验学校建设项目"等。通过试验，发现这些媒体对提高教学质量起了重要作用。

一般来说，在将各类媒体应用到教学中大致都经历了这几个层次。在教学媒体研究过程中，人们得出了一些结论，具体如下。

① 媒体仅是教学的组成部分，不等于教育技术。教育技术的研究已从单一媒体、物化技术的研究发展到现在对综合技术、无形技术的研究。

② 运用媒体的方式方法在很大程度上决定了学习的效果。

③ 没有一项研究证明某一种媒体永远优于另一种媒体，也不存在能解决一切教育难题的媒体。

④ 根据媒体特征和学生特点，考虑教学需要，经过仔细选择或编制的媒体，对学生的学习有明显的帮助。

⑤ 如果教师受过相关专门训练，媒体就可能得到更为有效的运用。

⑥ 学校建立合乎要求的媒体中心，可以使媒体发挥更大作用。

⑦ 新兴的教学媒体不能完全取代已有的教学媒体，现代媒体之间具有互补性。

⑧ 新兴教学媒体功能的发挥依赖一定的条件。现代教育媒体能否在教学中发挥作用，关键取决于它与整个教学过程的协调性以及应用的方法是否正确得当。

4.1.3 教学媒体的特性与功能

各类媒体运用了不同的符号去运载信息，去刺激接收者不同的感官，接收者所表现的教学功能与特性各不相同。因此，我们在编制与运用各类教学媒体时，应分析每种媒体的教学功能与特性，根据需要，取长补短，综合运用。

1. 教学媒体的主要特性

1964年，加拿大著名大众传播研究者马歇尔·麦克卢汉在《理解媒介：论人的延伸》一书中，介绍人类在进入电子时代的同时，对媒体的性质、特点、作用和分类的认识，提出了许多新的观念，其中一个重要的观念就是媒体是人体的延伸。例如，印刷品是眼睛的延伸，话筒是嘴巴的延伸，收音机是耳朵的延伸，电子计算机是大脑的延伸。这是对教学媒体本质特性最精辟的概括。除此之外，教学媒体还有以下几个主要特性。

（1）存贮性（固定性）。教学媒体可以记录和贮存信息，以供需要时再现。如印刷媒体直接将文字符号贮存在书本里；音像媒体将语言、文字、图像、音响转换成声、光、磁信号，贮存在磁带或胶片里。媒体的这一特性使人们能够把丰富的实践经验逐渐积累并保存下来，教师们能够把宝贵的知识财富传授给学生。

（2）扩散性（传播性）。教学媒体可以将各种符号形态的信息传送到一定的距离，使信息在扩大了的范围内再现。扩散性（传播性）是媒体的重要属性。教学媒体的传播性包括传播速度、传播范围、传播能力等方面，只是不同教学媒体的扩散性有所不同。

（3）重复性（重现性）。教学媒体的重复性是指教学媒体可以根据需要，在特定的时间、地点多次使用，而它所呈现的信息的质和量仍能在一定的时间和范围内保持稳定。另外，它们还可以生成许多复制品，在不同的地点同时使用。这种重复使用的特性适应了学生逐渐领会、重温记忆的需要，也满足了扩大受益面的需要。各种媒体由于所具有的特点不同，其重现程度也不同。

（4）组合性。两种或两种以上的教学媒体可以组合使用。这样的组合可以是在某一教育活动中将几种媒体适当编排、轮流使用，也可以是同时呈现各自的信息，如语言教学中录音机和幻灯机的配合使用。组合性还指一种媒体包括的信息，可以借助另一种媒体来传递，如板书、图片、模型等可以通过影视屏幕来呈现。

（5）工具性。相对人来说，各种教学媒体处于从属地位，是人们获得和传递信息的工具。即使现代化媒体功能先进，它还是由人所创造，受人操纵、支配。教学媒体只能扩展或代替教师的部分作用，而且适用的媒体需教师和设计人员精心编制、置备与操作。事实证明，即使具有人工智能的计算机辅助教学，也不会令教师失业，只是促进了教育技术工作者对于人机功能合理分配的思考。

（6）能动性。在特定的条件下，教学媒体可以离开人的活动而独立起作用。比如，优秀的音像教材和计算机课件的确可以代替教师上课，具有人工智能的计算机教育系统可以根据学生的反应情况生成新的教学程序或教学材料。精心编制的教学媒体一般较为符合教学设计原理，采用的是最佳教学方案，其教学效果常常很好。

（7）表现性（呈现性）。表现性是指教学媒体表现事物的空间、时间、颜色和运动特征的能力。由于教学媒体重现信息的形式有所不同，其表现客观事物的时间、空间、颜色和运动特征等物理属性的能力也不同。

（8）可控性。可控性是指媒体受使用者操纵控制的难易程度。

（9）参与性。参与性是指应用媒体教学时，学习者参与学习活动的机会。

对于各种教学媒体，可以从以上几个基本特性来全面考察它们的共同点和差异，以获得对媒体的全面了解。

2. 教学媒体的教学功能

使用精心设计制作的教学媒体软件在以教师为主的课堂教学、以学习者为主的个别化学习、远距离教育和特殊教育中扮演着不同的角色。总的来看，教学媒体的作用表现在以下几个方面，如图4-1所示。

为了达到教学目标，提高学习效率和学习效果，为学生的学习创造一个更适宜的环境，必须在教学系统设计中进行教学媒体的选择与组织，因此了解各种教学媒体在教学中的作用是非常重要的。

3. 教学媒体的功能比较

教育活动是多种多样、极其复杂的。从实现教学目标的角度看，一切活动都是围绕着教与学进行的，一切知识和技能都是在教学活动中被传授和习得的。作为教学活动四个要素之一的媒体，它在教师与学生之间相互传递信息的过程中发挥着作用。教学媒体的功能主要体现在以下三个方面。

(1) 使学习者接收的教学信息更为一致，有利于教学标准化

(2) 激发学习者的动机和兴趣，使教学活动更为有趣

(3) 提供感性材料，增加学习者的感知深度

(4) 设计良好的教学媒体材料，提供有效的交互

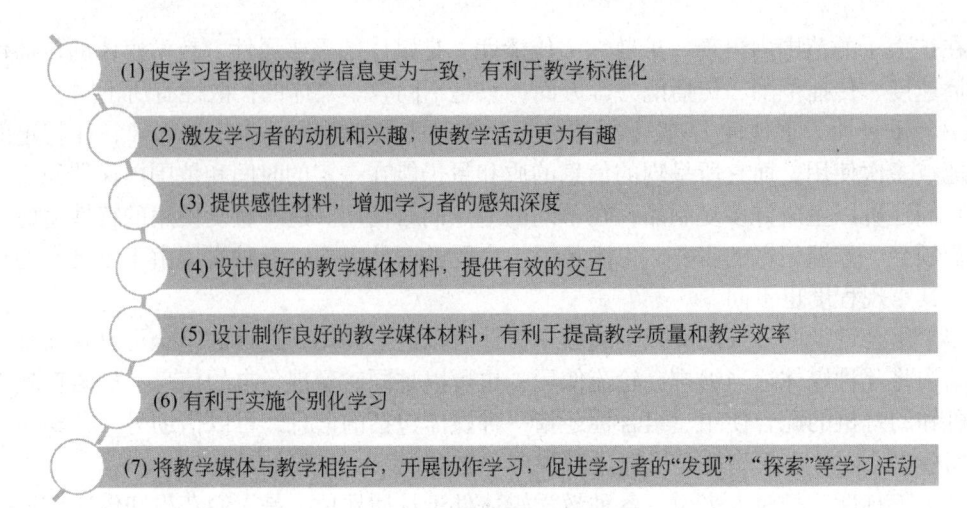

(5) 设计制作良好的教学媒体材料，有利于提高教学质量和教学效率

(6) 有利于实施个别化学习

(7) 将教学媒体与教学相结合，开展协作学习，促进学习者的"发现""探索"等学习活动

图 4-1 教学媒体的作用

（1）呈示刺激，即向学生提供教学信息。媒体在编码和呈现信息的持续时间上可能是不同的。例如，影视是瞬变的图像媒体，教科书则是长久的文字媒体。刺激可以是提供语词的（如通过讲授和阅读），也可以是提供表象的（如通过模型和演示）。

（2）唤起反应，即让学生对受到的刺激做出反应。各种媒体在要求学生反应的频率和形式上可能有所不同，如计算机辅助教学系统比其他媒体要求频繁的反应，集体讲授或观看电影则大多获得的是内隐的反应。

（3）控制学习过程，即使学生的学习不断趋近教学目标。各种媒体在通过评价调整学习行为上可能是不同的，如语言实验室之类的交互性传播系统的评价控制功能比广播电视之类的单向传播媒体有明显优势。

4.2 教学媒体的选择

4.2.1 教学媒体选择的影响因素

视听教学"经验之塔"的构想者戴尔，考察了包括从观察实物到阅读书本等广泛的学习经验，认为视听教材的选择标准适用于所有的教学媒体。他提出七个考虑因素：正确地思考想要表现的方法；给予学习事项以意义深奥的内容；要适合学生的年龄、智能和经验；满足物质上的条件；要有教师使用的手册，以便达成有效的利用；促进学生的思考力，培养其判断力；使用教学媒体所花费的时间、费用和劳力都是值得的。

著名教育心理学家加涅和教学设计专家布里格斯、瓦格三人则强调了在媒体选择中须

考虑的 15 个实际问题：运用媒体的场所能容纳多少学生？媒体使用时观看和倾听的距离范围是多少？媒体的信息呈现"适应"学生的反应吗？所需的教学刺激要求媒体提供动画还是静画、黑白资料还是彩色资料、口头语言还是书面文字？媒体的呈现顺序是固定的还是灵活的？每个教学细节可以重复吗？媒体能将符合教学目标的大多数学习条件结合在一起吗？媒体能提供更多的学习者所希望的教学内容吗？必需的硬件和软件可得到、可使用和可贮存吗？使用媒体会给教学秩序带来混乱吗？当设备失灵、能源不足、软件损坏等情况发生时，有没有方便的替代物？教师为使用媒体需要额外的培训吗？有没有备用部件和器材维修的预算？与可能的教学效果比较，耗费值得吗？

在实际选择教学媒体时，应该考虑的因素确实很多。为方便理解，有人把这些因素集中在一个圆形图解上，如图 4-2 所示。

图 4-2 教学媒体选择的影响因素

4.2.2 教学媒体选择的基本依据

为了达到预期的教学目标，在丰富多彩、功能各异的教学媒体中选择哪一种或哪几种的组合才最为合适、最为有效呢？这是教学日常工作中的一项基本内容，也是教学设计的策略要素之一。下面是选择教学媒体所要考虑的几项基本依据。

1. 依据教学目标

每门课程、每个单元、每节课都有一定的教学目标，比如要使学生知道某个概念、理解某种原理、掌握某项技能，等等。为达到不同的教学目标，常常需要使用不同的媒体去传递教学信息。以外语教学为例，知道各种语法规则和能就某个题材进行会话是不同的教学目标。对于各种语法规则的学习，可以教师的板书讲解为主，再结合各种语法练习。练习就某个题材进行会话，可以借助各种视听设备，采用角色扮演的方法，让学习者练习会话。另外，如果要纠正学习者的发音，那么录音机就是一个非常好的媒体。

2. 依据教学内容

不同学科的教学内容性质不同，对教学媒体会提出不同的要求。如在语文课的散文教学中，可以借助录像等视听媒体为学习者营造一定的情境，使学习者有身临其境的感受，以加深他们对课文的理解和体会。又如可以通过教师的严密推导来进行数学的运算法则教学。而化学的物质结构可以借助模型来加以理解。

3. 依据教学对象

不同年龄阶段的学生对事物的接受能力不一样，经验背景也不一样，选用教学媒体时必须考虑他们的年龄、心理特征及知识背景。另外，在两种效果接近的媒体中进行选择时也可适当考虑学生的习惯和爱好。

4. 依据媒体特性

恰当地选择教学媒体的前提是充分了解各种媒体的特性。只有充分了解各种媒体的优点和局限性，才能在使用中扬之长、避之短，对它们进行综合应用。

5. 依据教学条件

教学中能否选用某种媒体，还要看当时当地的具体条件，包括资源状况、经济能力、师生技能、使用环境、管理水平等因素。

除了以上五个要素外，还要从整个教学过程出发，综合考虑教学组织形式、教学活动等要素。

4.2.3 教学媒体选择的模型

为了使教师在选择教学媒体时可以较充分地考虑各种因素，做出的主观判断更为客观和准确，人们选择过若干种类的模型，常用的有以下四种。

1. 问题表

问题表实际上是列出一系列有关媒体选择的问题，引导选用者通过思考、问答，逐步发现比较适合的媒体。

> **知识链接：问题表列出的主要问题**
>
> 所需媒体用来提供感性材料还是提供练习条件？
> 所需媒体用于集体讲授时的演示还是用于个别化学习？
> 感性材料是用静态图像还是活动图像来呈现？
> 静态图像要不要做图解或图示的处理？
> 活动图像要不要配音？
> 有没有现成的电影或录像及放映条件？
> 现有的电影或录像教材与学生的认知水平相一致吗？

根据实际情况所列问题可多可少，但最好按某种逻辑排序，以利于选用者较快地把挑选的目光聚焦于理想的教学媒体。

2. 矩阵式

通常是两维排列，以媒体的种类为一维，以教学功能及其他考虑因素为另一维，然后用某种评判尺度反映两者之间的关系。评判尺度可用"适宜"与否、"高、中、低"等文字表示，也可用数字和字形符号表示。例如，加涅在1965年出版的《学习的条件》(*The Conditions of Learning*) 中，把自己构想的教学事项作为功能维度，把当时已有的教学媒体作为种类维度提出"各种媒体的教学功能表"。

3. 算法型

算法型是通过模糊的数量计算，确定媒体的成本与收益之间的比值关系。为此，先要对成本和收益进行要素分析。前者要把与媒体成本相关的要素，如资金消耗、所费时间和努力程度等，全部罗列出来并加以分析，得出它们的总和，若用 C 表示，则 $C=\sum C(M_i)$，

其中 M_i 是指成本要素（对某些要素必要时加权）；后者要把与媒体收益相关的要素，如信息质量、传播范围、教学效率等，全部罗列出来并加以分析，得到它们的总和，若用 E 表示，则 $E=\sum E(N_i)$，其中 N_i 是指收益要素（必要时加权）。得到 C 和 E 之后，就可以为媒体选择提供一种决策依据，而决策总是以低成本、高收益为原则。如果存在 a、b 两种备选媒体，并已得到 C_a、E_a、C_b、E_b，那么只要衡量 E_a/C_a 和 E_b/C_b 的比值大小，就能够决定选择取向了。

4. 流程图

流程图是建立在问题表模型的基础之上。通常先将选择过程分解成一套按序排列的步骤，每一个步骤都设一个问题，由选用者回答"是"或"否"，然后按逻辑引入不同的分支。回答完最后一个问题，就会有一种或一组媒体被认为是最适合于特定教育情境的媒体。

亚历山大·约瑟夫·罗米斯佐斯基（A. J. Romiszowski）在著作《设计教学系统》中，曾提出如图 4-3 所示的媒体选择流程。

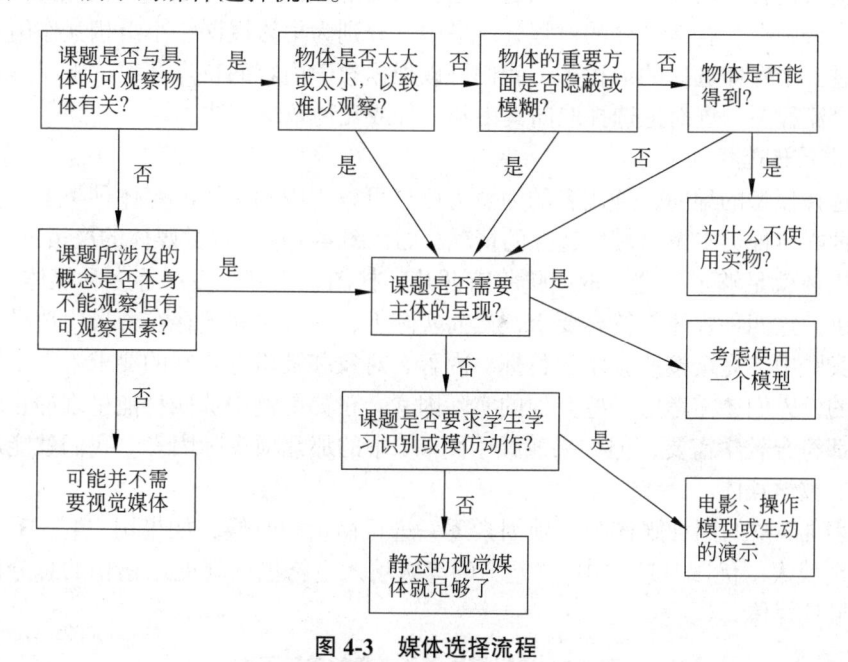

图 4-3　媒体选择流程

4.2.4　教学媒体选择的程序

教学媒体选择的程序可以分为以下四步。

1. 明确对媒体的要求

在教学目标、教学内容、教学对象及其他教学策略因素基本确定的情况下，选用者逐渐形成对适合特定教学情景需要的教学媒体的期望。明确对媒体的要求可使我们对媒体的期望具体化。

首先，明确媒体在教学过程中起什么作用。例如，是用于激发学习兴趣，引导学生的注意，还是用于呈现主要教学材料，或是用于指导学生进行练习。若用于激发学习兴趣，媒体就应色彩鲜艳、形象生动，最好带有戏剧性表现手法；若用于呈现信息，媒体就应准确表达有关学科的知识内容，当然也需要一定的表现技巧以吸引学生的注意；若用于指导练习，媒体就要能诱使学生积极参与活动，与媒体发生交互。

其次，明确媒体将传递哪些教学信息，这些信息服务于什么教学目标。信息内容的深度和广度要适宜，能够达成一至两个教学目标就够了。例如，一部教学录像，最好只为一个特定的目标而选用。如果需要达成的教学目标较多，就要考虑选择几种媒体来综合使用。

最后，明确媒体与当时当地的教学环境条件是否相适应。不同的教学媒体对环境条件会有不同的要求。反过来，我们也可以要求自己正在选择的媒体适应现有的环境条件，如设施状况、经济能力、师生操作技能、媒体管理水平等。

2. 采用合适的选择模型

选用者可以根据面临的教学任务和自己的习惯爱好，采用前述媒体选择模型中的一种，把自己的注意力导向较为恰当的媒体种类。以流程图为例，罗米斯佐斯基在提出"选择视觉媒体的决策过程"的同时，也提出过"选择听觉媒体的决策过程"的流程图；美国教学设计专家肯普则在《教学设计的过程》一书中，分别为集体授课、小组相互作用和个别化学习设计过三个媒体选择的流程图。我们可以根据教学内容的特点和教学组织形式，采用其中某一个流程图，进而把选择取向集中到一种或几种教学媒体。

3. 做出最优选择

经过选择模型的导向，选用者的注意力已经可以集中到具体的媒体种类上。但是，常面临在几种媒体种类中做出最优选择的情况，如在图4-3选择视觉媒体的决策过程中，"静态的视觉媒体就足够了"这一取向仍将有照片、挂图、幻灯、投影等多种媒体可供选择。从理论上讲，这四种媒体都符合要求，然而实际上，它们中间还存在着最优选择问题。因为在教学实践中，完全按照教学的目标、内容、对象和策略等要素的要求来确定媒体的机会是不多的，人们还需考虑一些其他的实际因素。正如前例中那四种能呈现静止图像的媒体，虽然都符合教学需要，但如果兼顾了图4-1中的那几项实际因素，我们就能从中挑选出最适宜的教学媒体。

在对表4-3中的四种媒体与九项因素逐一进行衡量的时候，如果用"4""3""2""1"的数字分别代表"优""良""中""差"的等级填入空格里，就能以累积的总分评定出哪种媒体是最佳媒体。

表4-3 选择媒体需要考虑的实际因素

因　素	照　片	挂　图	投　影	幻　灯
是否得到				
制作成本				
复制费用				
准备时间				
技能要求				
设施要求				
维护要求				
学生心态				
教师心态				
总评				

4. 阐明媒体运用设想

选择教学媒体的目的是运用。从追求教学效果的角度看，媒体的运用比媒体的选择要重要。因此，选用者需将自己在选择媒体时的种种考虑融合或升华至如何合理运用拟选媒体的设想上来，以为借助媒体开展教学活动时提供参照。

4.3 教学媒体的编制与利用

4.3.1 教学媒体编制的基本原则

1. 教育性

编制的教学媒体，对于向学生传播某个学科的基础知识、发展学生的能力、培养学生的思想品德、促进学生的全面发展等应能起到良好的作用。

要实现教育性要求，必须注意以下几点。

（1）要有明确的目标。为什么要编制这本教材？这本教材要解决教学上什么问题？要在学生的知识、能力、思想品德方面引起哪些变化？

（2）要根据教学大纲，围绕重点、难点编制。在编制过程中，首先要想到编制的是教材，是教学内容的一部分，必须符合教学大纲的要求。编制教学媒体要有助于解决重点、难点问题。

（3）适合学生接受水平。这本教材是哪个年龄、年级和发展水平的学生用的？这本教材是否适合学生原有的知识基础和接受能力？这本教材应是既有一定难度，又是经过学生努力学习可以掌握的。

2. 科学性

编制的教学媒体要具有科学性，能正确反映科学基础知识和现代科学技术发展水平。

要实现科学性要求，必须注意以下几点。

（1）要以马克思主义为指导思想，坚持正确的思想政治方向。不能为追求趣味，将违背马克思主义的内容引进教材。教学媒体要生动有趣，但不能违背现代科学的基本原理，更不能庸俗化。

（2）选用的材料、例证和逻辑推理必须是科学的、符合客观实际的、经得起实践考验的。

（3）各种实际操作必须准确、规范。

（4）所表现的图像、声音、色彩要符合科学的要求。不能片面追求图像漂亮、声音悦耳、色彩鲜艳而破坏了真实性。

3. 技术性

编制的教学媒体要图像清晰、声音清楚、色彩逼真、声画同步，要保证良好的技术质量。

要实现技术性要求，必须注意以下两点。

（1）制作教学媒体使用的设备，要处于良好的状态。

（2）制作人员要熟练掌握有关技术，如摄像人员要对用光、取景、景别的转换、镜头的组合使用恰到好处。

4. 艺术性

编制的教学媒体要有丰富的表现力和感染力，激发学生的学习动机，提高学生的学习兴趣和审美能力。

要实现艺术性要求，必须注意以下几点。

（1）教学媒体的内容要反映大自然和社会生活中真、善、美的事物。

（2）画面构图要清晰匀称，变换连贯、流畅、合理。

（3）在光线与色彩上要明暗适度、调配恰当，使观者感到舒适。

（4）在音乐与语音上要避免噪声。音乐要和景物与动作相配合，语音要抑扬有致，使听者愉快，从而起到教育效果。

5. 经济性

编制教学媒体要考虑经济效益，以最小代价得到最大收获。这里所说的"代价"，主要是指使用的人力、材料、经费和时间；"收获"是指优秀的教学媒体。就是要力争用最少的人力、材料、经费和时间，制成大量优秀的教学媒体。优秀的教学媒体，就是有助于提高教学质量和教学效率，能够取得良好的教学效果的教学媒体。

要实现经济性要求，必须注意以下两点。

（1）编制教学媒体要有周密的计划。要合理调配人力、使用材料、核算经费、安排时间。特别应注意节约时间，计算工作要按日按时，计算片、带要按分按秒。时间的节约是最大的节约。马克思说，生产中的一切节省，归根到底为时间的节省。马克思曾提出一个公式：真正的节约 = 劳动时间的节约 = 发展生产力。

（2）编制教学媒体要以是否符合教学要求、能否取得所追求的教学效果为前提。一般来说，制作幻灯片比制作电影片价格要低，但是如果不能取得所追求的教学效果，教学上无效，其经济效益为零，成本再低也是浪费。

4.3.2 教学媒体编制的效果原理

1. 共同经验原理

在教育传播中，教师通过媒体向学生传送与交换教育信息。教师要与学生沟通，必须把沟通建立在双方共同经验的范围内。图 4-4 中两个圆圈分别代表甲与乙的已有经验范围，重叠部分代表他们具有的共同经验，是可以沟通的地方。想要学生了解某个事物，教师必须用学生能够理解的方式，引导学生进入新的知识领域。当甲与乙没有共同的直接经验时，可以通过幻灯片、电影、电视等媒体，用

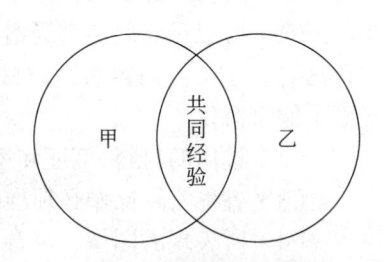

图 4-4 共同经验原理

图画与声音去呈现事物的运动状态与规律，使学生获取间接经验，在此基础上，引申到下一阶段高层次的知识介绍。可见教学媒体的设计与编制必须充分考虑学生的经验与知识水平，如此才能取得良好的教学效果。

2. 抽象层次原理

抽象是把事物的个别特征去掉，取其共同点，代表或说明同一类的事物。学生的学习必须从具体到抽象，如果只有形象，没有抽象，学生就不能把获取的信息加工为知识与能力。因此，编制教学媒体选取素材必须在学生能明白的抽象范围内进行，并且要在这个范围内的各个抽象层次上下移动。如用文字或语言解说把形象、现象上升为概念与原理，得出抽象的要点，再以具体事物作支撑。

3. 重复作用原理

重复作用是将一个概念在不同的场合或用不同的方式重复呈现，以达到好的传播效果。这里讲的重复使用有两层含义。第一层含义是将一个概念在不同的场合重复呈现。有人做过这样的研究，学习外语时要牢固掌握某个生词，必须在不同的场合不断接触它，才能达到长时记忆。因此，编制教学媒体，概念在不同场合的重复是必要的。重复作用的第二层含义是将一个概念用不同的方式去重复呈现。比如，同时或先后用文字、声音或图像去呈现某一概念，用媒体中不同的符号去重复事物的特性，加强学生的理解，加深符号之间的联系，从而获得好的传播效果。

4. 信息来源原理

传播学研究证明了有信誉的和可靠的信息来源会对人们产生较好的传播效果。因此，在教学媒体的编制中，选用的信息来源应该是有权威、有信誉、真实可靠的。比如，录音教材用权威人士或优秀教师的原音录制；幻灯教材选用典型的真实事物现场拍摄制作；电影、电视教材以优秀教师任编导和电视教师。

素材尽可能采用典型可靠的真实现象，多用长镜头拍摄，反映历史事实尽可能用历史素材等。

5. "最小代价律"原理

研究人类的语言时有一个法则叫"最小代价律"，即最常用的字笔画最少，最常用的文字能用最少字数去构成词组，表达更多的意义。这就是以最小的努力去获得最大的收获。教学媒体的编制，同样要遵循这一原理。

根据"最小代价律"，可以得出一条教学媒体编制的选择率法则，用公式可表示为

$$可能得到的教学效果 / 需要付出的代价 = 媒体编制利用选择率$$

公式表示，若多种媒体都能达到同样的教学效果，要选择编制和使用成本低、付出努力少的媒体。比如，使用投影片能完成的教学内容和开展的教学活动，而使用多媒体计算机去实施，显然是一种浪费。

4.3.3 教学媒体利用的策略

1. 辅助以教师为中心的课堂教学

我国当前的学校教育，大多数仍保留着以教师为中心的课堂教学方式。彻底改变这种教学方式，也许还需相当长的一段时间。但多种教学媒体进入课堂，利用多媒体优化组合配合教师的讲授，可以创建一种新型的教学模式。这对解决教学重点、难点，提高教学质量，缩短教学时间，提高教学效率，可以起到重要作用。

2. 创建以学生为中心的课堂学习模式

多种媒体进入课堂，有利于将课堂教学转化为以学生为中心的学习模式。例如，教师可利用多种媒体设置一定的教学情境，让学生采用发现和探究式的学习方法，在教师指导下通过媒体进行学习，不断发现问题、解决问题，直至掌握教学目标要求的知识与能力。

利用多种媒体提供的条件，依据一定的教学思想与理论，去创建有效的以学生为中心的学习模式的方法正在迅速发展。

3. 自主学习

自主学习是指学习者在学习过程中的一种主动而积极自觉的学习行为，是学习者非智力因素作用于智力活动的一种状态显示。自主学习表现为学习者在教育活动中具有强烈的求知欲、主动参与精神与积极思考的行为。其重要特征是学习者已具备将学习的需要内化为自主的行为或倾向，并具备了一定的与之相应的能力。在自主学习状态下，学习的压力产生于内在需求的冲动，即自我价值的实现和社会责任感的驱动，而不是外在的压迫或急功近利的行为。

学习的目的是获取知识、技能和锻炼培养能力。教学媒体可为学习者的自主学习提供丰富的信息资源，并可作为学习者自主学习的认知工具。

4. 协作学习

多媒体计算机技术的发展，尤其是网络的开发与利用，为学习者的协作学习创造了有利的环境与条件。通过计算机与网络，不同地点的学习者可以同时或非同时地协作交流。

可以说，计算机与网络为个人或小组取得最大化的学习成果提供了保障与支持。当前已有实时同地、实时异地、同地异时、异地异时等多种计算机支持的协作学习类型。随着计算机网络的迅猛发展，协作学习开展的深度与广度日趋扩大，计算机支持的协作学习的前景更为广阔。

5. 利用媒体进行学生技能的训练与实践教学

一些媒体特别适用于学生技能的训练与实践。例如，在语言实验中，可以利用录音带训练学生的口语及听说能力；在微格教学实践中，可利用摄、录像媒体训练师范类学生的教学技能。

6. 利用媒体实施远程教学

利用无线电与电视广播、计算机网络，可以将教学信息传送得很远很广。这些媒体为实施远程教学提供了有利条件。

多媒体的开发与利用，引发了教育的重大变革。我们应积极开展媒体教学试验，掌握媒体的特性与教学规律，创建多种有效的教学模式，促进我国的教育改革与教育现代化建设。

7. 研究性学习

研究性学习是学习者在教师指导下，从自然、社会和生活中选择和确定专题进行研究，并在研究过程中主动获取知识、应用知识、解决问题的学习活动。研究性学习具有开放性、探究性和实践性的特点，是师生共同探索新知识的学习过程，是师生围绕着解决问题共同完成研究内容的确定、方法的选择及为解决问题相互合作和交流的过程。在开展研究性学习的过程中，教师和学习者的角色都具有新的特点，教育内容的呈现方式、学习者的学习方式、教师的教学方式和师生互动的形式都会发生较大变化。研究性学习的实施一般可分三个阶段：进入问题情境阶段、实践体验阶段和表达交流阶段。教学媒体在研究性学习中

8. 综合学习

综合学习以"学会生存,学会学习"为目标,以学习者的兴趣与需要等内部动机为基础,使学习者在课题学习中不受学科分类的束缚,通过调查、实践、亲身体验、信息技术的应用等,综合地运用各学科的知识和技能,开展问题解决活动,通过交流、协作、发表演讲等,促进学习者问题解决能力的提高,使其学习得到深化、扩展,达到与他人的协作化和共有化,实现学习者的生产性学习。

9. 创新学习

创新学习是一种学习者提出新问题、新想法、新结论及创造新事物的学习,其特点是推陈出新,而非墨守成规。创新学习,就是以创新的态度来对待学习对象,在学习过程中想得多、想得新、想得巧,从而培养自己的创新精神和创新能力。创新学习,一要有一种全新的、积极的学习态度;二要找到一种适合自己的有效的学习方法。知识时代要求人人都知道如何学习、如何思考,会使用各种帮助自己提高的工具,努力延伸我们的手和脑,掌握快捷的学习方法,将大脑调整到最有接受性和创造性的状态,掌握学习过的知识。各类新型现代教学媒体正是开展创新学习的得力工具。

拓展实训

【实训目标】

通过实训,学生初步了解现代教学媒体的基本知识,包括教学媒体的定义、分类、特性与功能、教学媒体的选择及教学媒体的编制与利用。

【实训内容】

了解并掌握教学设计的模式并能独立完成经典模式的教学设计。

【实训步骤】

(1)以 2~3 人为单位组成一个团队,设负责人一名,负责整个团队的分工协作。

(2)团队成员通过分工协作,多渠道收集相关资料。

(3)团队成员对收集的材料进行整理,总结并分析教学媒体应该如何选择。

(4)各团队将总结制作成表格,派出一人作为代表上台演讲,阐述自己团队的成果。

(5)教师对各团队的成果进行总结评价,指出不足并提出改进措施。

【实训要求】

(1)考虑到课堂时间有限,实训可采取"课外+课内"的方式进行,即团队组成、分工、讨论和方案形成在课外完成,成果展示安排在课内。

(2)每个团队方案展示时间为 10 分钟左右,教师和学生提问时间为 5 分钟左右。

复习思考题

1. 现代教学媒体的定义是什么?
2. 教学媒体的主要特性有哪些?
3. 教学媒体选择的基本依据有哪些?
4. 教学媒体编制的基本原则有哪些?

第 5 章

现代信息化教学环境建设

在信息社会中，人们需要新型的学习环境和更加开放的信息服务方式。随着教育信息化的发展，学校的信息化教学环境发生了巨大变化。信息化教学环境对促进教育公平、提升教学质量、构建学习型社会等有着重要的意义，信息时代的师范生对此要有深刻的认识，更要自觉参与信息化教学环境建设，并对其充分加以利用。

学习目标

知识目标	了解信息化教学环境的概念与构成； 掌握信息化教学环境的不同形式； 了解数字化学习资源的各种获取形式
能力目标	掌握信息化教学不同环境的构成； 掌握数字化资源的各种形式
素质目标	培养学生开拓创新、团结协作的精神，使学生树立正确的世界观、人生观、价值观

5.1 信息化教学环境概述

5.1.1 信息化教学环境的概念

教学环境是教学活动四周的一切事物，是指影响学校教学活动的各种情况和条件的总和，包括显性环境和隐性环境两部分。显性环境主要指学校教学活动的场所，包括各种教学场所（教室、运动场、图书馆、会议礼堂、宿舍、食堂等）、教学用具（实验仪器设备、运动器材、教学媒体等）及教室内外等物理设施；隐性环境则包括学校的教育理念、教学氛围、校园文化、人际交往氛围、师资力量及学生的心理适应能力等。

信息化教学环境是指运用现代教育理论和现代信息技术所创建的教学环境，是信息化教学活动开展过程中赖以持续的情况与条件，包含在信息技术条件下直接或间接影响教师"教"和学生"学"的所有条件和因素。根据教学环境应用的地理范围，将信息化环境分为教室层次（智慧教室、多媒体网络机房、多媒体语言实验室、课程录播室和虚拟仿真室等）、校园层次（计算机局域网、数字校园、智慧校园）、教育城域网层次和互联网层次四种类型。

5.1.2 信息化教学环境的构成

信息化教学环境是一个庞大复杂的系统，通常认为其由信息化教学硬件环境、信息化教学软件环境、信息化教学资源、信息化教学人文环境和信息化教学队伍五大要素组成。

1. 信息化教学硬件环境

信息化教学硬件环境是开展现代教育技术的前提和基础,如多媒体教室、电子阅览室、语言实验室、校园网、移动校园网、智慧校园等。与传统教学硬件环境相比,信息化教学硬件环境具有电子化、虚拟化、网络化、智能化、集成化和泛在化等特征。

2. 信息化教学软件环境

信息化教学软件环境主要包括各种教学系统平台、信息化教学管理环境及标准规范、信息化教学安全保障体系和信息化教学工具系统等。

3. 信息化教学资源

信息化教学资源是指以数字信号形式存在或出现并可供学生使用的信息资源,信息化教学环境下教学优势的发挥,必须有丰富多样的信息化教学资源的支持。

4. 信息化教学人文环境

信息化教学人文环境主要包括现代教育思想、理念和意识,教育信息化政策与法规,信息化教学氛围,信息化学习气氛,信息化学习文化与道德等。

5. 信息化教学队伍

信息化教学队伍是信息化教学环境的核心要素,是信息化教学研究开发、应用推广、服务管理、实际应用等各种工作的中坚力量。信息化教学队伍由信息化教学领导与管理队伍、信息化教师队伍和信息化教学支持队伍组成。

5.2 信息化教学环境

5.2.1 多媒体教室

多媒体教室是根据信息技术条件下教育教学的需要,将多媒体计算机、投影仪、录音、录像、音响、电子白板等教学媒体结合在一起建立起来的教学系统。多媒体教室是以多媒体计算机为中心构成的支持教学的综合教学系统,是信息化教学环境的重要组成部分。教师利用多媒体教室可以有效、灵活地进行授课,特别是通过大屏幕投影或交互式电子白板展示多媒体教学内容,为教学提供了丰富生动的知识表达形式,使教学过程更加符合学生的认知、理解和记忆规律,从而提高了教学效率,增强了教学效果。教师需要了解多媒体教室的组成和功能,并能够操作多媒体设备。

1. 多媒体教室的功能

多媒体是指由文本、声音、图形、图像等基本媒体,以两种或两种以上形式存在和表现的形式。常见的多媒体信息的载体有幻灯片、投影片、录像带、PPT等。多媒体教室通过装备合适的硬件设备,实现载体记录的媒体还原。为此,多媒体教室应配备尽可能完备的载体还原设备,使教学过程中对媒体记录信息的表达不受限制,以期达到最大化应用。

多媒体教室是由教师使用、进行课堂教学的场所，应具备以下条件。

在技术上，在多媒体教室内有计算机的数字信号、视频信号、音频信号。因此，多媒体教室应能够实现：多媒体计算机的单独使用，并把所显示的内容传送到大屏幕上；将书稿、图表、文件资料的原件及实物通过实物展示台传送到大屏幕上，或者将扫描的图片传送到大屏幕上；播放音乐、碟及教学录像；通过校园网调用各种信息。

在功能上，教师使用多媒体教室，要能够做到：迅速处理、显示各种教学内容；兼容不同版本的教学软件；通过校园网进行网上课堂教学，在校园网上调用有关信息，进行网上交流；使用幻灯片、投影仪等进行常规电化教学，满足传统教学的需要。

2. 多媒体教室的组成

多媒体教室是在普通教室的基础上增加了现代多媒体系统而形成的，主要由多媒体计算机、视频图像系统（包括多媒体投影仪、视频展示台、摄像头、录像机、DVD 播放机、投影银幕等）、声音系统（包括话筒、功率放大器、音响及接收器等）和多媒体集成控制器等设备组成。

（1）多媒体计算机。多媒体计算机是多媒体教室的核心，主要负责展示各种教学信息，在一些情况下，还作为中央控制系统的操作平台。

（2）多媒体投影仪。多媒体投影仪是图像信号的输出终端，主要负责将各类教学信息放大投影到银幕上。

（3）多媒体集成控制器。多媒体集成控制器是多媒体教室的控制中心，主要用于控制多媒体投影机、多媒体计算机、视频展示台、DVD 播放机、功率放大器、音箱、话筒、电动银幕等设备，常用的控制是切换各路视频信号和音频信号。

（4）DVD 播放机。DVD 播放机用于播放 DVD、VCD 和 CD 光盘。

（5）视频展示台。视频展示台可以将实物、文稿、图片、演示过程等信息，通过摄像头转换成视频信号，并通过多媒体投影仪显示出来。

（6）摄像头。摄像头能够摄录多媒体教室内的教学实况，以用于远程教学、异地观摩，或便于以后使用。摄像头最好安装在固定云台上，并且配有可自如旋转的镜头。

（7）功率放大器及音响。功率放大器用于放大音频信号。音响用于还原声音，保证教室的任意位置均能听清楚教师讲课和媒体播放的声音。

（8）话筒。话筒用于拾取教师讲课的声音，并对拾取的声音进行声电转换，将其变成音频信号输送给功率放大器。

（9）电动银幕。电动银幕用于多媒体投影机图像的显示。

3. 多媒体教室的功能

多媒体教室应该具备下列主要功能。

（1）可以连接校园网和互联网，使教师方便地调用丰富的网络资源，实现网络联机教学。

（2）能连接闭路电视系统，充分发挥电视媒体在教学中的作用。

（3）能演示各类多媒体教学课件，开展计算机辅助教学。

（4）可以播放录像、VCD、DVD 等视频教学节目。

（5）可以展示实物、模型、图片、文字等资料。

（6）根据多媒体系统的构成及特点，选择设备时应考虑媒体设备与总控制系统的配套。

（7）能以高清晰度、大屏幕投影仪显示计算机信息和各种视频信号。

（8）能用高保真音响系统播放各种声音信号。

4. 多媒体教室的管理和应用

多媒体教室设备数量较多且价格昂贵，为保证教学活动的正常开展，应做到以下几点。

（1）各种设备的放置和连接应相对固定，不要经常搬动，大屏幕投影仪采用吊顶式安装。指导教师正确使用多媒体设备，教育学生爱护各种设施，保持教室环境卫生，保证各种设备的完好、正常运行，保证课堂教学的顺利进行。

（2）由专人管理，及时检查、处理、解决多媒体计算机教学中出现的问题。

（3）有详细的操作规程，如有必要，对新使用教室的教师进行培训。多媒体教室中的一些设备对操作有严格的要求，如多媒体计算机、投影仪等。投影仪一般采用遥控开关机，特别是关机操作，必须使用遥控器，等仪器散热完后方可关闭电源，显示器开机时冲击较大，最好先打开它。

（4）多媒体教室的使用在同样的单位时间内，丰富了教学内容，增加了信息量的传播，学生要接收的课程内容和信息量比过去增加近一倍，有时来不及理解。因此，教师使用多媒体计算机教学，应该合理控制教学进度。在教学中，屏幕内容切换不要太快，各信号源间的切换不宜频繁，并通过电子教鞭、鼠标指针等引导学生观看屏幕上的重点、难点内容。

（5）投影仪投射到屏幕上的文字不能太小、字数不要过多，合理选用底色和文字颜色，尽量使黑白反差和色差大一些。另外，图形、表格不宜过小，更不宜过于复杂。

（6）教师使用多媒体教室后应填写使用情况登记表，及时反馈使用情况。

5.2.2 微格教室

微格教室是指在装有摄像、录像系统的特殊教室内，借助摄像机、录像机等媒体进行技能训练和教学研究的教学环境，一般用于师范院校的学生和在职教师教学技能训练的模拟教学活动。

微格教学是一种利用现代化教学技术手段培训师范类学生和在职教师教学技能的系统方法。1963年，美国斯坦福大学的爱伦博士首先倡导微格教学。微格教学是以现代教育理论为基础，利用先进的媒体信息技术，依据反馈原理和教学评价理论，通过对教学行为进行记录和研究，分阶段培训教师教学技能的活动。爱伦博士认为，教育是一门技术，技术的掌握需要培训和实践。微格教室是一个缩小的、可控制的教学环境，它使准备成为或已经是教师的人有可能集中掌握某一特定的教学技能和教学内容，采用现代科学技术手段，把学习过程记录下来，进行评价、反馈、肯定正确、改正错误，经过多次反复操作，以达到提高教师教育教学能力的目的。

随着计算机网络技术的快速发展和摄像机远程控制技术的应用，以网络多媒体计算机为主要设备的数字化微格教学系统，正逐步替代传统的模拟微格教学系统。基于网络的数字化微格教学系统，实际上是一种依托校园网络环境，将计算机技术、网络技术、音视频数字压缩技术等整合到微格教学系统。

1. 微格教学系统的组成

微格教学系统是一个可控制的实践系统，一般由数字控制室、微格教室、观摩室三个部分组成。

（1）数字控制室。数字控制室的设备主要包括计算机、主控机、摄像头、监视器、监控台等。数字控制室可以实现数字摄像实时图形处理、数字非线性编辑直接压缩、实时（网络）播放；可连接千兆网络，软件集中控制、校园网络联网；采用数字摄像机可遥控、自动跟踪捕捉；采用数字化网络存储，便于网络点播；利用专业网络控制软件对系统进行总控、管理和分控，内置微格教学评估系统。

（2）微格教室。微格教室的设备主要包括分控机、摄像头及其他教学设备。在微格教室中可以呼叫数字控制室，并与数字控制室对讲。微格教室中可以控制本教室的摄像系统，录制本教室的声音和图像，以便对讲课情况进行分析和评估。分控机可以遥控选择数字控制室内的某一台录像机、VCD 机等影像输出设备，并能遥控自己选择的设备进行播放、停止、暂停、快进、快退操作。

（3）观摩室。观摩室是装有单向玻璃的微格教室或装有电视机的普通教室。把控制室中经视频切换器选择后的视频信号输送到电视机里，即可实时同步播放教学实况，供指导教师现场点评及学生观摩分析。

2. 微格教室的功能

（1）即时反馈功能。微格教室的主要优势在于它的即时反馈功能。录制受训人员在本教室内的活动并进行播放，能够使受训人员了解自己的表现，学会自我"诊断、治疗"，在自我反馈调节的过程中实现自我完善。

（2）即时指导功能。培训人员通过观看受训人员的表现，对其进行实时或事后的指导，使受训人员身上的不足得到弥补。

（3）双向交流功能。双向交流功能支持本教室成员之间的交流、各教室成员之间的交流和指导人员与受训人员之间的交流。成员之间的交流，能够使他们看到别人和自己的长处和不足。在与指导人员的交流中，也可以使指导人员更全面、更深刻地了解受训人员，为更深入、更正确的指导打下基础。

（4）远程评价功能。在通信技术的支持下，微格教室不仅实现了本地的及时交流、反馈和指导，还具有远程评价功能。传统的微格教室只能实现本地的交流，现在运用虚拟专用网络等计算机技术的微格教室可实现远程的视频、音频传输，且安全性和准确性都较高，评价人员可在异地实现评价。

5.2.3 虚拟教室

1. 虚拟教学环境

VR 全称为 virtual reality，中文翻译为"虚拟现实"。虚拟现实技术是一种可以创建和体验虚拟世界的计算机仿真系统，它利用计算机生成一种模拟环境，是一种多源信息融合的、交互式的三维动态视景和实体行为的系统仿真，广泛应用于教育、娱乐、医疗、交通等行业。

虚拟现实是仿真技术的一个重要方向，是仿真技术与计算机图形学、人机接口技术、多媒体技术、传感技术、网络技术等多种技术的集合，是一门富有挑战性的交叉技术前沿学科和研究领域。虚拟现实技术主要包括模拟环境、感知、自然技能和传感设备等。模拟环境是由计算机生成的、实时动态的三维立体图像。感知是指理想的 VR 应该具有一切人所具有的感知。除计算机图形技术所生成的视觉感知外，还有听觉、触觉、运动等感知，甚至包括嗅觉和味觉等，也称为多感知。自然技能是指人的头部转动、眼睛、手势或其他人体行为动作，由计算机来处理与参与者动作相适应的数据，并对用户的输入做出实时响应，分别反馈到用户的五官。传感设备是指三维交互设备。

2. VR 教学环境的特征

教学过程中，利用虚拟现实技术可以使学生产生身临其境的感觉，沉浸感和代入感极强。教师可以控制学生看到的内容，并实现同步和分布控制。VR 头盔里可以承载虚拟、实景等格式的全景画面。与现实教育环境或设施相比，VR 教学的虚拟教育环境有以下特征。

（1）仿真性。VR 教学可以使学生通过虚拟设施进行训练，与在现实教学环境里同样方便。这是因为虚拟环境无论对于现实的环境还是对于想象的环境，都是虚拟且逼真的。VR 教学理想的虚拟环境应该达到使受训者难以分辨真假的程度，甚至比真的还"真"。

（2）可操作性。VR 教学中学生可通过使用设备，用人类的自然技能实现对虚拟环境中物体或事件的操作，就像在现实环境里一样。可操作性是虚拟教育环境实际运用的必备特性，它使学生得以在学习中获得需要掌握的实际知识与技能，也使远程教育真正得以实现。

（3）开放性。VR 教学环境有可能给任何受训者在任何地点、任何时间里广泛地提供各种培训的场所。VR 教学环境具备进行类似传统教学项目的环境，但它更擅长生成那种使学员置身于项目对象之中的逼真环境。凡是受训者可以通过有关器具操作来学习或掌握某种知识与技能的虚拟环境，都可以归于虚拟教学环境。

（4）对应性。VR 教学内容与虚拟环境密切对应。例如，学生要学习物理实验操作，那么虚拟环境就是物理实验室的模拟环境。此外，虚拟现实技术能按照每名学生的基础和能力，对其开展个别化的教学。

（5）超时空性。VR 教学环境具有超时空的特点，它能够将过去世界、现在世界、未来世界、微观世界、宏观世界、客观世界、主观世界、幻想世界等拥有的物体和发生的事件单独呈现或进行有机组合，并可随时随地提供给学习者。例如，学生需要身临超越现实时空的环境，那么 VR 教学环境就可以提供历史环境或虚拟太空环境。

3. VR 教学的意义

（1）VR 技术使教学内容和教学活动更加"真实"。VR 教学适合对复杂、抽象的知识难点进行解答，如物理、化学、天体运动等。VR 技术可以通过在虚拟世界中建模的方式构造出抽象知识点的交互实例，从而让学生直观学习和了解这些抽象知识，还可以模拟出真实环境下难以实现的操作和直观的互动学习体验，让学生加深对知识的理解。

（2）VR 教学使学生获得沉浸式交互体验。对于传统课堂的教学大纲和知识点，如烦琐的化学、复杂的物理演示配比分析，如果仅是教师口头表达，学生难以理解。VR 教学可以提供极具现场感的虚拟现实"实操"机会，学生可以模拟触摸和操纵各种物品，还可以与数据集、复杂方程式、模拟化学配比进行互动。这种沉浸式交互体验提高了学生的学习效率。

（3）VR教学更生动、有趣。传统课堂教学往往枯燥乏味，这是很多学生不爱学习的重要原因。VR教学摆脱了单纯的文字和图片，学生在仿真环境中学习，能真正体验到学习的乐趣。

（4）VR实验室更安全、实用。VR技术让原本昂贵的实验材料得以循环利用，做到"随处可取"，有效降低了实验成本。在VR实验室，不用担心有毒物质危害师生健康，也无须害怕意外爆炸使师生受伤，实验教学更安全。

5.2.4 智慧教室

智慧教室又称未来课堂，是随着以物联网、云计算、大数据为代表的新一代信息技术在教育领域的应用，而出现的一种典型的智慧学习环境，是多媒体教室和网络教室的高端形态。

学界对智慧教室从不同的角度进行了界定和描述。本书引用杨宗凯教授的界定："未来的教室一定是云端教室，包括电子课本、电子课桌、电子书包、电子白板等方面，由模拟媒体到数字媒体，再到网络媒体，资源最终都在教育云上，内容达到极大丰富，从而满足个性化的学习。"

1. 智慧教室的系统组成

智慧教室主要包括以下九个系统。

（1）教学系统。教学系统由内置电子白板功能的触控投影一体机、音响、话筒、拾音器和配套控制软件构成。使用内置电子白板功能的触控投影一体机代替传统的黑板教学，实现无尘教学，保障师生健康。利用教学系统，可以在投影画面上操作计算机，实现师生交互式课堂教学。

（2）LED显示系统。LED显示系统由LED面板拼接而成，安装在教室黑板顶部，用于显示正在上课的课程名称、专业班级、上课教师、到勤率和教室内环境监控数据。

（3）人员考勤系统。人员考勤系统由考勤机、考勤卡和配套控制软件构成。在教室前后门各安装一台考勤机，采用校园一卡通对学生进行考勤统计，对进入教室的人员进行身份识别，对合法用户进行考勤统计，对非法用户予以告警。

（4）资产管理系统。资产管理系统由特高频读卡器、纸质标签、抗金属标签和配套控制软件构成。在教室前后门各安装一台特高频读卡器，对教室内的实验仪器、设备等资产进行监控与管理，对未授权用户把教室内资产带出教室给予警告，方便设备管理人员对教室设备进行统一管理。

（5）灯光控制系统。灯光控制系统由灯光控制器、光照传感器、人体传感器、窗帘控制系统和配套控制软件构成。人体传感器用于判断教室内对应位置是否有人，如果无人，则灯光控制系统及窗帘控制系统处于关闭状态；反之，处于工作状态。

（6）空调控制系统。空调控制系统由中央空调电源控制器、温湿度传感器和配套控制软件构成。温湿度传感器监测室内温度和湿度，根据软件预设值，当室内温度、湿度高于最高门限值时自动开启空调,当室内温度、湿度低于最低门限值时自动关闭空调,实现室内温度、湿度的自动控制。

（7）门窗监视系统。门窗监视系统由门窗磁模块及配套软件组成。门窗磁模块用于检测门和窗户的开关状态,并将状态信息及时上传至服务器;同时设置敏感时段,实施对窗户的自动监测和报警。

（8）通风换气系统。通风换气系统由抽风机、二氧化碳传感器和配套监控系统组成。二氧化碳传感器实时监测室内二氧化碳浓度,达到预设值时,自动开启抽风机进行换气,降低室内二氧化碳含量。

（9）视频监控系统。视频监控系统由无线摄像头和配套软件组成。视频监控可为安防系统、资产出入库、人员出入情况提供查询依据。在教室前后门口各安装一个无线摄像头,监控人员和资产的出入库情况,在教室内安装一个无线摄像头监控教室里的实时情况,所采集的影像经由远端射频单元传送至终端管理计算机,提供实时的监控数据。

2. 智慧教室的特征

智慧教室的主要特征体现在以下几个方面。

（1）教材多媒体化。智慧教室提供智能、丰富的学习教材,开发学生潜力,提高学习效果。

（2）资源共享化。智慧教室建立泛在的学习资源环境,有效拓展学习时空,并且与校内外资源系统无缝整合,实现数据互通、资源共享、个性化推送等,突破传统课堂边界。

（3）教学多样化。智慧教室提供便捷、自然、友好的人机交互及高效的信息获取,实现以学生为主体的多种教学模式,从而提高学习、讨论和协作的效率。

（4）学习个性化。智慧教室提供方便、快捷的学习自助服务和学习分析技术,实现线上和线下、正式学习和非正式学习的结合,为每个学生提供个性化学习。

（5）活动协作化。学生在智慧教室的课堂上不仅能听、能看,更能与老师和同学进行互动、交流,使学生有更强的参与感,使教学活动具有协作化的特点,充分调动整个课堂的学习气氛。

（6）网络泛在化。智慧教室的泛在网络将信息空间与物理空间无缝对接,实现任何时间、任何地点、任何人、任何物都能顺畅地通信。任何人都能通过合适的终端设备与网络进行连接,获得个性化的信息服务。

（7）管理智能化。智慧教室对物理环境和设备状态等信息进行实时采集、捕获、分析和处理,管理人员通过可视化界面查看运行状况和进行管理操作,从而全方位地实现教学过程的实时感知、动态控制和智慧管理。

3. 智慧教室教学应用

连接课堂和课后学习的智慧教室教学系统,如图5-1所示。在课堂上,教师主要使用教学终端机与学生手持设备一对一建立互动关系,同时可调用教学云平台的资源,以实现课堂控制、资源管理、应答反馈、电子白板互动演示等功能,学生可通过手持设备完成信息获取、交互、反馈、分享等学习任务。课后,教师可用教师端电脑通过教学云平台实现资源共享、任务布置与回收、在线帮助、教学准备等,学生则可通过手持设备浏览教学资源（微课、视频、图片、文本资源等）、上传、获取学习帮助等。

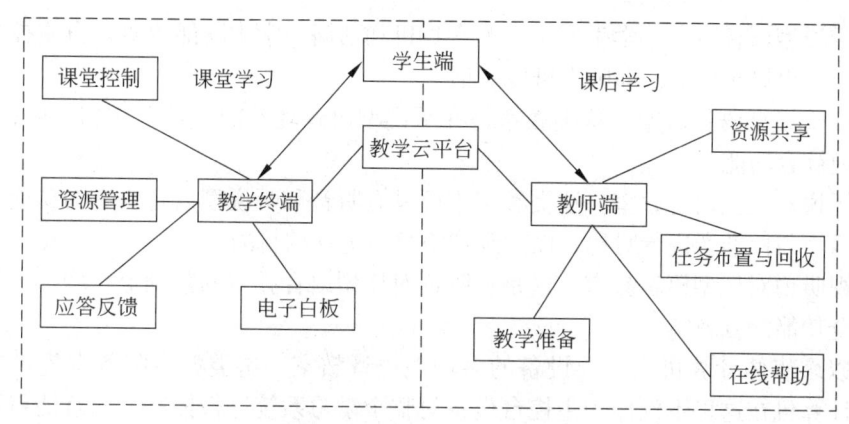

图 5-1 连接课堂和课后学习的智慧教室教学系统

5.2.5 数字语音教室

1. 数字语音教室的组成

数字语音教室又称数字化语音实验室,它是在现代教学理论的指导下,在模拟语音实验室的基础上,利用先进的数字化技术建构起来的语音教学环境。数字语音教室在利用多媒体网络计算机系统实现语音教室功能的同时,实现了音频、视频同步播放和传输,教学效果更好。

数字语音教室采用专业的数字化音频压缩、解压缩技术,语音表现逼真、清晰、流畅,易于操作,功能强大,维护方便,系统还原快,方便管理和系统升级,有利于锻炼学生的听、说、读、写、译等专业技能,具有丰富的自学、自测功能。

数字语音教室在听力教学中一定程度上实现了师生、生生互动,它的应用有利于扫除学生的心理障碍、加快教学节奏、增加标准语言输入、激发学生进行语音学习的兴趣,也有利于学生进行个性化的自主学习、教师改进教学方法。

数字语音教室有三个主要指标,分别是语音质量、视频质量和音响效果。其中,语音质量是指专业化的数字语音教室必须保证无延迟、无断裂、高保真度的语音质量。在数字语音教室中视频必不可少,视频质量主要取决于文件的压缩比。音响效果主要是指声画同步,以及整个数字语音教室的音频、视频传输效果。

2. 数字语音教室的类型

数字语音教室是由多种现代化设备组成,主要用于语言教学的教育技术应用系统。1993年国家技术监督局发布了《语言学习系统通用技术条件》。该标准根据功能和设备配置,将数字语音教室分为六种基本类型,后来又发展出新型的以多媒体计算机为主要设备的多功能语音教室。

(1)听音型语音教室。学生的座位上只有一副有线或无线耳机,学生只能听主控台传送的录音教材或教师的讲解。

(2)视听型语音教室。除了耳机,学生的座位上或教室里还有电视机,学生既能听,也能看,可以视听并举地获得教学信息。

（3）听说型语音教室。学生座位上配有耳机和话筒，学生既能收听来自主控台的教学信息，也能做出口头反应，即师生可以对话。

（4）视听说型语音教室。这类教室是在听说型语音教室的基础上增加一些视觉设备，具有视听说综合功能。

（5）听说对比型语音教室。这类教室不但具有听音和听说型语音教室的功能，而且能将学生的语声与标准音进行对比，以达到加快学习进度的目的。

（6）视听说对比型语音教室。这是在听说对比型语音教室的基础上，增加了视觉设备而形成的全功能语音教室。

（7）以多媒体计算机为主要设备的多功能语音教室。这类教室配备有先进的语言学习系统，计算机在这里不仅作为主控台设备对整个学习系统进行控制，而且能将许多教学内容编成课件供教师和学生使用。除此之外，多功能语音教室还具有课堂信息分析处理功能。

5.3 数字化学习资源中心

5.3.1 数字图书馆

数字图书馆是用数字技术处理并存储各种图文并茂的文献的虚拟的、没有"围墙"的图书馆。数字图书馆实质上是基于网络环境下共建共享的可扩展知识网络系统，超大规模的、分布式便于使用的、没有时空限制、可以实现跨库无缝链接与智能检索的学习资源中心。

1. 数字图书馆的特点

数字图书馆不占用空间，可以实现文字、图像、声音等信息资源的全球共享。与传统图书馆相比，数字图书馆具有以下特点。

（1）存储数字化。信息资源数字化是数字图书馆的基础。数字图书馆的本质特征就是利用现代信息技术和网络通信技术，将各类传统介质的文献进行压缩处理并转化为数字信息，将分散于不同地理位置的各种载体上的信息资源，按二进制编码进行数字化存储和传输，离开了信息资源的数字图书馆就成了无本之木。

（2）传递网络化。信息资源传递网络化是数字图书馆的重要标志。数字图书馆的各项服务都以网络为媒介或载体。目前，数字图书馆通过由宽带网组成的万维网和因特网，以高速度、大容量、高保真的计算机和网络系统，将世界各国的图书馆及其计算机连为一体。数字图书馆不仅利用图书馆内部馆藏资源来实现世界范围内的信息交流，还通过信息资源传递网络化带来了信息传递的标准化和规范化。

（3）服务知识化。数字图书馆向用户提供的不只是一般的信息，还提供经过整理和智能重组加工后的信息。数字图书馆将实现由提供文献向提供知识的转变，并且以更方便的手段和更快的传递速度，向用户提供经过加工的更准确、更全面和更有用的知识化的信息。

（4）利用共享化。数字图书馆的信息资源利用，不仅体现在不同地域的读者对信息资源的共享，也体现在不同地域的图书馆对数字化、网络化资源的共享。由于信息资源传递的网络化，众多图书馆能够借助网络获取各类数字信息，以满足读者对知识的需求；读者可以通过计算机网络系统，在办公室或家里对远程数据库进行浏览、检索和查阅。

（5）服务全球化。数字图书馆没有地域、时空的局限，是一个全国乃至全球的信息资源网络传递系统。数字图书馆有统一的文献组织标准、统一的用户界面和参考咨询系统，各成员单位的服务对象范围扩大到网上所有用户，各单位的用户也可以通过网络检索现实馆藏和丰富的虚拟馆藏数据，真正实现了资源共享。

2. 我国主要的数字图书馆

（1）中国国家数字图书馆。中国国家数字图书馆由国家图书馆开发，是我国规模最大的数字图书馆，专注于数字资源核心技术的研发与应用推广、数字版权管理、数字化加工、专业信息提供、电子政务及电子商务服务数字内容整体解决方案与数字图书馆整体解决方案的提供，以及数字图书馆综合服务平台建设。中国国家图书馆读者服务应用以服务和资源为主线，以方便读者为目的，为读者提供了一种"使用国图服务、欣赏国图资源"的便捷方式，应用包括以下功能：书目检索、微阅书刊、经典视听、读者卡服务等。

中国国家数字图书馆的使用，可通过在浏览器中输入中国国家数字图书馆的网址，进入中国国家数字图书馆首页。中国国家数字图书馆网站首页如图 5-2 所示。在中国国家数字图书馆网站首页"文津搜索"文本框中输入要查询的关键字，然后选择分类，如馆藏目录、特色资源、电子期刊、电子图书、电子资源站内检索等，进入相应的搜索页面。在检索结果中可以单击某一项浏览详细信息，还可以进行二次检索、保存到收藏夹、过滤等操作，为读者提供便捷的服务。该网站内容覆盖经济、文学、计算机技术、历史、医药卫生、工业、农业、军事及法律等 22 个门类。

图 5-2　中国国家数字图书馆网站首页

（2）超星数字图书馆。超星数字图书馆成立于 1993 年，是国内专业的数字图书馆解决方案提供商和数字图书资源供应商。超星数字图书馆是国家"863"计划中国数字图书馆示范工程项目，2000年1月，在互联网上正式开通。超星数字图书馆由北京世纪超星信息技术发展有限责任公司投资兴建，目前拥有数字图书80多万种。覆盖范围为哲学、宗教、社科总论、经典理论、民族学、经济学、自然科学总论、计算机等各个学科门类。本馆已订购67万余册图书。超星数字图书馆的资源包括文学、经济、计算机等50余大类、数百万册电子图书，以及大量论文、学术视频等，而且每天都在增加和更新，是目前世界上最大的中文在线数字图书馆。超星数字图书馆网站界面如图5-3所示。

图 5-3　超星数字图书馆网站界面

（3）全国图书馆参考咨询联盟。全国图书馆参考咨询联盟是在全国文化信息资源共享工程国家中心指导下，由中国公共、教育、科技系统图书馆合作建立的公益性服务机构，其宗旨是以数字图书馆馆藏资源为基础，以因特网的丰富信息资源和各种信息搜寻技术为依托，为社会提供免费的网上参考咨询和文献远程传递服务，如图5-4所示。

图 5-4　全国图书馆参考咨询联盟首页

全国图书馆参考咨询联盟拥有中国大规模的中文数字化资源库群：电子图书120万种，期刊论文4000多万篇，博、硕士论文300万篇，会议论文30万篇，外文期刊论文500万篇，国家标准和行业标准7万件，专利说明书86万件，以及全国公共图书馆建立的规模庞大的地方文献数据库和特色资源库，提供网络表单咨询、文献咨询、电话咨询和实时在线咨询等多种方式的服务。

（4）省级数字图书馆。国家启动数字图书馆推广工程以来，已搭建起全国所有省级数字图书馆和部分市级数字图书馆的硬件平台，构建了以国家数字图书馆为中心，以各级数字图书馆为节点，覆盖全国的数字图书馆虚拟网络，在全国范围内形成有效的数字资源保障体系，以网络为通道，借助各式新型媒体，向公众提供数字图书馆服务。

（5）高校数字图书馆。高校是数字图书馆建设的庞大力量。经过多年的建设，高校数字图书馆已经具有较大规模，并形成了一定的特色。

5.3.2 中国知网

中国知网（CNKI）始建于 1999 年 6 月，是中国核工业集团资本控股有限公司控股的同方股份有限公司旗下的学术平台。知网是国家知识基础设施（national knowledge infrastructure，NKI）的概念，由世界银行于 1998 年提出。CNKI 工程是以实现全社会知识资源传播共享与增值利用为目标的信息化建设项目，始建于 1999 年 6 月，目前已建成世界上全文信息量规模最大的 CNKI 数字图书馆，并建设有中国知识资源总库及 CNKI 网络资源共享平台，通过产业化运作，为全社会知识资源高效共享提供丰富的知识信息资源和有效的知识传播与数字化学习平台。

对学术而言，中国知网最有价值的是中国期刊全文数据库，如图 5-5 所示。该数据库以学术技术政策指导及教育类期刊为主，内容覆盖自然科学、工程技术、农业、哲学、人文社会科学等各个领域。

图 5-5 中国知网首页

中国期刊全文数据库的使用可以由各个学校的图书馆主页上的"中国期刊网"或"电子资源中国知网电子期刊"链接进入，也可以直接输入 https://www.cnki.net/ 进入。进入检索页面后，输入检索控制条件（如发表时间、文献出版来源、国家及各级科研项目作者、作者单位）、目标文献内容特征（按主题、篇名、关键字、全文等）及关键词出现的频率，即可检索相应文献。

5.3.3 精品开放课程

国家精品开放课程包括精品资源共享课与精品视频公开课,是以共享优质课程资源为目的,体现现代教育思想和教育教学规律,展示教师先进教学理念和方法,服务学习者自主学习,通过网络传播的开放课程。

1. 国家精品资源共享课

国家精品资源共享课是以高校教师和学生为服务主体,同时面向社会学习者的基础课和专业课等网络共享课程。国家精品共享课对课程内容的要求是:能够涵盖课程相应领域的基本知识、基本概念、基本原理、基本方法、基本技能、典型案例、综合应用、热点问题等内容;具有基础性、科学性、系统性、先进性、适应性和针对性等特征;严格遵守国家安全、保密和法律规定,适合网上公开使用。

国家精品资源共享课中的资源分为基本资源和扩展资源。基本资源是指能反映课程教学思想、教学内容、教学方法、教学过程的核心资源,包括课程介绍、教学大纲、教学日历、教案或演示文稿、重点难点指导、作业、参考资料目录和课程全程教学录像等教学活动所必需的资源。扩展资源是指反映课程特点,应用于各教学环节且支持课程教学和学习过程的,较为成熟的、多样性、交互性辅助资源,如案例库、专题讲座库、素材资源库、学科知识检索系统、演示/虚拟/仿真实验系统、试题库系统、作业系统等。爱课程网"资源共享课"栏目构成如图 5-6 所示。

图 5-6 爱课程网首页

2. 国家精品视频公开课

国家精品视频公开课是以高校学生为服务主体,同时面向社会公众免费开放的科学、文化素质教育网络视频课程与学术讲座。师范类学生借助精品开放课程进行学习时,不仅可以从中学习知识、学习教学方法、教学艺术、教学设计,还可以从中学习资源的建设技术、方法和技巧。爱课程网"视频公开课"栏目构成如图 5-7 所示。

图 5-7　爱课程网"视频公开课"

3. 网易公开课

网易正式推出"全球名校视频公开课项目",首批 1200 集课程上线,其中有 200 多集配有中文字幕。用户可以在线免费观看来自哈佛大学等世界级名校的公开课和可汗学院、TED 等教育性组织的精彩视频,内容涵盖人文、社会、艺术、科学、金融等领域。推出网易公开的目的是秉承互联网精神(开放、平等、协作、分享),让知识无国界。网易公开课首页如图 5-8 所示。

图 5-8　网易公开课首页

网易公开课网站设有 TED(technology、entertainment、design)、国际名校公开课、中国大学视频公开课、可汗学院、精品课程、赏课、直播等栏目。国际名校公开课视频配有中文字幕,已上线的公开课视频内容涵盖文学、数学、哲学、语言、社会、历史、商业、传媒、医学/健康、美术建筑、工程技术、法律/政治、心理学等学科。

4. 学科网及学科门户

这里所说的学科网是构成某一学科内容的以学科名称冠名的网站,如中小学资源网、中国社会科学网等。

5.3.4 电子书包

电子书包是传统书包的替代品，也就是说把学生所有的课本、笔记本、作业、资料等存储在电子书包中，让学生不再背着沉重的书包上学。国内外学者对电子书包的教育功能和使用进行了大量的研究。在国内，一些学校已经开始使用电子书包，但大多处于试验阶段。

1. 电子书包的概念

在国内，电子书包是一个比较模糊的概念。中国香港教育统筹局将电子书包定义为一个存储学习资源的电子工具。中国台湾学者陈德怀教授认为，电子书包是一种个人可以随身携带，具有计算机运算、存储和传送数据资料、无线通信等功能，并支持使用者在不同场合进行各种有效学习的工具。张迪梅认为，电子书包是集学、练、评、拓于一体的，活动的、立体化、网络化、便携式的"电子课堂"；电子书包是学生、教师的互动平台，也是学生、教师、家庭，以及教学、科研、教育主管部门等的交流平台。电子书包是一种具有阅读电子课本、管理学习资源、记录个人学习档案功能，具备支持各种有效学习方式的个人学具和交互式学具，具有信息处理能力和无线通信功能的个人便携式信息终端。

2. 电子书包的系统构成

电子书包系统主要由学习终端、学习资源和服务平台构成。

（1）学习终端。目前电子书包学习终端以平板电脑为主，其自带无线上网功能，支持3G/4G/5G网络，系统软件支持Windows、Android、iOS等系统，应用软件满足学习者个性化学习需求。

（2）学习资源。学习资源包括课程库、学习工具库、试题库、教育游戏库等教育教学资源，这些资源以稳态、固态、动态三种形态呈现。其中，稳态资源由教育主管部门和学校提供，如电子教材；固态资源内置于电子书包，如计算器、字典、教学用具等；动态资源指通过服务平台获得的学习资源，如视频课程、课外阅读资料、家庭教育资源、社会教育资源等。

（3）服务平台。服务平台是支持学校教育、家庭教育、社会教育及协同教育的信息化教育平台，可以为学生、教师、家长、社会教育工作者等提供教育教学资源、学习管理与评价、协同互动等服务。

3. 电子书包的功能与特点

1）电子书包的功能

电子书包除具有移动媒体的基本功能之外，其教育教学功能主要包括课堂同步教学与笔记功能、教学管理与评价功能、学习记录与跟踪功能、"家—校—社"协同互动功能等。

2）电子书包的特点

（1）便携性、移动性。便携性是指学习终端外观尺寸与课本相当，轻薄、便于携带，支持手写、滑屏等；移动性是指学习终端具有无线网络接入功能，可以随时随地的学习。

（2）多媒体化、微型化、多元化。多媒体化指电子书包中的资源是一种与多媒体内容整合的数字化资源，具有视频、音频等多媒体形式，可以为学生创设生动、形象的学习情境；微型化指资源设计逐步向片段化、微型化发展；多元化是指电子书包不但拥有学校教育资源，还拥有家庭教育资源和社会教育资源。

（3）多样化、个性化。电子书包的应用涉及学校、家庭和社会，使用者包括学生、教师、家长和社会教育工作者。因此，服务平台能为使用者提供多样化服务，满足使用者的个性化需求。

4. 电子书包的应用

1）在学校教育中的应用

（1）课堂教学应用。教师利用电子书包进行课堂同步教学，同时注意学生学习动向，调整教学的进度、方式和内容；利用电子书包的教学评价功能，教师在线上发布测试题并批改，实现课堂即时评价。学生可以在教师引导下，根据学习主题，利用电子书包丰富的数字化学习资源与学习工具，进行小组协作学习和探究学习。

（2）校园活动应用。利用电子书包的便携性，学生在校园中开展以行动为导向的体验学习和探究学习。校园活动一般以小组形式进行，活动小组携带电子书包走出教室，利用电子书包采集数据，通过无线网络与教师、同学进行交流，最后进行成果展示与评价。

（3）教学管理与评价。电子书包可提供教学内容的分类存储服务，根据教师提供的知识库，对学生提交的作业和试卷自动完成批阅，实现对学生学习情况的统计，如学习进度、错题统计、习题进度控制等，以便教师及时了解学生知识的掌握情况和学习进度，并对学生进行有针对性的辅导。

2）在家庭教育中的应用

电子书包在家庭教育中的应用主要包括学生在家学习和家长辅导两方面。学生通过电子书包完成教师布置的家庭作业，并通过平台和教师进行交流，解决学习中遇到的困难。学生也可以根据自身学习需要，利用电子书包中内置的资源或服务平台上的微型化视频课程进行课前预习，并记录学习中的疑问或将疑问发送至服务平台，供教师备课时参考。家长利用电子书包中的资源学习家庭教育方法，对子女学习进行辅导，也可以通过平台与教师进行交流。

3）在社会教育中的应用

目前，电子书包在社会教育中的应用主要是社会培训机构利用电子书包对中小学生进行课后辅导。

4）"家—校—社"协同教育中的应用

协同教育是在现代教育理念及系统科学理论指导下，学校、家庭和社会教育系统中的各要素相互联系与作用，共同对学生实施教育，促进学生全面发展的一种教育方式。

（1）"家—校"协同教育中的应用。"家—校"协同教育包括学校协同家庭教育和家庭协同学校教育。电子书包在"家—校"协同教育中的应用主要体现在两个方面：一是在学校协同家庭教育中，教师利用电子书包将学校的教学情况、教学任务和学生在校表现及家庭教育方法等信息提供给家长，教师的课堂教学延伸到家庭，实现了学校教育与家庭教育的同步；二是在家庭协同学校教育中，家长利用电子书包查看学生学习情况，利用服务平台与教师或学校管理人员进行沟通交流。通过这种方式，家长参与到学校教育中，与教师一起指导学生开展学习。

（2）"校—社"协同教育中的应用。"校—社"协同教育包括学校协同社会教育和社会协同学校教育。学校利用服务平台中的社会教育资源对学生进行安全教育、道德教育等。教师利用丰富的社会教育资源，指导学生开展基于社会真实情境的体验学习和研究性学习，提高学生解决问题的能力和创新能力。

（3）"社—家"协同教育中的应用。"社—家"协同教育包括社会协同家庭教育和家庭协同社会教育。在这里主要指家长利用社会教育资源对子女进行家庭教育。

拓展实训

【实训目标】

通过实训，学生初步了解信息化教学环境的基本知识，掌握信息化教学环境的分类与构成。

【实训内容】

了解并掌握信息化教学环境建设的相关知识，比如信息化教学环境分类、信息化教学环境的构成等。

【实训步骤】

（1）以 2~3 人为单位组成一个团队，设负责人一名，负责整个团队的分工协作。

（2）团队成员通过分工协作，多渠道收集相关资料。

（3）参观多媒体教室、微格教室、多媒体网络教室，了解设备的构成及相应的教学功能。

（4）阅读数字视频展示台、多媒体讲台、交互式电子白板等设备的使用说明，同时实际操作并掌握多媒体设备的连接与应用。

（5）教师对各团队的成果进行总结评价，指出不足与改进措施。

【实训要求】

（1）考虑到课堂时间有限，实训可采取"课外＋课内"的方式进行，即团队组成、分工、讨论和方案形成在课外完成，成果展示安排在课内。

（2）每个团队方案展示时间为 10 分钟左右，教师和学生提问时间为 5 分钟左右。

复习思考题

1. 信息化教学环境的构成有哪些？
2. 多媒体教室主要由哪些部分组成？
3. 微格教学系统由哪些部分组成？
4. 电子书包有哪些功能？

第6章

现代信息化教学资源建设

随着我国《教育管理信息化标准》的实施和现代教育技术的发展，教学资源无论数量、种类还是存储、传递和提取的方式都发生了巨大变化，尤其是学习资源的可获得性和交互性的快速发展，对教育模式、教学手段产生了很大的影响。因此，在信息化教育中进行科学而富有创造性的教学资源建设，已成为学校教育信息化发展的重要内容。

学习目标

知识目标	了解信息化教学资源的概念和特点； 掌握信息化教学资源的类型和开发原则； 了解信息化教学资源的查询和获取方法； 掌握文本资源的获取和处理方法； 掌握图像、视频、音频和动画的格式和处理方法
能力目标	掌握信息化教学资源的获取方式； 掌握多媒体教学资源的处理方法
素质目标	培养学生开拓创新、团结协作的精神，使学生树立正确的世界观、人生观、价值观

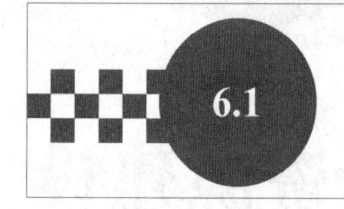

6.1 信息化教学资源概述

6.1.1 信息化教学资源的概念

信息化教学资源的概念，一方面随着信息化教育、信息化教学等概念的出现而出现，另一方面也随着数字技术对传统教科书、报刊、幻灯、广播、录像、电视、电影、激光视盘等资源的整合而产生。信息化教学资源的范围是非常广泛的，网络教学资源、网络学习资源、多媒体教学资源、信息化课程资源、现代远程教育资源等都可以称为信息化教学资源。

1. 教学资源的概念

资源是一切可被人类开发和利用的物质、能量和信息的总称。教学资源是一切可被师生开发和利用的，在教与学过程中使用的物质、能量和信息的总称。

2. 信息化教学资源的概念

信息化教学资源是以信息技术为基础和核心，蕴含了大量教育信息，能为信息化教学提供支持和帮助的所有有价值的、有作用的物质、能量和信息的总称。信息化教学资源依据不同的标准可分为不同的类型。

依据表现形态，信息化教学资源可分为硬件资源和软件资源。硬件资源包含计算机、设备、场所等；软件资源包含多媒体化的教学材料与支持教学活动的工具性软件。

依据本质属性，信息化教学资源可分为人力资源和非人力资源。人力资源是指促进学习者学习的个体和群体；非人力资源是指教学信息、教学媒体、教学场所等。

6.1.2 信息化教学资源的分类

根据《教育资源建设技术规范（征求意见稿）》，目前我国主要建设的信息化教学资源有以下几种。

1. 教学素材

教学素材是指教学过程中传播教学信息的基本组成元素，包括文本类素材、图形/图像类素材、音频类素材、视频类素材和动画类素材。

2. 教学课件

教学课件是指根据教学需要，在一定教学理论和学习理论指导下，经过教学设计，以多种媒体表现、具有良好结构、能够满足某一单元或知识点教学需要的一种软件。

3. 教学案例

教学案例是指由各种媒体元素组合表现的有现实指导意义和教学意义的代表性事件或现象。完整的教学案例通常包括教学设计方案、教学课件、课堂视频实录和教学反思四部分。

4. 教育游戏

教育游戏是根据教学的需要，在一定的学习理论和游戏理论指导下开发，兼顾教育特性和游戏特性，同时承载着一定的教育和娱乐目的，能够实现寓教于乐的计算机软件。

5. 网络课程

网络课程是通过网络表现某个学科的教学内容及实施的教学活动的总和。网络课程包括按照一定的教学目标、策略组织起来的教学内容和网络教学支撑环境。

6. 文献资料

文献资料是指有关教育方面的政策、法规、条例、规章制度，对重大事件的记录、重要文章、数字教材、数字图书等。

7. 认知工具

认知工具是帮助学习者完成信息收集、整理、处理，且能有效促进学习者思考和认知的操作工具。

8. 试题库

试题库是按照一定的教育测量理论，在计算机系统中实现的某个学科题目的集合，是在数学模型基础上建立起来的教育测量工具。

9. 仿真系统

仿真系统是运用虚拟仿真技术开发的用于特定技能训练的软件。

10. 学习网站

学习网站是围绕学科教学，通过 Web 技术整合多样化的数字学习资源，并提供网络教学功能与支持服务的网站。

6.1.3 信息化教学资源的特点与开发原则

1. 信息化教学资源的特点

（1）组织的非线性化。传统教学信息的组织结构是线性的、有顺序的；而人的思维、记忆是网状结构的，可以通过联想选择不同的路径来加工信息。多媒体技术具备综合处理各种多媒体信息的能力和交互特性，为教学信息组织的非线性化创设了条件。

（2）处理和存储的数字化。利用多媒体计算机的数字转换和压缩技术，能够迅速处理和存储图、文、声、像等各种教学信息，既方便学习，增加信息容量，又能提高信息处理和存储的可靠性。

（3）传输的网络化。网络技术的普及与发展，特别是各级教育网络的建立，使教学信息传递的形式、速度、距离、范围等发生了巨大变化，从而为网络教育、远程教育、虚拟实验室等新教育形式的产生和发展奠定了基础。

（4）教育过程的智能化。多媒体计算机教育系统具有智能模拟教学过程的功能，学生可以通过人机对话，自主进行学习、复习、模拟实验、自我测试等，并能够通过系统实时反馈实现交互，从而为探究型学习创设条件。

（5）资源的系列化。随着教学信息化程度的提高和现代教育环境系统工程的建立，现代教材体系逐步成套化、系列化、多媒体化，这使得人们能根据不同的条件、不同的目的、不同的阶段，自主有效地选用相应的学习资源，为教育社会化、终身化提供了保障。

2. 信息化教学资源开发的原则

（1）教育性原则。信息化教学资源的开发要符合教育教学规律，符合学生的认知水平，体现学生的认知特点，满足教学的需要，符合教学大纲的基本要求。因此，信息化教学资源在内容呈现上要脉络清晰、简明扼要，用合适的媒体元素恰当地表现教学的内容。

（2）科学性原则。信息化教学资源既要生动、活泼、有趣，又不能违背科学的基本原则，更不能充满低级趣味。所以，对信息化教学资源的操作必须规范、准确；选用的材料、例证和逻辑推理必须是科学的、符合客观规律的；所表现的图像、声音、色彩要符合科学的要求，不能为片面追求色彩的艳丽、声音的悦耳、画面的生动而破坏内容的真实性。

（3）技术性原则。信息化教学资源的开发要符合技术质量标准，即图像清晰、声音清楚、色彩逼真、声画同步，方便、灵活、稳定，操作方便、快捷，交互性强、导航方便合理，容错性低。开发者要熟练掌握有关技术，力求精益求精。

（4）艺术性原则。信息化教学资源的内容力求反映自然和社会生活中真、善、美的事物；画面构图要清晰匀称、变换连贯、流程合理；音乐与声音要避免噪声，音乐要与景物、动作相配合，声音要顿挫有致，使听者愉悦；光线与色彩要明暗适度、调配恰当，使学习者感到舒适。

（5）开放性原则。信息化教学资源的开放性主要体现在开发人员的开放性、资源内容的开放性和结构体系的开放性等方面。开发人员的开放性是指教学资源的开发人员既可以是教师、教育专家、学科专家，也可以是学习者及各类人员；资源内容的开放性是指既着眼于学校教育、正式教育，又要兼顾非学校教育、非正式教育，要适应广泛学习的需要；

结构体系的开放性是指建设的教学资源应该力求立体化、系统化，并能及时更新、补充，具有多样的交互性，实现开放式共享利用。

（6）创新性原则。信息化教学资源的开发一定要与时俱进，用紧贴时代的眼光开发建设教学资源。信息化教学资源创新主要包括理念创新、理论创新、内容创新、技术创新、模式创新、形式创新等。

（7）经济性原则。信息化教学资源建设力求以较少的财力、物力和人力，开发出高质量、高水平的资源，切忌重复建设低水平资源，要注意对现有资源的改造和利用，更不能为了建而建。因此，信息化教学资源的开发要有周密的计划，避免浪费。

6.2 网络资源的获取与利用

在当今的信息社会中，互联网是人们交流信息和获取知识的最直接、最有力的工具。同时，随着我国教育信息化步伐的加快，网络教育信息资源的开发与利用正日益引起人们的重视。在面对浩如烟海的网络信息时，广大的教育工作者应能够高效、便捷地获取网络教育信息资源并将其转化为自身的专业知识，便于教学运用。

6.2.1 网络信息浏览与资源获取

1. 网络信息资源的特点与种类

网络信息资源是指通过计算机网络可以利用的各种信息资源的总和，包括所有以电子数据形式把文字、图像、声音、动画等信息，存储在光、磁等非纸介质的载体中，并通过网络通信、计算机或终端等方式再现出来的资源。

网络信息资源具有与传统信息资源不同的鲜明特点：数量庞大、增长迅速，内容丰富、覆盖面广，传输速度快，共享程度高，使用成本低，变化频繁，质量良莠不齐，等等。正是这些特点使网络信息资源在信息时代占有重要地位，网络信息资源的充分利用促进了信息时代的发展，同时也产生了一系列问题，比如，虚假信息的发布导致网络信息资源失真，黑客的攻击导致一些机密信息泄露，等等。因此，如何更好地解决网络信息资源使用的安全问题显得日益重要。

网络信息资源的种类很多，根据不同的分类标准，可以将网络信息资源分为不同的类型。

（1）从内容范围上可分为学术信息、教育信息、政府信息、文化信息、公众信息、有害和违法信息等。

（2）从信息源提供信息的加工深度上可分为一次信息源、二次信息源、三次信息源等。

（3）从信息源的信息内容上可分为：联机数据库（即各类数据库是联机存储电子信息源的主体）联机馆藏目录、电子图书、电子期刊、电子报纸、软件与娱乐游戏类、教育培训类、动态性信息等。

（4）从对网络信息资源的可使用程度以及网络信息资源的安全级别上可分为：完全公开的信息资源，每个用户均可使用，如各类网站发布的新闻和可以通过免费注册而获得的信息等；半公开的信息资源，可以有条件地获得，如通过注册以后缴纳一定的费用才可以获得的、较有价值的、符合自己需要的信息资源等；不对外公开的信息资源，只提供给有限的具有一定使用权限的高级用户使用，如各军事机构和跨国公司等内部的通过网络交流的机密情报和信息等。

2. 网络教学资源的特点

网络教学离不开丰富的网络教学资源。一般来说，网络教学资源具有以下几个方面的特点。

（1）多样性。网络教学资源种类繁多，形式多样。网络教学资源以超媒体形式组织，其超媒体界面可以通过网络超链接直接得到与主题相关的任何信息资源。

（2）共享性。网络教学资源具有高度的共享性，学习者可以不受时间、地域的限制，只要有网络，学习者就可以获取所需要的课程内容和学习资源。

（3）交互性。网络教学资源改变了传统教学资源单向传输的方式，具有同步与异步、实时与非实时等双向传输功能。学生既可以实现人机交互，也可以与教师或其他学生交互。

（4）实效性。教师可以利用网络教学资源更新频率高、传播速度快的优势，将最新的信息融入课程内容中，增强知识的实效性，有助于加深学生对知识的理解。

（5）创造性。网络资源的创造性在于它的可操作性和可再生性。在教学过程中，教师可以运用多种先进的信息处理方式对网络教学资源进行重组、修改，学习者也可以采用多种信息加工方式对网络教学资源进行整合、再创造，实现对知识的主动建构。

3. 网络信息资源的检索

网络信息资源的检索是指通过检索系统，采用一定的技术手段，根据一定的准则，在数据库或其他形式的网络信息资源中自动找出用户所需的相关信息。它是一个信息存取的过程，是在人、计算机和网络共同作用下自动完成的。计算机信息检索与传统的文献检索相比，提高了检索效率和准确性，节约了人力和时间。网络信息资源的检索可按以下步骤进行。

1）分析信息资源，明确检索要求

明确信息资源的主题内容、研究要点、学科范围、语种范围、时间范围、文献类型等。

2）选择信息检索系统，确定检索途径

（1）选择信息检索系统的方法。①在信息检索系统齐全的情况下，首先使用信息检索工具指南来指导选择；②在没有信息检索工具指南的情况下，可以采用浏览图书馆、信息检索工具的方式进行选择；③从熟悉的信息检索工具中选择；④主动向工作人员请教；⑤通过网络在线帮助来选择。

（2）选择信息检索系统的原则。①收录的文献信息需包含检索课题的主题内容；②就近原则，方便查阅；③检索系统尽可能质量高、收录文献信息量大、报道及时、索引齐全；④记录来源、文献类型、文种尽量满足检索课题的要求；⑤数据库尽量要有对应的印刷型版本；⑥根据经济条件选择信息检索系统；⑦根据对检索信息的熟悉程度选择；⑧选择信息相关度高的网络搜索引擎。

3）选择检索词

①选择规范化的检索词；②使用各学科在国际上通用的、国外文献中出现过的术语作为检索词；③将课题涉及的隐性主题概念作为检索词；④选择课题核心概念作为检索词；⑤注意检索词的缩写词、词形变化以及英美的不同拼法。

4）制定检索策略，查阅检索工具

制定检索策略的前提条件是了解信息检索系统的基本性能，基本的是要明确检索课题的内容要求和检索目的，关键是要正确选择检索词和合理使用逻辑组配。

产生误检的原因可能有：一词多义的检索词的使用；检索词与英美人的姓名、地址名称、期刊名称相同；不严格的位置算符的运用；检索式中没有使用逻辑"非"运算；截词运算不恰当；逻辑运算符号前后未空格；括号使用错误；从错误的组号中打印检索结果；检索式中检索概念太少。

产生漏检的原因或检索结果为零的原因可能有：没有使用足够的同义词、近义词或隐含概念；位置算符用得过严、过多；检索工具选择不恰当；截词运算不恰当；单词拼写错误、文档号错误、组号错误、括号不匹配。

提高查准率的方法有：使用下位概念检索；将检索词的检索范围限在篇名、叙词和文摘字段；使用逻辑"与"或逻辑"非"；运用限制选择功能；进行进阶检索或高级检索。

提高查全率的方法有：选择全字段检索；减少对文献外表特征的限定；使用逻辑"或"；利用截词检索；使用检索词的上位概念进行检索；进入更合适的数据库进行查找。

5）处理检索结果

将所获得的检索结果加以整理，筛选出符合课题要求的相关文献信息，选择检索结果的著录格式，辨认文献类型、文种、著者、篇名、内容、出处等内容，输出检索结果。

6）原始文献的获取

①利用二次文献检索工具获取原始文献；②利用馆藏目录和联合目录获取原始文献；③利用文献出版发行机构获取原始文献；④利用文献著者获取原始文献；⑤利用网络获取原始文献。

4. 网络教学资源的下载

1）网页的下载

（1）下载网页的常用方法。将有用的网页下载到本机的方法比较简单，只需要在浏览器的"文件"菜单中选择"另存为"命令，弹出"保存网页"对话框，指定文件保存的路径和文件名称，然后单击"保存"按钮即可。

（2）被禁止下载的网页下载方法。有一些网站为了防止别人复制网页上的内容，保存网页时提示无法保存，网页右键被锁定、不能选择或复制，这时可以采用以下方法。

①使用源文件功能下载。此功能只能保存被禁止保存网页的文字，依次单击"查看"→"源文件"，选中需要的文字复制即可。

②使用百度快照进行下载。在百度中找到要保存的网页条目，单击"百度快照"链接，此时打开的网页内容和原网页相同并且可以保存。

2）网页文字的下载

对于网页上的文字，通常是先选中，再右击，在弹出的快捷菜单中选择复制，然后打开记事本或 Word 软件，依次选取"编辑"→"粘贴"即可。另外，在将文本粘贴到 Word 文档时，经常会出现表格框或是其他格式，可以通过"编辑"→"选择性粘贴"中的"只保留文本"来完成无格式粘贴。

3）图片的下载

网页中静态图片和背景图片的下载，只需在图片上右击，选择"图片另存为"菜单项，然后在弹出的"保存图片"对话框中指定保存路径、文件名和保存文件的类型。

对于网页上无法下载和保存的图片，可以使用 PrintScreen 键、截图功能或用抓图软件抓取图片后再保存。

4）声音文件的下载

网络上声音文件的下载，常用的方法为：将鼠标指针移动到要下载的声音文件的网络路径上，然后右击，在弹出的快捷菜单中选择"目标另存为"菜单项，然后在弹出的"保存文件"对话框中指定保存路径和文件名，单击"保存"按钮即可。

5）应用软件的下载

通过搜索引擎或其他途径找到所需要的软件，如网页中提供了下载链接，可以通过网页浏览器的下载功能下载该软件，其方法和声音文件的下载一样。

6）专用下载工具

当前比较流行的网络资源专用下载工具有网际快车、网络蚂蚁、迅雷、超级旋风、电驴等。

6.2.2 文件的上传与下载

以教学课件和教学管理文件为代表的资源一般为几十兆字节，甚至上百兆字节，由于超出了邮件附件的存储限制，所以通常选用 U 盘、移动硬盘、刻录光盘等人工方式，使资源在教研室之间或教研室与教室之间相互转移，这就造成了经费的不必要支出。能不能利用网络进行上传和下载课件，共享优质资源呢？答案是肯定的，这就是文件的上传与下载。利用网络实现文件的上传与下载，有以下两个优点。

共享信息方便、快捷，不需任何磁盘介质，节约单位开支。教师可能有这种经历：急匆匆地带着 U 盘去教室上课，可启动课件时，系统提示缺少某些插件、软件或者课件中引用了计算机上其他存储位置的图片或音视频文件。当遇到这种情况时，一般要回到办公室再复制一次，而有了文件的上传与下载服务，教师不必惊慌，登录 FTP 服务器下载就行了。同时，用这种方式共享文件，就不需要购买移动硬盘、U 盘等存储介质，可以节约经费。

阻挡病毒传播，保护文件。计算机中的很多病毒，尤其是新发病毒很多是通过 U 盘拷贝文件传播的，利用 FTP 共享文件，可以阻断病毒传播途径。

1. 云存储的使用

云存储是一种网上在线存储的模式，即把数据存放在通常由第三方托管的多台虚拟服务器，而非专属的服务器上。托管公司营运大型的数据中心，而需要数据存储托管的人，通过向托管公司购买或租赁存储空间，来满足数据存储的需求。数据中心营运商根据客户的需求，在后端准备存储虚拟化的资源，并将其以存储资源池的方式提供给客户，客户便可自行使用此存储资源池来存放文件或对象。实际上，这些资源可能被分布在众多服务器主机上。

2. 云存储使用方法

像亚马逊公司的 Simple Storage Service（S3）和 Nutanix 公司提供的存储服务，都可以低成本提供大量的文件存储。供应商可以保持每个客户的存储、应用都是独立的、私有的。其中以 Dropbox 为代表的个人云存储服务是公共云存储发展较为突出的代表，国内比较突出的代表有百度云盘、移动彩云、金山快盘、坚果云、酷盘、115 网盘、华为网盘、360 云盘、新浪微盘、腾讯微云等。

云储存简单说就是把数据资料由互联网传输到网络服务器云端进行相关储存，那么具体如何使用云存储呢？下面以百度网盘为例进行介绍，以供参考。

步骤 1：首先通过百度搜索或者直接输入网站地址的方式打开百度网盘，同时注册登录该网站。

步骤 2：进入百度网盘后，在界面左边可以看到文档栏（云存储文件夹）和回收站（清理不用的资料），如图 6-1 所示。

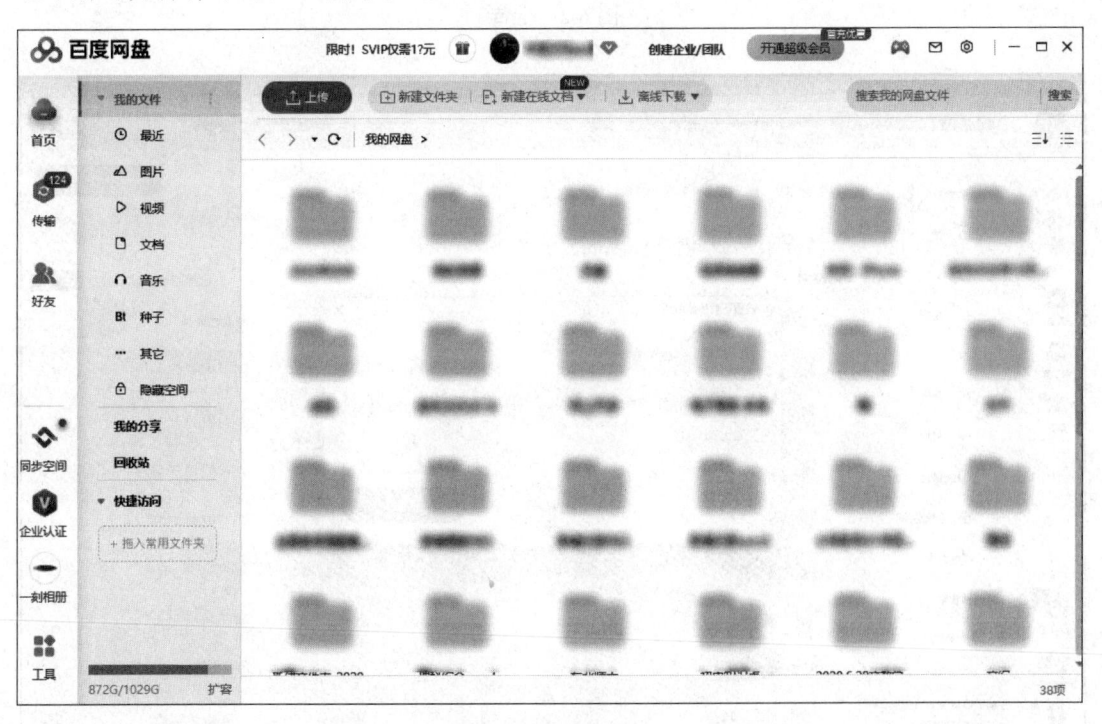

图 6-1 网盘界面

步骤 3：在百度网盘主界面上单击"上传"按钮，选择上传文件，完成上传后可在云存储文件夹找到该资源，如图 6-2 所示。

步骤 4：选择某一存储资源，单击"下载"按钮即可进行文件下载，如图 6-3 所示。

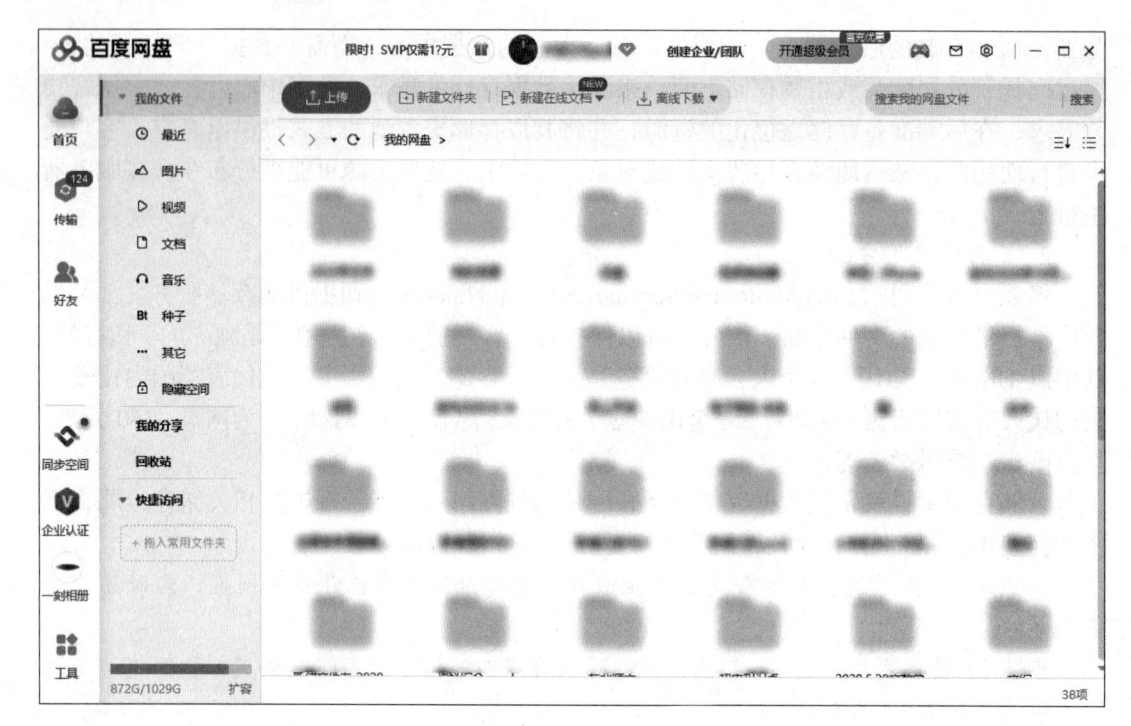

图 6-2　上传

图 6-3　下载

步骤 5：单击"分享"按钮可共享云存储资源，如图 6-4 所示。

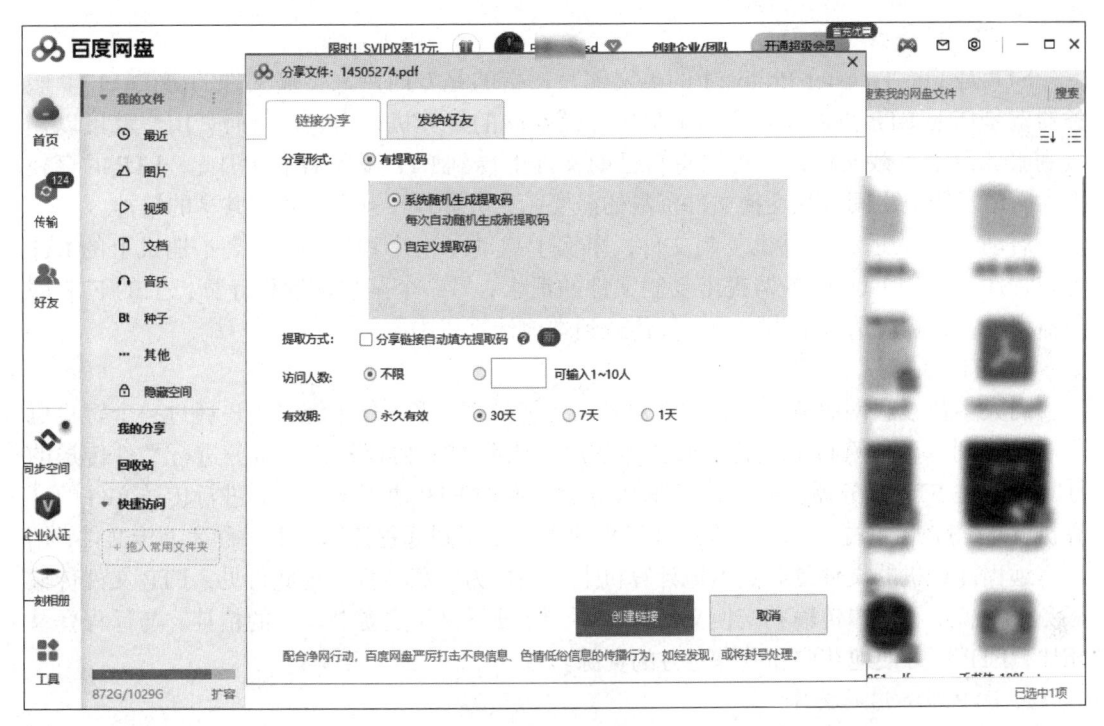

图 6-4 分享

步骤 6：在百度网盘右上角有"会员中心"一栏，加入会员后能享受更优质的云储存服务，如更大的云储存容量和在线观看视频服务，如图 6-5 所示。

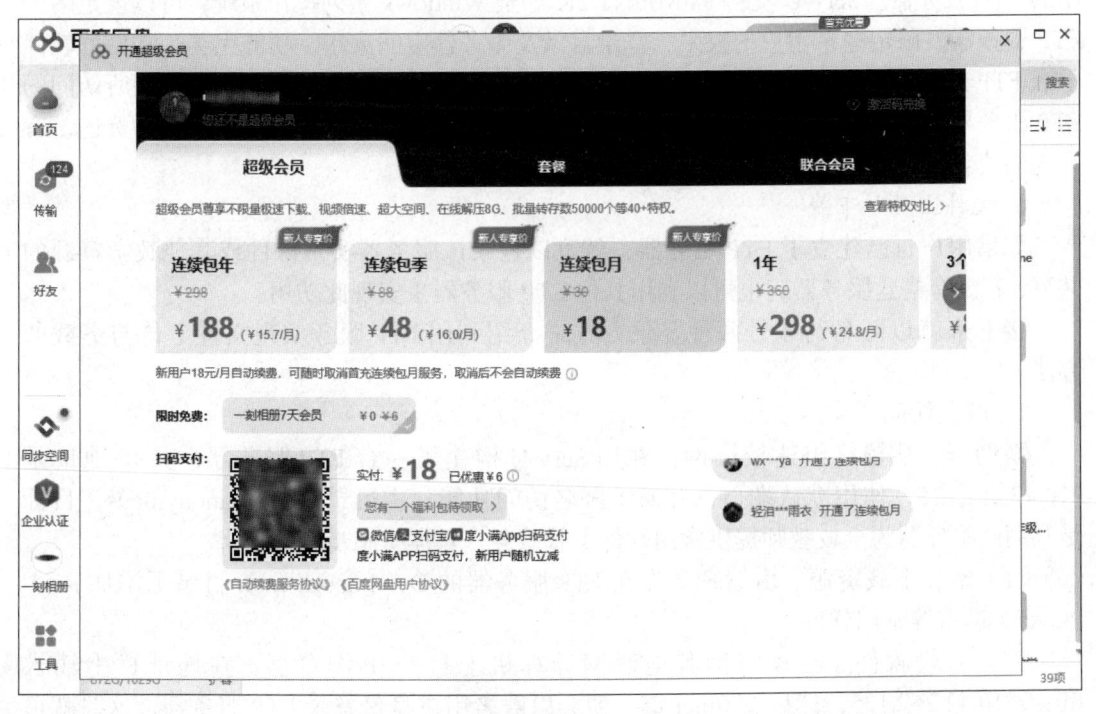

图 6-5 会员

3. FTP 服务器

FTP 是 File Transfer Protocol 的英文缩写，指的是专门用来传输文件的协议。FTP 服务器就是依照 FTP 协议在互联网上提供存储空间的计算机，当它运行时，用户就可以连接到服务器上下载文件，也可以将自己的文件上传到 FTP 服务器中。因此，FTP 的存在大大满足了用户之间远程交换文件资料的需要，充分体现了互联网资源共享的精神。

启动 FTP 从远程计算机复制文件，事实上启动了两个程序：一个是本地机上的 FTP 客户程序，它向 FTP 服务器提出复制文件的请求；另一个是启动远程计算机上的 FTP 服务器程序，它响应请求把指定的文件传送到本地计算机中。

4. FTP 的主要工作原理

同大多数互联网服务一样，FTP 也是一个客户端/服务器系统，用户通过一个客户机程序连接到远程计算机上运行的服务器程序，依照 FTP 协议提供的服务进行文件传送的计算机就是 FTP 服务器，而连接 FTP 服务器，遵循 FTP 协议与服务器进行传送文件的计算机就是 FTP 客户端。用户把本地计算机的文件复制到远程计算机上，称为上传文件；用户将远程计算机的文件复制到本地计算机上，则称为下载文件。由此可见，FTP 文件传输服务大大满足了用户传输和交换文件的需要，体现了网络资源共享性的精神。与远程登录相比，FTP 可方便地获取和共享对方的资源。

5. FTP 服务器的搭建

常用的 FTP 软件是 IIS 和 Serv-U。IIS 是 Windows 操作系统的一个元件，虽然安装简单，但管理功能不强，只有简单的账户管理、目录权限设置、消息设置、连接用户管理，且安全性差，属于非专业的 FTP 软件；而 Serv-U 是 Rob Beckers 开发的一个功能强大、简单易用的 FTP 服务器。Serv-U 支持 9x/ME/NT/2K 等全 Windows 系列操作系统，可以设定多个 FTP 服务器，限定登录用户的权限、登录目录及服务器空间大小，功能完善，常见的软件下载 FTP 服务器基本上都是用 Serv-U 软件架设的。接下来介绍的 FTP 应用案例所访问的 FTP 服务器也是用 Serv-U 软件架设的。由于篇幅所限，其安装与配置方法不再赘述，有兴趣的读者可浏览网页学习。

6. 文件上传与下载

如果用户自己建立了 FTP 服务器，就可以登录该服务器实现课件或其他教学资源的共享；若没有搭建服务器，也可以利用其他 FTP 服务器来实现此功用。

接下来就以匿名与账号两种登录方式来介绍利用 FTP 服务实现文件上传与下载的方法。

1）匿名访问

案例一：某校已组建校园网，并用 Serv-U 构建了一台 FTP 服务器，其 IP 地址是 210.42.252.125，使用默认端口，开通了匿名访问功能，主目录是 D：l anonymous，目标是利用此服务器为全校教师提供常用软件下载服务。具体实施步骤如下。

（1）添加下载资源。由管理员先在 FTP 服务器的 D：l anonymous 目录下添加 RealPlayer、迅雷等常用软件。

（2）下载软件。在校园网其他联网计算机上打开 IE 浏览器，在地址栏中输入 ftp: //210.42.252.125，然后按 Enter 键，便会以匿名用户身份登录 FTP 服务器。这时就可以像在本地计算机上一样复制软件了。

提示：

① 匿名登录访问服务器时，一般只有"读取"权限，即只能下载软件。

② 如果 FTP 服务器在安装时使用的不是默认的 21 号端口，如用的是 28 号端口，则访问地址应是 ftp：i/210.42.252.125：28。

2）账号访问

对于公用的软件或课件一般采用匿名访问的形式，而学科教师又有各自的教学课件和私有文件，这就需要每位教师独自享用自己的账号空间。因此，对于 FTP 服务器来说，匿名用户只有一个，而具有权限的账号有很多个，每个用户合法登录后才能上传或下载各自的文件。

案例二：某校已组建校园网，并用 Serv-U 构建了一台 FTP 服务器，其 IP 地址是 210.42.248.96，使用默认端口，除开通了匿名访问外，还为本校 20 位教师分别开通了个人账户。每位教师独自用一个目录，利用此服务器可为 20 位教师提供教学中的课件上传下载服务。具体实施步骤如下。

（1）创建教师目录。由管理员在 FTP 服务器的 D：l teacher 目录下创建如 math、physics 等 20 个目录，每个目录对应一个账户，供用户将来存放自己的文件，文件夹命名尽量与教师的信息相关。

（2）创建组。在组管理中新建一个组，命名为 teacher，组权限为读取、列表和继承。开通组的目的是把教师的公用课件或软件存放到组的主目录下，供教师访问。此步操作可视具体情况而定，若没有公用的内容，可省略。

提示：

① 虽然每位教师都能够访问组的主目录下存放的课件，但要教师登录后才能使用，这一点与匿名访问是不同的。

② 组具有公用性，权限一般设为读取、列表和继承，尽量不要开通写入等权限，否则组目录下的文件可能变得混乱，公用课件的安全性也得不到保证。

（3）开通教师账户。为 20 位教师分别开通个人账户。具体操作可参阅新建账户部分。如果创建 teacher 组，就把多位老师添加到组里。

（4）登录 FTP 服务器。这里以 physics 用户为例演示操作。打开 IE 浏览器，在地址栏中输入 ftp：//physics@210.42.248.96，然后按 Enter 键，输入密码再次按 Enter 键，便可以 physics 用户身份登录 FTP 服务器。其窗口的外观基本上与本地计算机一样。

提示：在上传或下载软件没有完成时，切记不要关闭此窗口，如果在公用机器上使用自己的账户登录，为了确保个人数据的安全，使用后一定要关闭窗口。

（5）上传或下载软件。上传或下载软件操作与管理本地文件一样，通过复制、粘贴即可完成文件的上传和下载。

6.2.3 网络通信的教学应用

网络技术的发展为通信提供了基础环境，以网络技术为基础的社会性软件的广泛应用为信息交流提供了平台，如电子邮件和即时通信工具等。这些工具作为信息时代的交流方式，具有方便、快捷、经济的特点，在教学中具有广阔的应用，利用它们可以实现收交作业、讨论教学问题等，并且网络教学平台的设计基本上都支持这些工具，为师生交互、生生交互提供了便利。

1. 电子邮件

电子邮件就是 E-mail 的译文，是指通过电子通信系统进行邮件的书写、发送和接收，区别于传统的信件系统。

电子邮件产生于 20 世纪 70 年代，发明人为雷·汤姆林森。最初的电子邮件只能发送简短的消息，随着互联网的兴起，现已可以发送文字、图片、声音、图像等多媒体信息。现在的电子邮件系统都提供发送附件的功能，这使用户可以像邮寄包裹一样发送任何格式的文件。

电子邮件在我国的应用开始于 20 世纪 90 年代，并成为互联网普及的先驱。1987 年 9 月 20 日，钱天白教授发出了我国第一封电子邮件："越过长城，通向世界"，揭开了中国人使用互联网的序幕。进入 20 世纪 90 年代，中国各大门户网站开始提供免费邮箱服务，在经历了一段收费风波后，2004 年谷歌公司推出了 Gmail，其他门户网站纷纷跟进，推动免费邮箱容量进入 GB 时代，2007 年雅虎中国推出了容量为 3.5GB 的大容量邮箱。

电子邮件作为信息时代的重要交流方式，必然在教学中拥有广阔的应用领域。电子邮件作为快捷、廉价的通信工具，不仅适用于远程教育中师生间、生生间的交流协作，也适合在课堂教学中作为师生互动、教学效果反馈的工具，同时也可以作为个人信息交换平台来支撑教学的进行。目前，主流的网络教学平台基本集成了邮件模块，实现了对电子邮件的支持。

（1）在远程教育中的应用。电子邮件超越时空的优点可以为远程教育中的师生提供教学便利。教师可建立邮件地址列表，包括班集体的全部邮件地址，有可能的话还可提供相关学科专家或资源拥有者的邮件地址。例如，在英语教学中可为学生收集一些愿意交流的国外人士的地址。学生可就课堂疑难问题与教师沟通交流，也可以与学伴商讨。教师对于学生的问题可提供多媒体化的针对性辅导，并可对共性的问题向班级全部成员发送教学指导资源包。教师还可利用电子邮件布置作业，学生以回复邮件的形式提交作业，教师可以通过对邮件客户端的设置，使收到的邮件按照不同的主题存放至对应的文件夹以方便批改，教师批改完毕后再将结果反馈给学生。

学生在使用电子邮件时，如果希望得到及时答复，发送的邮件要有一个凝练的主题。邮件的主题应符合简洁性原则，问题的描述可采用多种媒体形式，如计算机学习及其他信息化条件下的问题可提供屏幕截图或屏幕录像，让教师一目了然，有针对性地回答。

（2）在课堂教学中的应用。电子邮件在远程教育中的优点完全可以在课堂教学中发挥，有人认为课堂教学中学习问题的解决是实时的，无须电子邮件的介入，其实电子邮件系统的引入可以使不同学习风格的学生更为有效地参与到学习中。例如，有的学生不习惯在课堂上发言或者回答问题，但他们可能愿意使用电子邮件与教师单独交流。因为在提出问题之前可以经过充分考虑并选择合适的表达方式，并且不必担心犯错和"丢脸"，这样可以使学生获得同等的学习机会。

2. 即时通信工具

通信技术与计算机技术相互结合、相互渗透产生了网络技术，融合了多种信息技术的网络技术正逐渐改变人们的工作、学习和生活。其中，1996年11月，4位以色列籍年轻人开发出世界上第一个即时通信软件ICQ，使在线实时交流成为现实。近年来，即时通信工具使用频率很高，成为最流行的互联网通信工具之一。即时通信工具在教学中的应用已成为网络教学的一个亮点。

1）即时通信的定义

"即时通信"是Instant Messaging的中文译文，缩写是IM，根据美国著名的互联网术语在线词典NetLingo的解释，其定义如下："Instant Messaging是一种使人们能在网上识别在线用户并与他们实时交换消息的技术。"

一般情况下，即时通信被定义为应用在计算机网络平台上、能够实现即时的文本、音频和视频等交流功能的一种通信系统。广义的即时通信包括网络聊天室、网络会议系统等所有联机IM软件；而狭义的即时通信一般指由一组IM服务器控制下的若干IM客户端软件组成的系统等。

即时通信是这样工作的：当好友列表中的某人在任何时候登录上线并试图联系你时，IM系统会发一个消息提醒，然后建立一个聊天会话，并可输入消息文字进行交流。即时通信被很多人称为自电子邮件发明以来最实用的在线通信方式，它比电子邮件和聊天室更具有自发性，甚至能在进行实时文本对话的同时一起进行Web冲浪。

2）即时通信工具的功能

即时通信工具有三项基本功能：第一，为用户创建一个虚拟的身份；第二，为用户建立一个网络间点对点的连接；第三，建立一个平台，并通过这个平台的多个接口提供各种服务。

3）即时通信工具的类型

即时通信工具发展迅速，功能也日益丰富，逐渐集成电子邮件、博客、微博、音乐、电视、游戏和搜索等多种功能。即时通信不再是一个单纯的聊天工具，而是已经发展成集交流、资讯、娱乐、搜索、电子商务、办公协作和企业客户服务等于一体的综合化信息平台。目前，国内常用的即时通信工具有QQ、微信等，而国外主要使用雅虎Group、MSN和ICQ等。

（1）QQ。QQ是腾讯公司开发的一款基于互联网的即时通信软件。QQ支持在线聊天、视音频电话、点对点断点续传文件、网络硬盘、网络记事本、QQ邮箱及远程协助等多种功能，并可与移动通信终端等多种通信方式相连。用户可以通过四个步骤来使用QQ，即下载→安装→注册→登录使用。QQ安装程序可到网站上下载，下载完成后就可安装QQ了。其安装方法与安装其他应用软件相似，待安装完成后就可在线申请QQ号码，这一步需填入申请人的相关信息，申请到QQ号并成功登录后，在计算机任务栏的右下角就会出现一个小企鹅图标，这就是QQ的工作图标。通过这个图标打开隐藏窗口，就可与其他QQ用户进行双向交流。

（2）微信。微信是腾讯公司于2011年1月21日推出的一个为智能终端提供即时通信服务的免费应用程序。微信支持跨通信运营商、跨操作系统平台通过网络快速发送免费（需消耗少量网络流量）语音短信、视频、图片和文字，同时，也可以使用通过共享流媒体内容的资料和基于位置的社交插件"摇一摇""漂流瓶""朋友圈""公众平台"等服务插件。

（3）雅虎。简单地说，雅虎是一个群体交流、共享和社交平台。它允许用户按照自己的意愿创建小组，邀请自己的朋友加入，讨论共同的爱好，共享珍藏的照片，结识有共同属性的朋友,在网络的空间里找到一块有现实感的专属领地。

4)即时通信工具在教学中的应用

现代远程教育的出现,使教师与学生可分散在不同的地理位置,因此远程教学不再像传统教学那样,师生同处一室面对面地交流学科知识。而即时通信媒体的应用可以使教师与学生、学生与学生跨越空间的阻隔,实现实时交流,使远程协助成为可能。

(1)利用即时通信工具对学生实施个别化辅导。即时通信工具的基本功能是聊天。例如,QQ、微信不仅具有传统的文字聊天功能,还具有语音和视频聊天功能,交流非常方便。将这种功能用于教育教学,有利于教师对学生在课后实施个别化辅导。教师也可以即时地对学生所提出的问题给予释疑,这就有效地缩短了学生的存疑时间,不会因疑问的存在而阻碍学习的进程。由于网络具有虚拟性,教师和学生可以在非常轻松的氛围中交流,学生的思维可能更活跃、思路更清晰,这样就避免了学生在教师面前的拘束和紧张感。具体的聊天方式可以是实时的文字方式、语音方式甚至视频方式,离线时也可以留言。总之,即时通信工具是一种很好地适用于个别化辅导和教学的工具。

(2)即时通信工具可帮助教师实施远程操作示范。QQ就有远程协助功能,学生在学习信息技术或计算机方向的专业知识时,若出现疑难问题,尤其是操作上的问题,就可通过QQ向教师申请远程协助。经同意后,教师可通过网络实施远程学习的个别化辅导,位于异地的教师就像操作自己的计算机一样在线操作学生的计算机,而学生可清晰地看到教师的详细操作过程,便于学生实践能力的培养。

(3)教师利用即时通信工具的文件共享和文件传送功能方便布置和收发作业。即时通信工具具有文件共享功能,学生和教师都可以共享自己的文件供对方下载。教师通过这一功能可以很方便地布置作业或任务,也可以从学生的共享中方便地收取作业。

文件共享功能的好处是教师只要把作业布置完就可以离开,不一定要一直守在计算机旁。学生也是一样,做完作业并共享后也可以离开计算机,这对双方来说都是比较自由和方便的。

(4)即时通信工具的群体聊天功能方便建立学习共同体。QQ的群体聊天功能适用于学习共同体的建立。学习共同体是指一个由学生及其助学者(包括教师、专家、辅导者等)共同构成的团体,其成员在学习过程中进行沟通、交流,共享各种学习资源,共同完成一定的学习任务,因而在成员之间形成了相互影响、相互促进的人际联系。由于不受地域和人数的限制,学习共同体的建立非常有利于集体讨论或课后答疑。学生还可以使用隐藏自己真实姓名的昵称,在交流过程中更充分地发挥自己的主观能动性。同时,在这种互相讨论的过程中,没有发言的同学也可学到相关的知识。

(5)即时通信工具方便实现移动学习和移动办公。目前,许多即时通信工具都集成了网络硬盘功能。课前教师把多媒体课件传到网络硬盘上,到教室后把资料"拖"下来就行了,十分方便,并可以避免用U盘或其他移动设备时有些机器要装驱动程序的麻烦。

(6)即时通信工具可以加强对学生思想品德的教育和价值观的引导。即时通信工具的一些娱乐游戏功能可以使教师更具亲和力,使教师全面地了解学生的情况。在这种氛围下学生也可能更愿意与教师进行思想交流,从而为加强学生思想教育工作提供新的方法和途径。这对教师特别是班主任而言十分重要,对学生来说是一种容易接受的交流方式,如果利用得好,会产生一般的课堂教育达不到的效果。

沟通是即时通信软件的核心，目前流行的即时通信软件很有可能成为电子邮件的终结者。即时通信工具使网络交流的速度从原来电子邮件的等待状态跃升到一问一答的即时通信，以全面提高教育教学质量。同时，教师在利用即时通信工具的时候，既要充分利用它的优点，也要尽量避免它的不足，通过正确引导，使学生在学习过程中正确利用好即时通信工具。

6.2.4 虚拟现实技术与虚拟学习环境

虚拟现实技术作为一种综合多种科学技术的计算机领域的新技术，涉及众多研究和应用领域，被认为是 21 世纪重要的发展学科和影响人们生活的重要技术。虚拟现实技术被广泛应用于教育、游戏、城市规划、室内设计、房产开发、工业仿真和军事模拟等方面。

1. 虚拟现实技术的概念

虚拟现实也称虚拟实境或灵境，是一种可以创建和体验虚拟世界的计算机系统，它利用计算机技术生成一个逼真的具有视、听、触等多种感知的虚拟环境，用户使用各种交互设备同虚拟环境中的实体相互作用，通过交互式视景仿真和信息交流产生身临其境的感觉。虚拟现实技术是一种先进的数字化人机接口技术。

2. 虚拟现实系统的分类

根据其功能可把虚拟现实系统分为以下四类。

（1）桌面虚拟现实系统。桌面虚拟现实是一种比较简单的虚拟现实，在普通的多媒体计算机中就可以实现，它以计算机的屏幕作为学生观察虚拟境界的一个窗口，通过各种输入设备实现与虚拟现实世界的充分交互。这些外部设备包括鼠标、追踪球、力矩球等。它要求学生使用输入设备，通过计算机屏幕观察 360°范围内的虚拟境界，并操纵其中的物体。桌面虚拟现实不是完全的沉浸，用户在操作时仍然会受到周围现实环境的干扰。这种系统的特点是结构简单、价格低廉，易于普及推广，是一套经济实用的系统。

（2）沉浸型虚拟现实系统。这是一种高级的虚拟现实系统，使用户有一种置身于虚拟境界之中的感觉。它利用头盔式显示器或其他设备把参与者的视觉、听觉和其他感觉封闭起来，提供一个新的、虚拟的感觉空间，并利用位置跟踪器、数据手套、其他手控输入设备、声音等使参与者产生一种身临其境、全身心投入和沉浸其中的感觉。这种系统的优点是用户可完全沉浸到虚拟世界中，缺点是系统设备价格昂贵，难以普及推广。

（3）增强现实型虚拟现实系统。增强现实型虚拟现实不仅利用虚拟现实技术模拟现实世界、仿真现实世界，而且利用它来增强参与者对真实环境的感受，也就是增强现实中无法感知或不方便感知的感受。典型的实例是战机飞行员的平视显示器，它可以将仪表读数和武器瞄准数据投射到安装在飞行员面前的穿透式屏幕上，飞行员不必低头读仪表的数据，能集中精力盯着敌人的飞机或导航偏差。

（4）分布式虚拟现实系统。它是一个支持多人实时通过网络进行交互的软件系统，每个用户在一个虚拟现实环境中通过计算机与其他用户进行交互，并共享信息。它将局部的虚拟现实环境通过空间关联形成更大范围的虚拟环境，支持多个用户实时通过网络对同一虚拟世界进行观察和操作、共享信息、实现交互，以达到协同工作的目的。分布式虚拟现实系统是单机虚拟现实随着网络技术发展的一种提高。

3. 虚拟现实技术的典型应用

虚拟现实技术的应用非常广泛，可以应用于军事、医学、教育、工程设计、互动娱乐等领域，而且随着虚拟现实技术的发展，应用领域会更加广泛、深入。正是由于虚拟现实技术具有巨大的应用价值，因而此类研究受到了许多国家的高度重视。

虚拟现实技术可提供立体感强、极富交互性的三维全景，可以放大或缩小，从任意角度观看对象，给人直观和深刻的印象，所以在教学中有广泛的应用。如在教学资源相对短缺、实验耗材不可逆、某些教学资源在自然条件下无法观察到时，虚拟现实技术可以发挥很大的作用。

在国内，20 世纪 80 年代末才开始进行相关研究，起步较晚，与国外发达国家还有一定的差距。目前，我国已制订了开展虚拟现实技术的研究计划，"九五"规划、国家自然科学基金委员会、国家高技术研究发展计划等都把虚拟现实技术列入了研究项目，国内一些重点院校也积极投入到这一领域的研究工作。

4. 虚拟现实技术的发展趋势

虚拟现实技术涵盖计算机软硬件、传感器技术、立体显示技术等多种技术，将向以下主要方向发展。

（1）新型交互设备的研制。虚拟现实要实现人自由地与虚拟世界中的对象进行交互，犹如身临其境，借助的输入输出设备主要有头盔显示器、数据手套、数据衣服、三维位置传感器和三维声音产生器等。因此，新型、便宜、性能优良的数据手套和数据服将成为未来研究的重要方向。

（2）动态环境建模技术。虚拟环境的建立是虚拟现实技术的核心内容，动态环境建模是为了获取实际环境的三维数据，并根据需要建立相应的虚拟环境模型。

（3）智能化语音虚拟现实建模。虚拟现实建模是一个比较烦琐的过程，需要大量的时间和精力。如果将虚拟现实技术与智能技术、语音识别技术结合起来，可以很好地解决这一问题。可以将模型的属性、方法和一般特点的描述通过语音识别技术转化成建模所需的数据，然后利用计算机的图形处理技术和人工智能技术进行设计、导航和评价，将基本模型用对象表示出来，并将各种基本模型静态或动态地连接起来，最后形成系统模型。在各种模型形成后进行评价并给出结果，由人直接通过语言进行编辑和确认。

（4）实时三维图形生成和显示技术。三维图形的生成技术已比较成熟，关键在于如何"实时生成"。在不降低图形质量的前提下，如何提高刷新频率将是今后研究的重点。此外，虚拟现实技术还依赖立体显示和传感器技术的发展，现有的虚拟设备还不能满足系统的需要，有必要开发新的三维图形生成和显示技术。

5. 虚拟现实技术的教育应用

虚拟现实技术作为新的教学媒体，它的出现无疑将对教学产生深远的影响。虚拟现实技术是继多媒体、计算机网络之后，在教育领域最具有应用前景的技术。近年来，随着计算机技术、心理学、教育学等学科的相互结合、促进和发展，此系统可以提供更加协调的人机对话方式，有效促进学生的学习。

教育是一个传授知识的过程，学生通过亲身经历可以加快对知识的理解，虚拟现实技术正是为体现这一优势而走进教学的。通过虚拟现实系统，学生可以游览海底、遨游太空、观摩历史城堡，甚至深入原子内部观察电子的运动轨迹和体验爱因斯坦的相对论世界。由于场景更加逼真，激发了学生的学习兴趣，使学生能够主动地获取知识。虚拟现实技术在广泛的科学领域提供了无限的虚拟体验，从而加速和巩固了学生学习知识的过程。虚拟现实技术在教育中主要应用于以下几个方面。

（1）虚拟课堂。虚拟课堂是指运用分布式虚拟现实技术构造的一个虚拟真实的教学环境，分布在不同地方的学生可以通过网络参与到虚拟课堂中。虚拟教室模拟了真实多媒体教室的整个场景，是师生共同活动的一个空间，在这里可以完成教学、答疑等各种教学活动。借助网络通信技术，视音频采集、处理技术及交互代理等技术，参与到课堂中的各个对象可以看到彼此，学生可以看到教师所做的板书，听到教师的讲解。教师也能看到学生的表情和动作，可以听到学生的提问，并随时解答。这种教学方式增强了师生之间的实时互动，激发了学生的学习兴趣，提高了教学效率。

（2）虚拟校园。虚拟校园系统可以让学生不出门就浏览到校园的全部，从教学到教务，再到丰富的校园生活都可一目了然。这样极大地方便了学生对学校的了解，而且为不在校学习的特殊学生提供了学习机会。现在许多高校都开发了虚拟校园，如北京航空航天大学、西南交通大学、上海交通大学等。

（3）虚拟实验室。利用虚拟现实技术建立的各种虚拟实验室已经广泛应用于理工科的教学实验中。在虚拟的物理实验室里，学生可以做光学、重力、惯性等实验。在虚拟的化学实验室里，学生可以利用各种化学药品和天平、砝码、温度计等工具做各种化学反应实验，观察燃烧、爆炸等反应现象。在虚拟的地理实验室里，学生可以做地震波传播、火山喷发等实验。在虚拟的生物实验里，学生可以做各种解剖实验。

虚拟现实的交互性、临场性和多感知性，使学生可以在虚拟的学习环境中扮演某个角色，从而可以全身心地投入到学习中，这非常有利于学生技能的训练。并且这些虚拟的训练系统无任何危险，学生可以反复练习，直至掌握操作技能。

（4）虚拟图书馆。虚拟图书馆是用虚拟现实技术构建的提供相关信息的场所。虚拟图书馆不仅提供诸如文本、视频、声频等信息资源，而且提供与众不同的、身临其境的情境资源。在学习历史知识时，学生可以通过虚拟图书馆进入不同朝代的虚拟世界，实时观察或实际参与当时的历史事件，从而亲身感受和了解不同朝代的实际情况。在学习生物知识时，学生可以通过虚拟图书馆穿行于人体的内部组织和器官之间，加快知识的获取。

虚拟现实技术能够为学生提供生动、逼真的学习环境，学生能够成为虚拟环境的参与者，在虚拟环境中扮演某个角色，这对调动学生学习的积极性、培养学生技能将起到积极的作用。虚拟现实技术在教学中的作用主要体现在以下方面。

① 弥补教学条件的不足。在传统教学中往往会因为实验设备、实验场地、教学经费等原因，而使一些应该开设的教学实验无法进行。利用虚拟现实系统可以弥补这些不足，学生在虚拟实验室中可以做各种各样的实验，获得与真实实验一样的体会，从而丰富感性认识，加深对教学内容的理解。

② 避免真实实验所带来的各种危险。在传统教学中对于危险的或对人体健康有危害的实验，一般采用电视录像的方式来取代实验，学生无法直接参与实验，获得感性认识。利用虚拟现实技术进行虚拟实验可以免除这种顾虑。学生在虚拟实验环境中可以放心地做各种危险的或危害人体的实验。例如，虚拟的化学实验可以避免化学反应所产生的燃烧、

爆炸等带来的危险；虚拟的飞机驾驶教学系统可免除学员操作失误而造成飞机坠毁的严重事故。

③ 打破空间、时间的限制。利用虚拟现实技术，可以彻底打破空间的限制。大到宇宙天体，小至原子粒子，学生都可以进入这些物体的内部进行观察。虚拟现实技术还可以突破时间的限制，一些需要几十年甚至上百年才能观察的变化过程，通过虚拟现实技术，可以在很短的时间内呈现给学生观察。例如，生物中的孟德尔遗传定律，用果蝇做实验往往要几个月的时间，而虚拟现实技术在一堂课内就可以实现。

④ 虚拟人物形象。虚拟现实系统可以虚拟历史人物、教师、学生等不同人物形象，创设一个人性化的学习环境，使学生在自然、亲切的气氛中进行学习。例如，在虚拟课堂中，远程学生可以与虚拟的教师、学生一起交流、讨论，共同探讨学习中的各种问题，进行协作化学习。再如，在思想品德课教学中，学生可以与虚拟的先进人物如雷锋、孔繁森一起座谈、交流，通过先进人物的言行来感化学生，从而达到思想品德教育的目的。

6.3 文本类与数字图像类资源的建设

在教学过程中，多媒体素材用于呈现教学内容的各种数据，是承载网络教育信息资源的基本单位，没有对多媒体素材的获取与处理，多媒体教学也就无从谈起。多媒体素材以生动形象的知识展示形式，大大方便了教师的信息化教学，加强了教学效果。因此，制作多媒体素材是多媒体教学应用中一项极为重要的工作。常见的多媒体素材主要有文本素材、图形素材、音频素材和视频素材，这里将为大家介绍这几种素材的获取和处理方法。

6.3.1 文本文件的格式及特点

目前流行的文字处理软件种类繁多，不同的软件生成的文件格式各不相同。当使用不同的文本编辑软件编辑文本时，系统通常会采用默认的文本文件格式保存文档。如文字处理软件 Microsoft Word XP/2003 的默认文档格式为 DOC，该软件还支持一些其他的文本文件格式，如 TXT、RTF 等。常用文本文件的格式及特点如表 6-1 所示。

表 6-1 常用文本文件的格式及特点

格　式	特　点
TXT	TXT 是纯文本文件格式，不携带任何文字修饰控制信息，目前的文字处理软件基本上都能打开
WPS	WPS 是金山软件文字处理软件专用的文件格式，中文译为"文字编辑系统"，是一款集文字输入、编辑与打印于一体的汉字处理软件

续表

格 式	特 点
DOC/DOCX	Microsoft Office Word 文字处理软件（以下简称 Word）所使用的一种文件格式，2003 版本以前文本文件格式为 DOC，2007 版本开始文本文件格式改为 DOCX。Word 用于一般的图文排版
PDF	PDF 可以将文字、字形、格式、颜色及独立于设备和分辨率的图形、图像等封装在一个文件中，支持特长文件，集成度和安全可靠性都较高，是目前电子图书、产品说明、公司文告、网络资料、电子邮件等常用的格式
CAJ	中国期刊网提供的一种文件格式，需要用专门的 CAJ Viewer 软件打开。CAJ Viewer 软件支持中国期刊网的 CAJ、NH、KDH 等格式文件的阅读
RTF	RTF 是 Rich Text Format 的缩写，意为丰富的文本格式。在 RTF 文档中可以嵌入图像等文件，类似 DOC 格式的文件，其有很好的兼容性，许多软件都能够识别 RTF 文件格式。对于普通用户而言，RTF 格式是一个很好的文件格式转换工具，可在不同应用程序之间进行格式化文本文档的传送

6.3.2 文本资源的加工处理

1. 格式转换

（1）DOC 文件格式转 PDF 文件格式。DOC 文件格式转换成 PDF 文件格式的方法有很多，如 Office 2007 以上版本的"另存为 pdf"功能，"佳心 PDF 在线工具集"在线转换，相应的工具软件（如 PDF Factory）。

（2）PDF 文件格式转 DOC 文件格式。PDF 转换器是一种将 PDF 文件中的文字、图片、表格、注释等元素对应转换成 Word 文件或其他类型文件的工具。转换时，先选择转换类型，然后单击"上传文档"按钮，如图 6-6 所示。单击"立即转换"按钮即可转换文件格式。

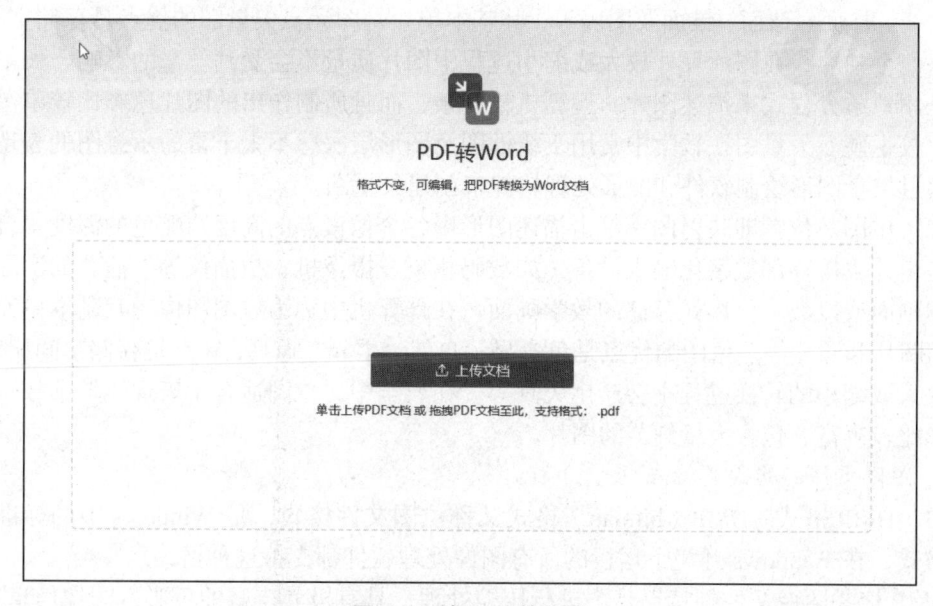

图 6-6 某 PDF 转换器

2. 格式清除

将需要清除格式的文字"复制／剪贴",然后粘贴到记事本,再从记事本"复制／剪贴",最后粘贴到文字处理软件,此时文本原有的格式全部被清除。

在 Word 中,利用"格式／样式和格式"下的"清除格式",文本原有的格式便会被清除。

3. 文本资源的美化

为了美化文本,可进行字符大小、字体、颜色、位置及分行、分段等设置,使文字更加漂亮。除此之外,还可以利用文字处理软件或其他软件提供的制作艺术字功能,实现对文本的美化。如图 6-7 所示为 Word 文字处理软件的"艺术字库"对话框。当选定其中的某种式样并且编辑相应的文字后,可显示艺术字效果。

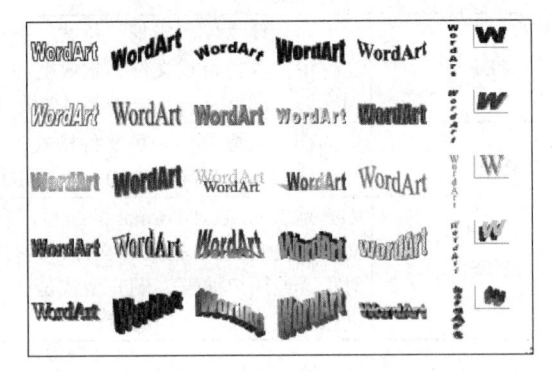

图 6-7 "艺术字库"对话框

6.3.3 图像文件的格式及特点

图形信息是学习者最容易接受的信息,一幅图画可以形象、生动、直观地表现出大量的信息。图形是帮助分析、理解教材内容,解释原理或现象常用的媒体元素,因而也是教学信息中常见的信息表达形式。

1. 矢量图和位图

计算机中的图形是图形的数字化。在多媒体系统中,根据图形在计算机内表达与生成方法的不同,可以分为矢量图和位图两大类。

(1) 矢量图。矢量图是指用计算机绘制的有关教学内容的画面,如直线、圆、多边形、任意曲线、柱面、球面、锥面及图表等,其基本单元是图元。矢量图的优点是存储空间小,分辨率完全独立,在图片尺寸放大或缩小过程中图片质量不会受到丝毫的影响。矢量图的缺点是用数学方程式来描述图片,运算比较复杂,而且所制作出的图片色彩比较单调,看上去比较生硬。矢量图在教学中常用于线框图及图形层次感不太丰富的示意图的表现。通常是通过矢量图形绘制软件和图形处理软件来创建矢量图。

(2) 位图。位图即映射图,是由描述图形中各个像素点的高度与颜色的深度集合组成的,是由计算机外部数字化输入设备(如数码相机、摄像机、扫描仪等)捕获的实际场景的教学画面或以数字化形式存储的教学画面,在计算机中称为位图图像,其基本单元是像素,如图片和照片等。位图的优点是色彩显示自然、柔和、逼真;缺点是存储空间比较大,尺寸放大或缩小的转换过程中会产生失真等。在教学中,位图适合于表现比较细致、层次和色彩比较丰富、包含大量细节的图片。

2. 图像文件的格式及特点

(1) BMP 格式。BMP(bitmap)格式又称位图文件格式,是 Windows 中的标准图像文件格式,在 Windows 环境下运行的所有图像处理软件都支持这种格式。

BMP 格式图像文件的特点是不进行压缩处理,具有极其丰富的色彩,图像信息丰富,能逼真表现真实世界。因此，BMP 格式的图像文件尺寸比其他格式的图像文件大得多，不适宜在网络上传输。BMP 格式的文件在多媒体课件中主要用于教学情境创设、表达教学内容和提高课件的视觉效果等。

（2）GIF 格式。GIF（graphics interchange format，图形交换格式）是在各种平台的各种图形处理软件上均能够处理的、经过压缩的一种图像文件格式。

GIF 格式图像文件的特点是压缩比高，磁盘空间占用较少，适宜网络传输，所以这种图像广泛应用于网络教学中。GIF 格式图像文件的不足是最多只能处理 256 种色彩，图像存在一定的失真，适合在对图像质量要求不高的多媒体课件中使用。

（3）JPEG/JPG 格式。JPEG/JPG 格式是 JPEG 联合图像专家组标准的产物。由于其高效的压缩效率和标准化要求，目前 JPEG/JPG 格式已广泛用于彩色传真、静止图像、电话会议、印刷及新闻图片的传送上。

JPEG/JPG 格式图像的优点是有非常高的压缩比，适合在网络中传播；使用 24 位色彩深度使图像保持真彩；技术成熟，已经得到所有主流浏览器的支持。其缺点是压缩算法有损压缩，会造成图像画面少量失真；不支持任何透明方式。这种格式的图像文件是多媒体课件和主题学习网站中常用的一种数字图像文件。

（4）PNG 格式。PNG（portable network graphics）格式是 Macromedia 公司 Fireworks 软件的默认图像文件格式，适用于色彩丰富、图像画面要求高的情况，如作品展示等。大部分绘图软件和浏览器都支持 PNG 图像浏览。

PNG 是目前最不失真的图像格式，它汲取了 GIF 和 JPEG 的优点。第一，存储形式丰富，兼有 GIF 和 JPEG 的色彩模式。第二，能把图像文件压缩到极限，以利于网络传输，但又能保留所有与图像品质有关的信息。第三，显示速度很快，只需下载 1/64 的图像信息就可以显示低分辨率的预览图像。第四，PNG 支持透明图像的制作。PNG 的缺点是不支持动画应用效果。

（5）PSD 格式。PSD 是 Adobe 公司图像处理软件 Photoshop 的专用格式。这种格式可以存储 Photoshop 中所有的图层、通道、参考线、注解和颜色模式等信息。在保存图像时，若图像中包含层，则一般用 PSD 格式保存。PSD 格式在保存时会将文件压缩，以减少占用磁盘空间，但 PSD 格式所包含图像数据信息较多（如图层、通道、剪辑路径、参考线等），因此比其他格式的图像文件要大得多。由于 Photoshop 软件的应用越来越广泛，因此这个格式逐渐流行起来。

6.3.4　图像资源的加工处理

用数码相机、扫描仪、抓图软件等获取的图片只是原始的素材，往往不能满足最终的使用目的和要求，这就需要对原始的素材图片进行有目的的加工处理。Photoshop 是目前广泛应用的图片处理软件。

1. Photoshop 简介

Photoshop 是 Adobe 公司开发的一个跨平台的平面图像处理软件，广泛地应用于宣传画册、产品包装、多媒体软件开发等与图片处理有关的领域，Photoshop 2022 的主界面如图 6-8 所示，包括菜单栏、工具选项栏、工具栏、控制面板、工作区和状态栏等部分。

图 6-8 Photoshop 2022 主界面

2. 基本概念

（1）像素：是组成图像的基本单元，它是一个小的方形的颜色块。一幅图像由若干个这样的像素点以矩阵的方式排列而成。

（2）图像分辨率：即单位面积内像素的多少。分辨率越高、像素越多，图像的信息量越大。单位为 PPI，如 300PPI 表示该图像每平方英寸含有 300×300 像素。

（3）设备分辨率：又称输出分辨率，指的是各类输出设备每英寸所代表的像素点数，单位为 DPI（dots per inch）。与图像分辨率不同的是，图像分辨率可更改，而设备分辨率不可更改。

（4）位分辨率：又称位深或颜色深度，用来衡量每个像素存储的颜色位数，决定在图像中存放多少颜色信息。所谓"位"，实际上是指"2"的平方次数。

（5）颜色模式：用于显示和打印图像的颜色模型。常用的颜色模式有 RGB、CMYK、LAB、灰度等。

（6）文件格式：Photoshop 默认的文件格式为 PSD；网页上常用的文件格式有 PNG、JPEG、GIF；印刷中常用的文件格式为 EPS、TIFF。Photoshop 几乎支持所有的图像格式。

（7）图层：图层是 Photoshop 中非常重要的概念，没有图层就无法对图像进行合成操作。使用图层可以在不影响图像中其他图素的情况下处理某一图素。可以将图层想象成一张张叠起来的醋酸纸。如果图层上没有图像，就可以一直看到底下的图层。通过更改图层的顺序和属性，可以改变图像的合成。

3. 简单图片处理

1）调整图片大小

步骤 1：在 Photoshop 内执行"文件"→"打开"命令，打开要处理的图片，如图 6-9 所示。

图 6-9 打开图片

步骤 2：选择菜单栏中的"图像"→"图像大小"命令，打开"图像大小"对话框，如图 6-10 所示。

图 6-10 打开"图像大小"对话框

步骤3：在进行尺寸调整的时候，必须维持长宽的比例，以免照片变形。先选中对话框中的约束比例，维持照片长宽比例不变，如图6-11所示。

图 6-11　设置约束比例

步骤4：假定图像尺寸大小的宽度要控制在2000，我们在设定图像尺寸时就在高度字段输入1200；调整完宽度后，高度会随着宽度自行运算而变化，但不管如何变化，这张照片都不会变形，如图6-12所示。

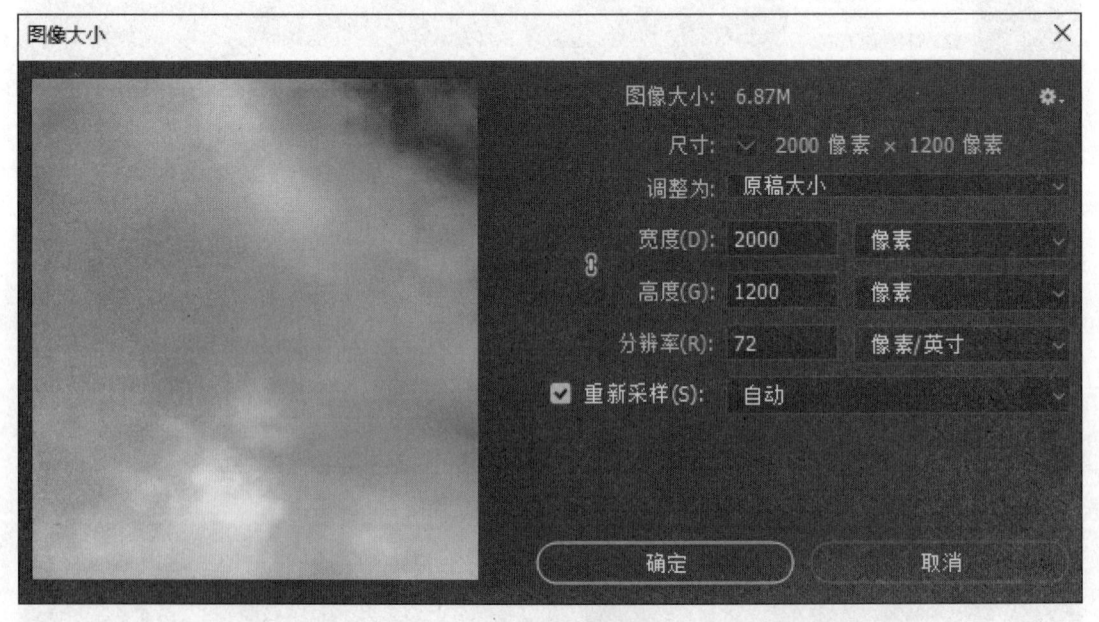

图 6-12　设置参数

步骤5：处理完之后,必须将图片另存到已处理的文件夹内。选择"文件"→"存储为"命令，选择文件夹，并输入新的文件名，单击"保存"按钮，即完成修改，如图6-13所示。

图 6-13 保存文件

2）裁剪图片

步骤 1：启动 Photoshop，打开准备裁剪的照片，如图 6-14 所示。

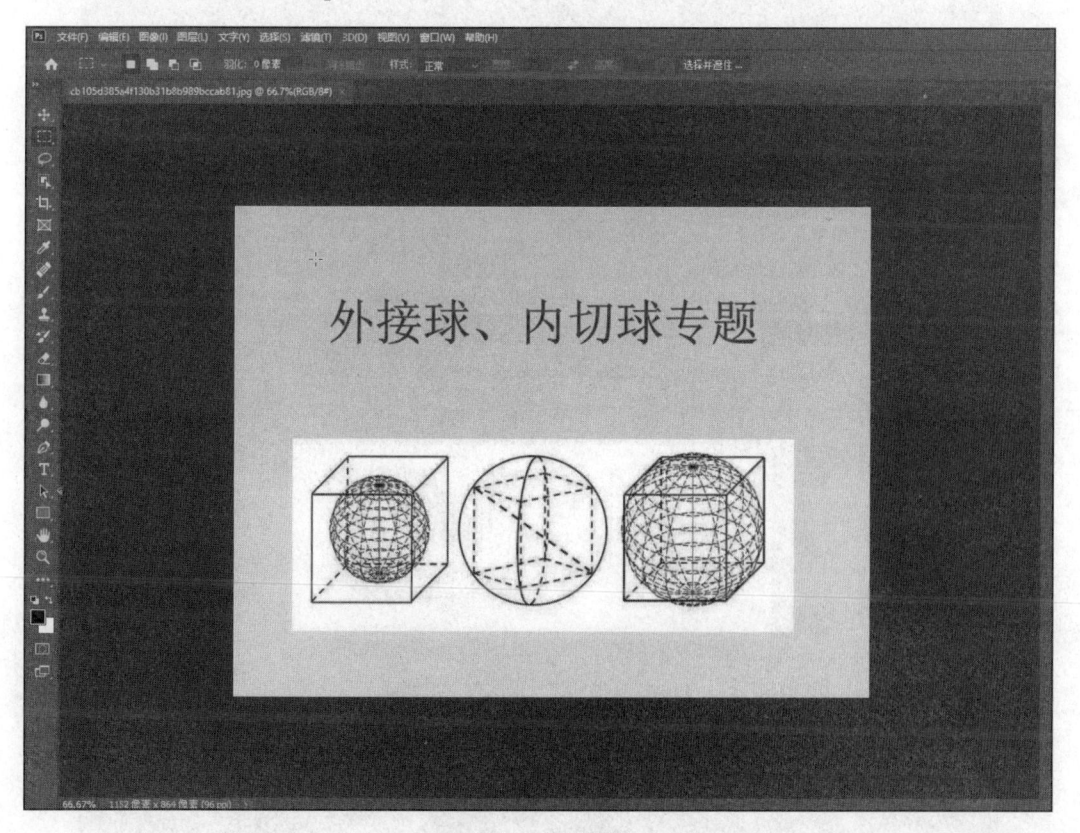

图 6-14 打开照片

步骤 2：在工具箱中选择"裁剪工具"，在图像上单击并拖动鼠标以创建裁剪选框，如

图 6-15 所示。

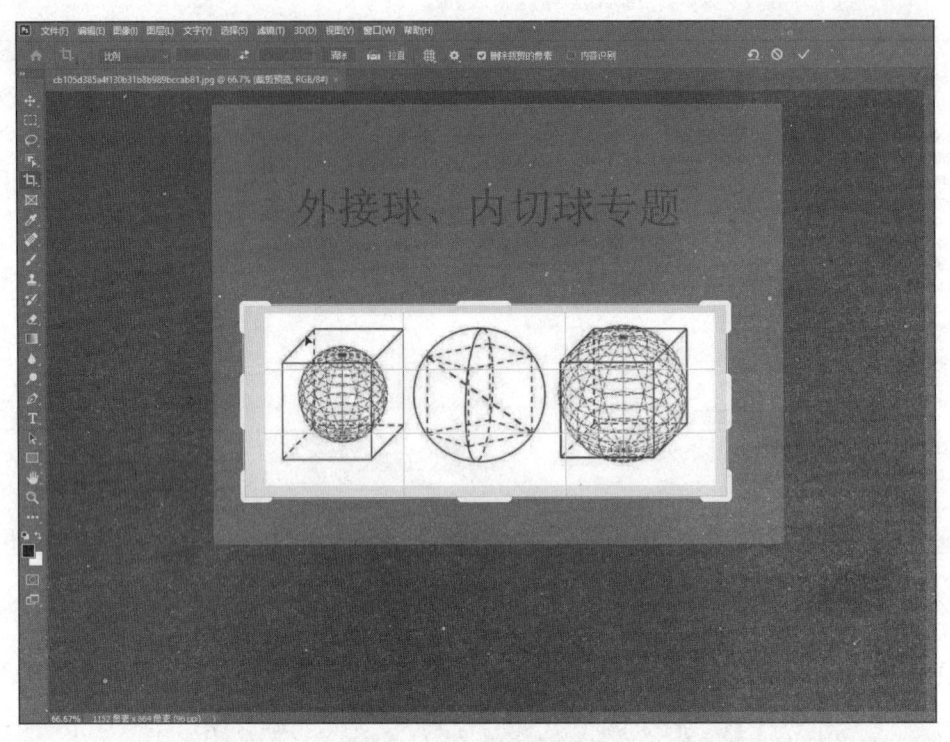

图 6-15 创建选框

步骤 3：按 Enter 键，通过上述方法即可完成裁剪商品照片的操作，效果如图 6-16 所示。

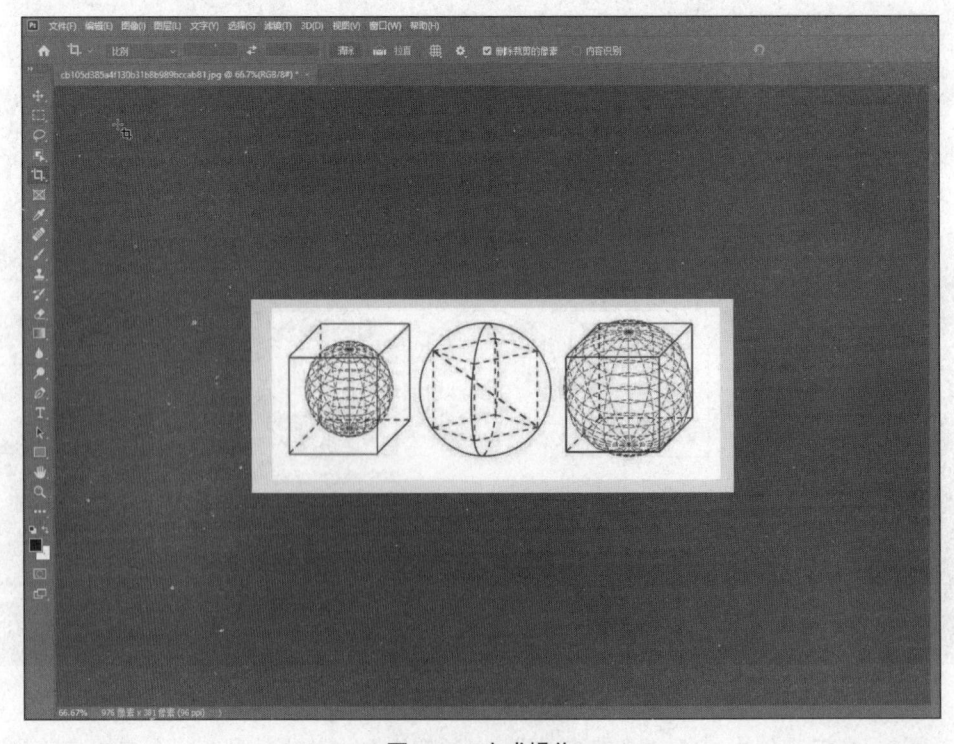

图 6-16 完成操作

3）旋转图片

步骤1：在Photoshop中打开原图，如图6-17所示，可以看出图中的物体竖向放置。

图6-17 打开图片

步骤2：按"图像"→"图像旋转"→"逆时针90度"的顺序选择，如图6-18所示。

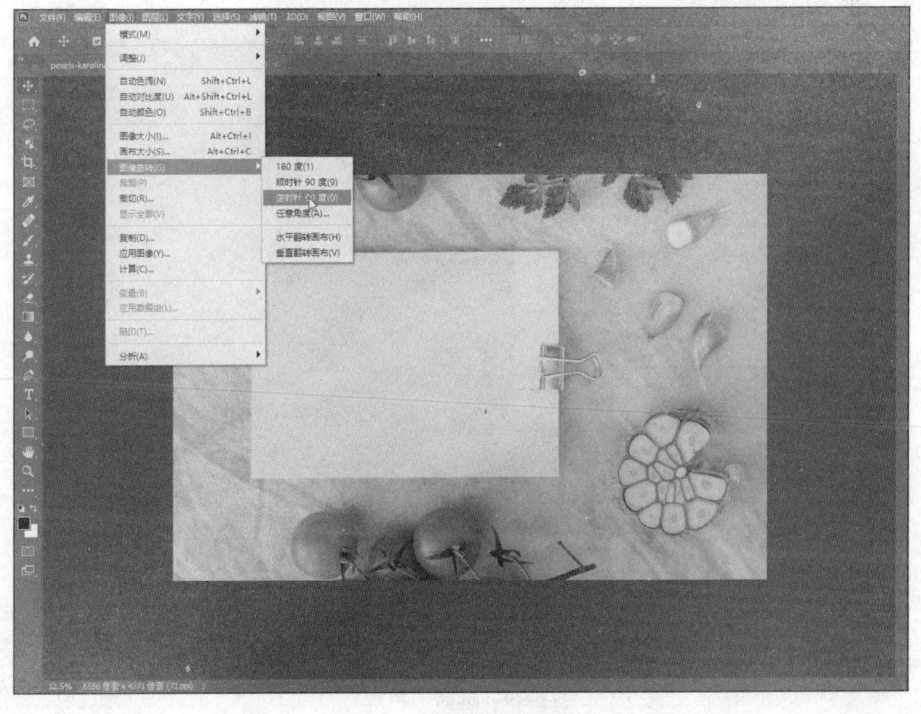

图6-18 选择"图像旋转"

步骤 3：旋转后的效果如图 6-19 所示。

图 6-19　完成操作

4）调整图片的亮度

通过调整曲线、亮度/对比度、色阶等可以调整图像的亮度，具体步骤如下。

（1）使用"色阶"调整亮度

步骤 1：选择下拉菜单中的"图像"→"调整"→"色阶"命令，如图 6-20 所示。

图 6-20　选择"色阶"

步骤 2：出现"色阶"对话框，在对话框中有三个三角形，画面左边的三角形代表图中暗部色调，中间的三角形代表图片的中间色调，而位于右边的三角形代表图片的亮部色调，如图 6-21 所示。

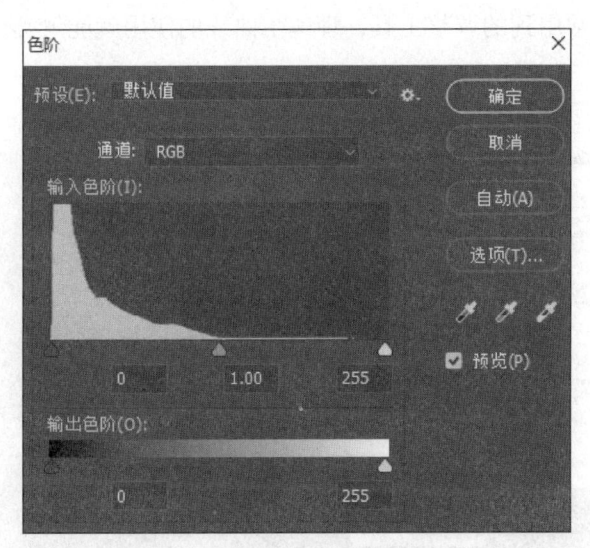

图 6-21　打开"色阶"对话框

步骤 3：以本范例照片来看，整体曝光稍显过暗，需要把照片调亮一些。右边三角形指标调整画面的最亮值，按住鼠标左键不放，稍微往左方移动，就可以发现整张照片色调会变亮一些，越往左移画面上的照片就越亮，可以根据自己的喜好及照片的状况自行调整，如图 6-22 所示。

图 6-22　最终效果

（2）使用曲线调整亮度

虽然 Photoshop 提供了很多不同原理的亮度调整工具，但实际上最为基础也最好掌握的就是曲线工具。其他工具，如"亮度/对比度"命令等，都是由此派生出来的。曲线工具是 Photoshop 中最常用到的调整工具，理解了曲线的使用就能触类旁通地应用很多其他色彩调整命令。

步骤 1：选择下拉菜单中的"图像"→"调整"→"曲线"命令，如图 6-23 所示。

图 6-23 选择"曲线"命令

步骤 2：出现"曲线"对话框，如图 6-24 所示。

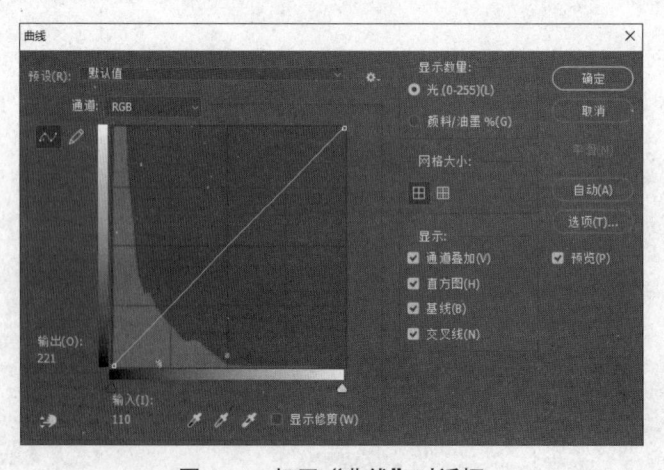

图 6-24 打开"曲线"对话框

步骤 3：用鼠标点选曲线上的小黑点，可以上下、左右移动，此时图片随着小黑点的移动，亮度和对比度也在发生变化，小黑点越往上，亮度越高，小黑点越往左，对比度越弱；小黑点往右边移动时，亮度变暗，对比度也将加强。可以根据产品的实际样貌调整合适的亮度，如图 6-25 所示。

图 6-25　最终效果图

5）调整图片的颜色

严谨的色彩调整，必须经过复杂的调整手续，若图片对色彩要求没有那么严格，色彩不要偏差太多即可，下面提供几个简单的步骤。

步骤 1：打开要处理的照片，如图 6-26 所示。

图 6-26　打开照片

步骤 2：选择下拉菜单中的"图像"→"调整"→"色相/饱和度"命令，如图 6-27 所示。

图 6-27 选择"色度/饱和度"命令

步骤 3：在弹出的面板中进行参数设置，这里没有具体的值，但可以在"预览"选项前打钩，然后根据效果调整颜色，如图 6-28 所示。

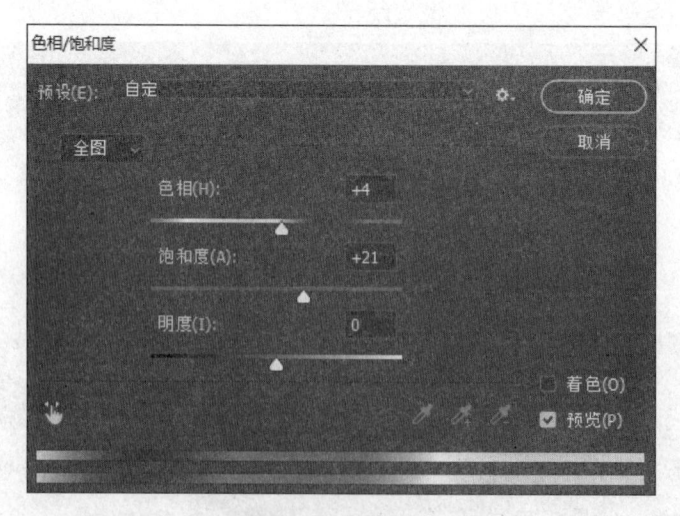

图 6-28 设置选项

步骤 4：继续选择"图像"→"调整"→"色彩平衡"命令，如图 6-29 所示，在弹出的对话框中，根据"预览"效果调整各个颜色的数值。

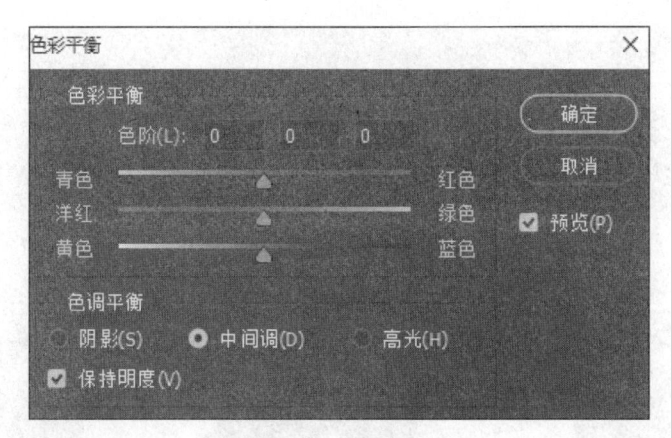

图 6-29 设置参数

步骤 5：这样图片调色的基本操作就完成了，如果觉得图片过亮或过暗，可以对图片的亮度进行调节，如图 6-30 所示。

图 6-30 最终效果

6）抠图

步骤 1：启动 Photoshop 2022，打开图片后，在工具箱中选择"魔棒工具"，在工具栏中单击"添加到选区"按钮，在"容差"文本框中设置容差值后，单击图像的背景区域即可选择背景图像，如图 6-31 所示。

步骤 2：按 Ctrl+Shift+I 组合键反选图像之后即可完成使用魔棒工具抠图的操作，如图 6-32 所示。

166　现代教育技术

图 6-31　选择"魔棒工具"

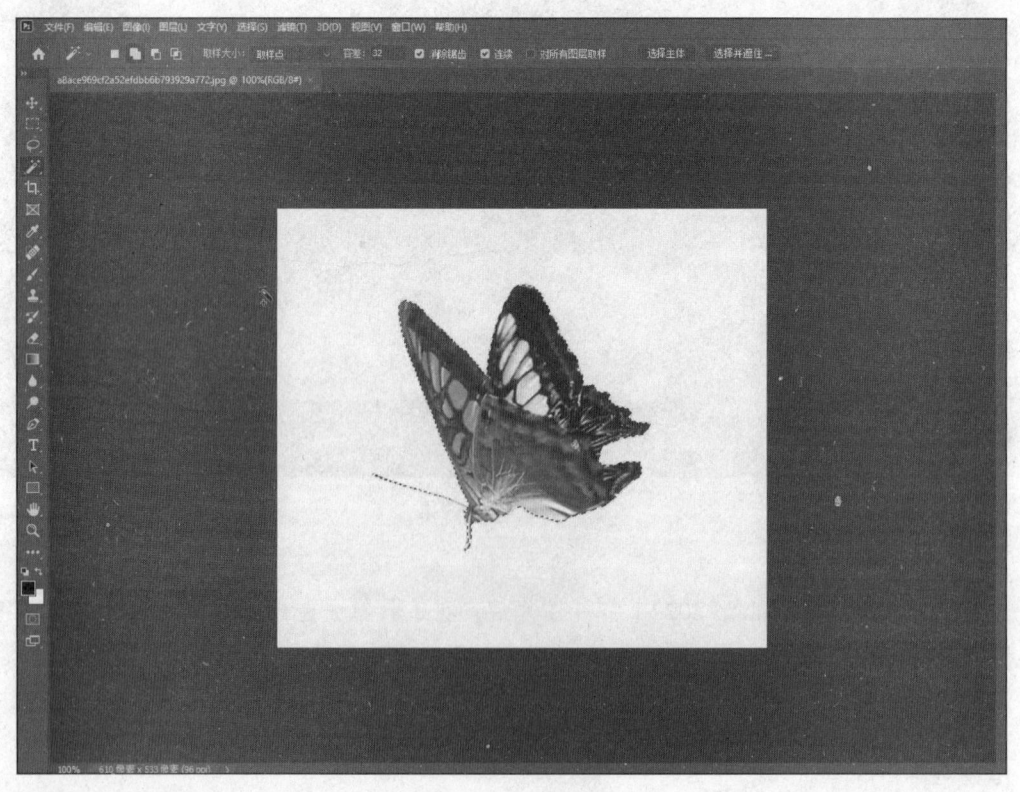

图 6-32　完成抠图

7）图片合成

步骤1：打开两张图片素材，如图6-33和图6-34所示。

图 6-33　图片素材一　　　　　　　图 6-34　图片素材二

步骤2：在工具栏中选中"魔棒工具"，选中图片中的蝴蝶，如图6-35所示。

图 6-35　选中蝴蝶

步骤 3：将图 6-35 选取的范围复制到图 6-34 中，调整到合适的位置及大小，最后保存图片，如图 6-36 所示。

图 6-36 最终合成图片

6.4 数字音频与数字视频资源的建设

6.4.1 音频文件的格式及特点

1. 音频的基本知识

音频是多媒体资源建设中的重要元素。人耳能听到声音的频率范围为 20~20000Hz。响度、音高和音色为声音的三要素。响度又称音强，即声音的大小，取决于声波振幅的大小；音高又称音调，与声音的频率有关，频率高则声音高，频率低则声音低；音色则是由混入基音的泛音决定的,每个基音又有固定的频率和不同音强的泛音,从而使每个声音具有特殊的音色效果。

多媒体教学资源建设中常用的音频包括语音、效果声和音乐三种形式。语音指人们讲话的声音;效果声指声音的特殊效果,如雨声、铃声、机器声、动物叫声等,效果音既可以来自自然界中的录音,也可以采用特殊方法人工模拟制作;音乐则是表达人们思想感情、反映现实生活的一种艺术化声音形式。

2. 音频文件的格式及特点

由于音频数字化过程中采用的技术指标不同,因而产生了不同的音频文件格式。在多媒体教学资源建设中常用的音频文件格式及特点如表 6-2 所示。

表 6-2 音频文件格式及特点

格 式	特 点
WAV	WAV 格式音频文件的特点是声音层次丰富、还原性好、表现力强,如果使用足够高的采样频率,其音质极佳。此外,几乎所有的播放器都能播放 WAV 格式的音频文件,而且各种多媒体工具软件都能直接使用此类音频文件。但是,WAV 格式的音频文件较大,不利于网络传播
MID	MIDI(乐器数字接口)是一个电子音乐设备和计算机的通信标准。MIDI 数据不是声音,而是以数值形式存储的指令,因此容量小、效果清晰,主要用于音乐制作
MP3	MP3 音频文件是活动视频文件 MPEG 文件的声音部分,文件扩展名为 .mp3。这类音频文件的音质能达到 CD 的质量,表现能力与波形文件基本相同,但文件大小比波形文件要小得多。MP3 文件可以在大多数多媒体创作工具中较为容易地调用,但在个别工具中也需要调用外部函数来支持文件的导入
WMA	WMA 格式是微软公司开发的网络数字音频压缩格式,在保持音质的前提下采用较低的采样率,兼顾网络传输需求和声音质量,在压缩比和音质方面都超过了 MP3 格式,因此应用越来越广泛
CAD	CAD 格式为 CD 唱片所采用的格式,取样频率为 44.1kHz,量化位数为 16 位。CAD 格式是一种近似无损的格式,音质非常好,可以完全再现原始声音,但文件无法编辑,容量很大
MP4	MP4 格式使用 MPEG-2AAC 技术,与 MP3 格式相比,音质更加完美而压缩比更大

6.4.2 数字音频资源的加工处理

语言解说与背景音乐是多媒体教学软件的重要组成部分。通常人们最初获取的音频并不是最终所要的音频,需要经过进一步的编辑、合成、降噪、美化等处理,这就需要用专门的音频处理软件来进行处理。

1. 声音格式的转换

通常音频分为三类,即波形声音、MIDI 和 CD 音乐,在多媒体教学软件中使用最多的是波形声音。如果素材是 RA、RM、RAM、APE 等格式的音频,就需要进行格式转换。

音频格式的转换可以通过音频文件格式转换器来轻松解决,操作比较简单,易于掌握。在文件格式转换的过程中需要注意一些问题，比如，一些高质量的文件格式可以转换成低质量的文件格式，而低质量的文件格式转换成高质量的文件格式时，其质量并不会真正得到提高。比如，把一个 MP3 格式的文件转换成 WAV 格式，只是文件变大了，音质并不会得到提高，所以进行格式转换时应把握的一个原则是"向下转换"。

2. 声音的编辑

音频的编辑主要包括音频的复制、移动、删除等操作。例如，需要重复使用的声音可以直接采用已有的部分通过复制得到，录制过程中不需要的部分可以直接删除等。

3. 声音的合成

可以把背景音乐或伴奏带与人声合成一个文件，如制作解说文件时，就可以先录制解说人员的声音，然后将人声与背景音乐合成，也可以直接用软件在播放背景音乐的同时，录入解说人员的声音，保存为一个文件即可。

4. 降噪

自己录制声音时，由于声卡、麦克风及录音环境都达不到专业标准，会把噪声一起录进去，所以后期可以通过软件对声音文件进行降噪处理，把环境噪声消除，使声音更加清晰。

5. 调整音高

录制者的音高不同，在与背景音乐不匹配时，可以通过软件调整音高，既可以把原来较低的声音调高，也可以把原来较高的声音调低，以达到满意的效果。

6. 声相处理

录制好的人声一般是单声道，听起来会感觉很单调，没有空间感。这时可以用软件中的声相效果器来处理，改变原有声音的声相状态、声场宽度、输出电平等，也可以通过效果器来增加混响效果，或通过调音台来增加低音、消减高音等，从而达到一个满意的效果。

7. 声音美化

一些声音激励器（如 BBE Sonic Maximizer）可以修饰和美化声音信号，增强声音的穿透力，增加原声的质感与空间感。

8. 录音及音频素材处理软件——Adobe Audition CC 2015 的操作与应用

Audition 是一款集声音的采集与处理于一体的音频软件，以界面简洁、简单易学、功能齐全而受到广大用户的喜爱。下面以 Adobe Audition CC 2015 为例介绍其操作与应用。

1）认识 Adobe Audition CC 2015 的界面

Audition 启动以后，出现的界面分单轨界面和多轨界面，可以通过"波形""多轨"按钮来切换。图 6-37 和图 6-38 分别是 Adobe Audition CC 2015 的单轨界面截图和多轨界面截图。Audition 窗口有菜单栏、工具栏、播放控制按钮、放大/缩小按钮，最大的显示区为单轨界面或多轨界面。

在单轨界面下，分为左右两个声道，可以对一个音频文件进行打开、编辑、效果处理、保存等操作。

在单轨界面下打开音频文件，在音轨上右击，在弹出的快捷菜单中选择"插入到多轨混音中"命令，可以把音频插入多轨界面的音轨中，如图 6-39 所示。

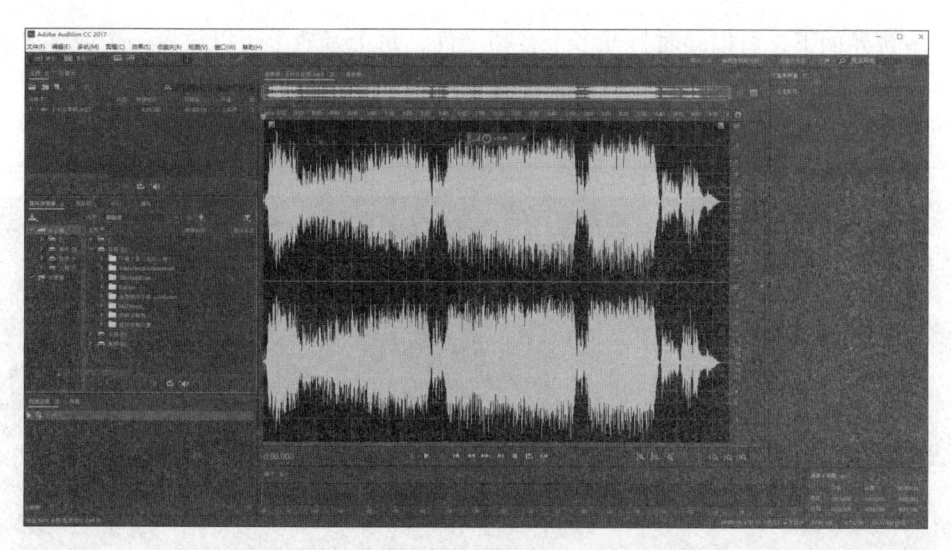

图 6-37 单轨界面

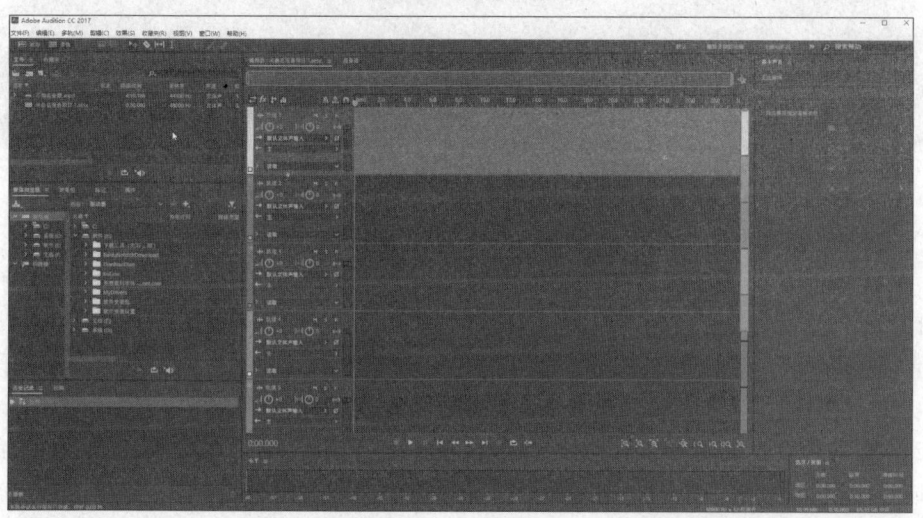

图 6-38 多轨界面

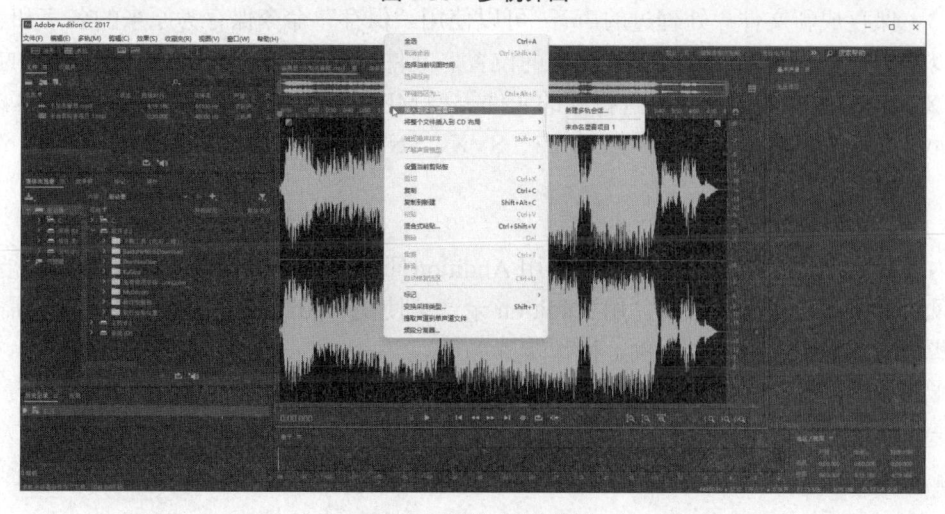

图 6-39 插入多轨音频

在多轨界面下，可以同时打开多个音频文件，每个音轨上可以放置一个或多个文件，并且可以同时对多个音频文件进行处理，如图 6-40 所示。在多轨界面下打开的音频文件，用拖动的方法，可以放到不同音轨中。

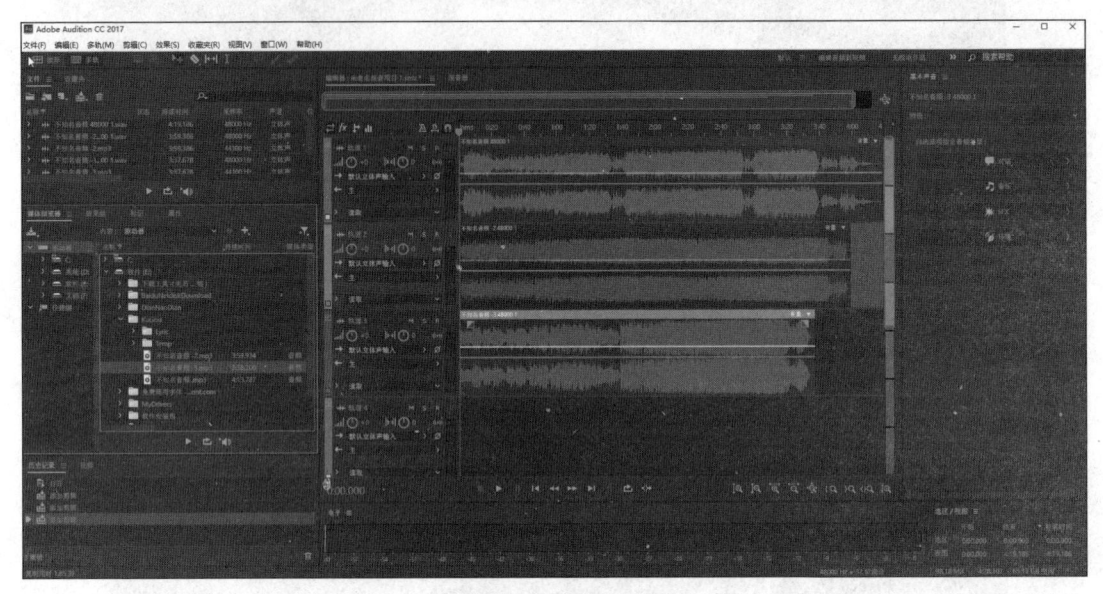

图 6-40　通知处理多轨道音频

2）编辑音频

在单轨界面下，选择"文件"菜单中的"打开"命令或单击工具栏中的"打开"按钮，打开一个音频文件，这时可以对这个音频文件进行各种编辑操作。

（1）选中一段声音。单击鼠标，即可把一段声音选中，按住鼠标左键可以使这段声音在音轨上左右拖动；双击鼠标，能够全部选中；再单击鼠标，可以释放选中状态。

（2）复制声音。先选中要复制的部分，按 Ctrl+C 组合键，然后单击要插入的位置，按 Ctrl+V 组合键粘贴。选中后，如果使用"剪切"命令，是移动操作；如果使用"删除"命令，则会将此部分声音消除。

（3）保存成新文件。处理过的声音，可以使用"保存"命令保存为原来的名字和类型，也可以使用"另存为"命令，更改存储的位置、文件名称和文件格式。比如，原来的文件是 SVX 格式，"另存为"的时候，选择新的文件类型 MP3 格式，则新生成的文件为 MP3 格式。Audition 支持的声音格式有 WAV、MP3、SVX、SND、VOC、VOX、DWD、AU、ASX、PCM、WMA 等。

3）内录或外录音频

内录是指把在计算机上播放的歌曲用 Audition 重新录成一个音频文件。外录是指运用麦克风、耳机等设备播放歌曲，用 Audition 录音。使用 Audition 进行内录或外录，需要完成一些相应的设置，以内录为例，操作步骤如下。

步骤 1：双击 Windows 任务栏右边"音量"（小喇叭）图标，在弹出的"主音量"窗口中选择"选项"→"属性"命令，在弹出的"属性"对话框中选择"录制"选项，然后在"显示下列音量控制"项中取消勾选"麦克风"复选框，勾选"立体声混音"复选框，单击"确定"按钮。

步骤 2：启动 Audition，将录音状态设置在内录状态，然后新建音频文件，如图 6-41 所示。

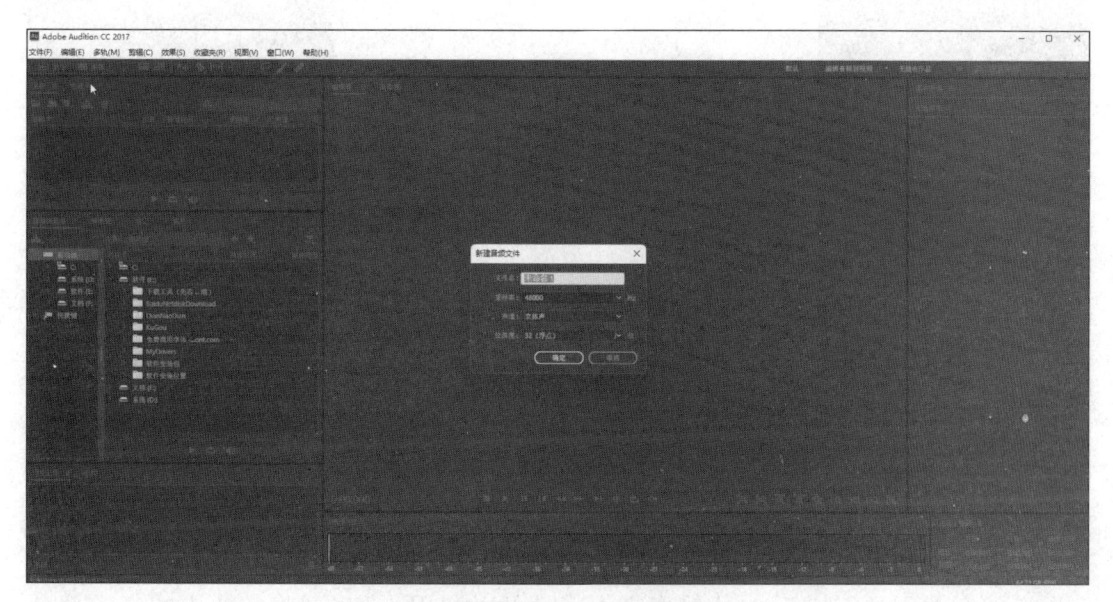

图 6-41　新建音频文件

步骤 3：在单轨界面下，单击左下方播放控制台中的"录音"按钮，播放计算机中的歌曲，就可以开始内录，如图 6-42 所示。

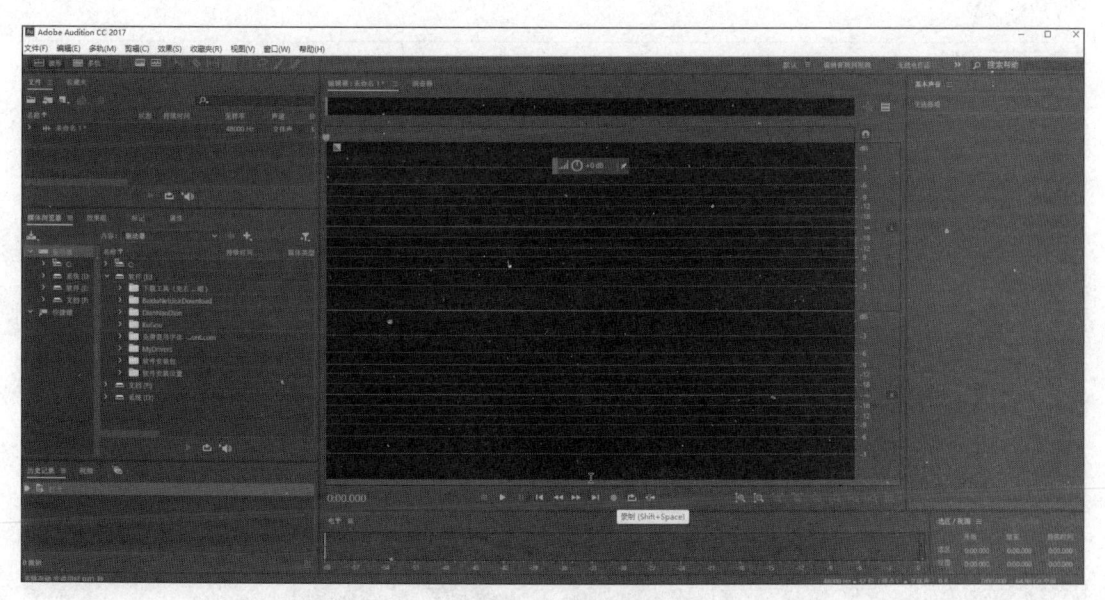

图 6-42　开始录音

步骤 4：单击"停止"按钮，可停止录音，如图 6-43 所示。

需要注意的是，运用 Audition 进行录音，录音的质量不仅会受用户设备（如麦克风、话筒、耳机等）质量的影响，还会受到周围环境噪声的影响。

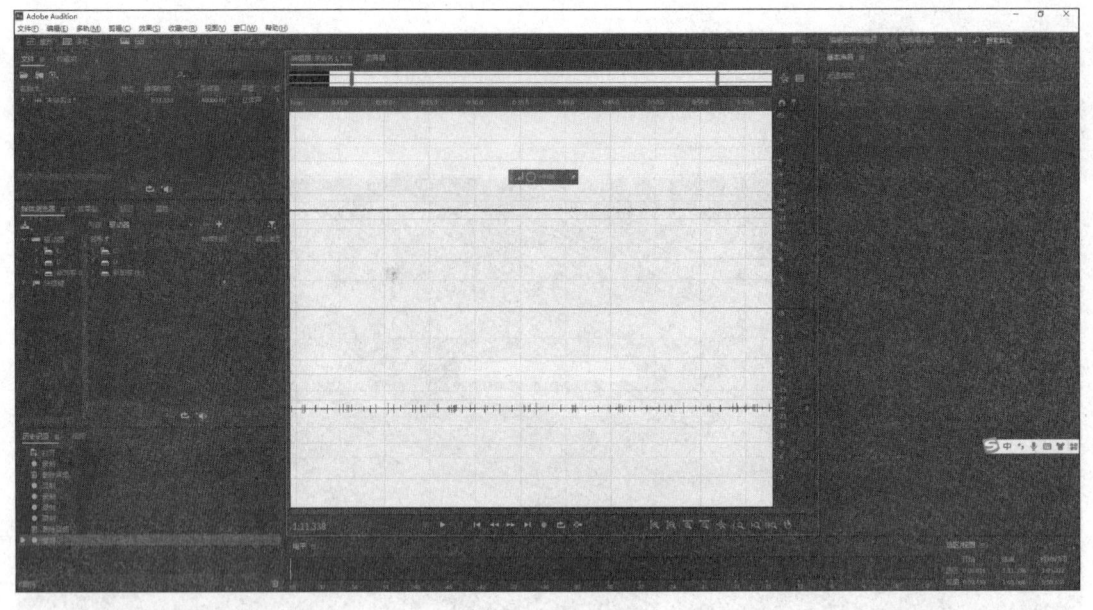

图 6-43 暂停录制

4)制作伴奏带

有的时候需要一首歌曲的伴奏带,这时可以利用 Audition 将歌曲中的音乐部分"剥离"出来,操作步骤如下。

步骤 1:启动 Audition,打开要制作伴奏带的歌曲文件,双击全部选中,如图 6-44 所示。

图 6-44 选中文件

步骤 2:选择"效果"→"立体声声像"→"中置声道提取"命令,在弹出的"中置声道提取"对话框的"预设"下拉列表中选择"人声移除"选项,单击"应用"按钮,如图 6-45 所示。这时会出现一个进度条,Audition 开始进行处理,去掉歌曲中的原唱声音。

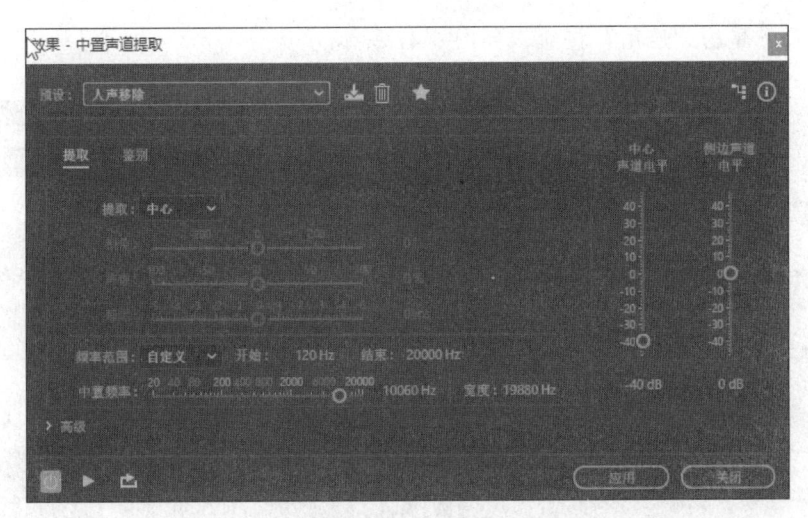

图 6-45 选择"人声移除"选项

用这种处理方法得到的伴奏带,原唱声音不会消除得十分干净,但是能够满足一般的教学需要。

5)拼接两段音频

现在需要把两段来源不同的音频文件拼接成一个音频文件,操作步骤如下。

步骤 1:启动 Audition,在单轨界面下,打开作为开头部分的音频文件,进行一定的剪辑处理后,留下需要的部分等待进一步处理,如图 6-46 所示。

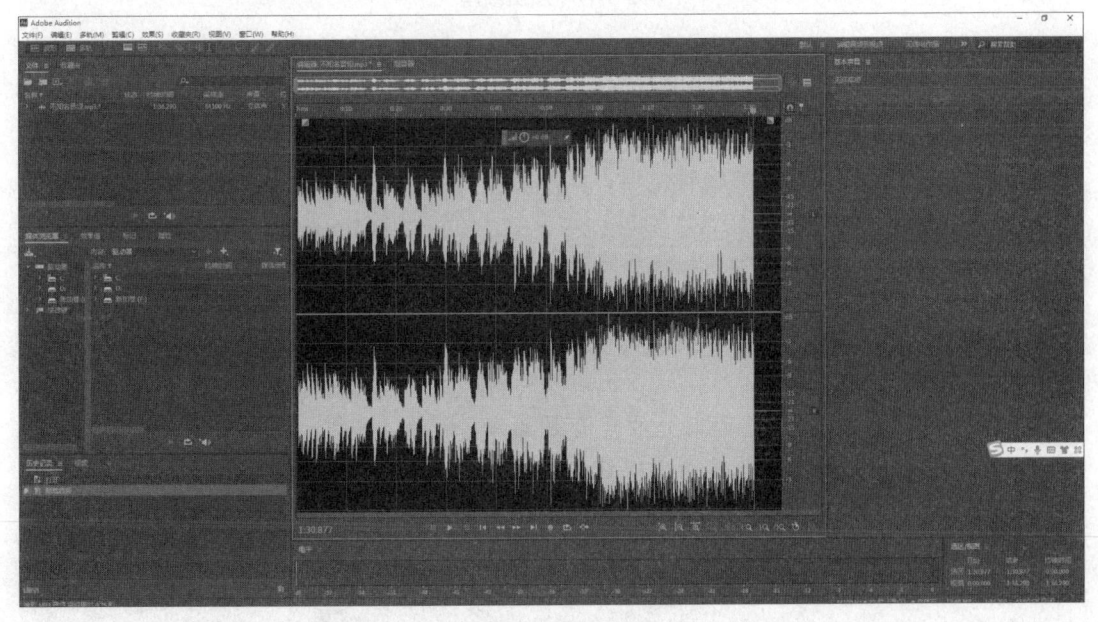

图 6-46 打开文件

步骤 2:对留下部分声音的结尾处进行处理,使过渡自然。

方法如下:用鼠标拖选后面的一部分声音,选择"效果"→"振幅与压限"→"淡化包络(处理)"命令,在弹出的"效果 - 淡化包络"对话框的"预设"下拉列表中选择"平滑淡出"选项,单击"应用"按钮,如图 6-47 所示。

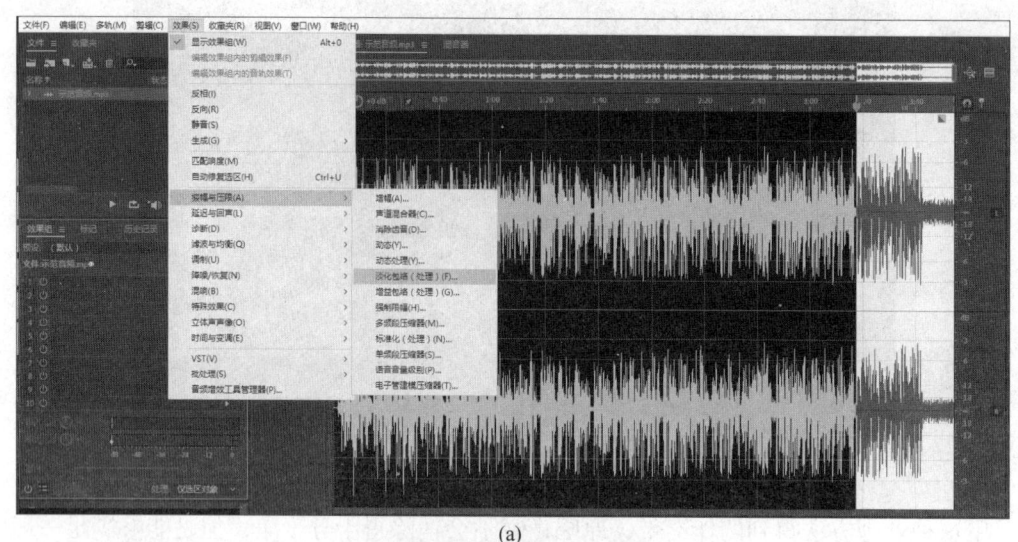

图 6-47　淡出结尾

步骤 3:右击,在弹出的快捷菜单中选择"插入到多轨混音中"命令,如图 6-48 所示,把处理好的前半部分声音先放到多轨界面一个音轨中。在多轨界面中,导入另一个音频文件作为后半部分。对该音频文件先进行所需的各种编辑处理,然后选中音频前面的一小段,等待处理。

步骤 4:选择"效果"→"振幅与压限"→"淡化包络(处理)"命令,在弹出的"效果-淡化包络"对话框的"预设"下拉列表中选择"平滑淡入"选项,单击"应用"按钮,如图 6-49 所示。

步骤 5:播放,试听,前面部分的声音是渐渐开始的。这时,右击,在弹出的快捷菜单中选择"插入到多轨混音中"命令,把处理好的后半部分声音放到多轨界面另一个音轨中。将第二段文件拖动到第一段文件的末尾,然后保存成新文件即可,如图 6-50 所示。

6)调整音高或音速

(1)调整音高。用 Audition 打开一段音乐,选择"效果"→"时间与变调"→"变调器(处理)"命令,在弹出的"变调器"对话框中选择"预设"下拉列表中的

图 6-48　插入到多轨混音中

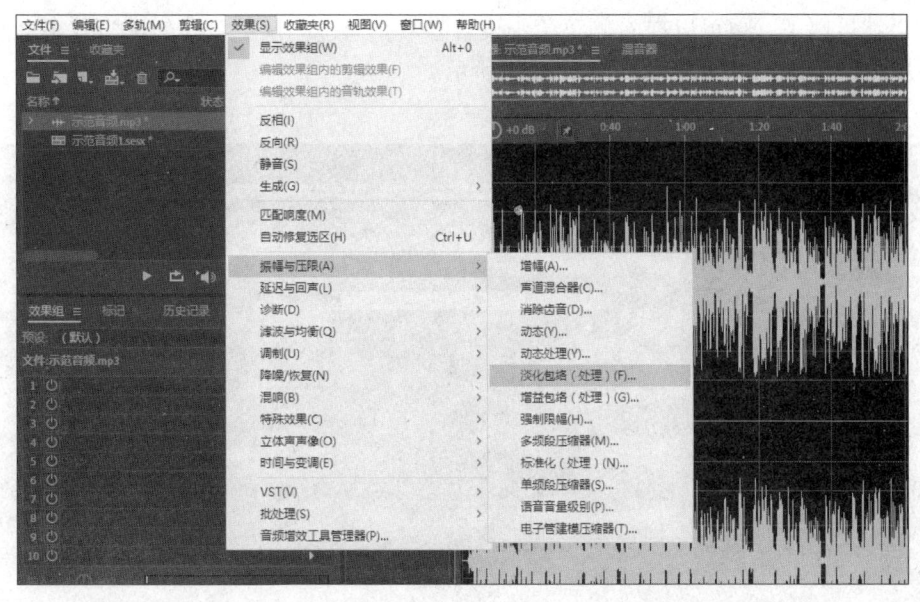

(a)

(b)

图 6-49　平滑淡入

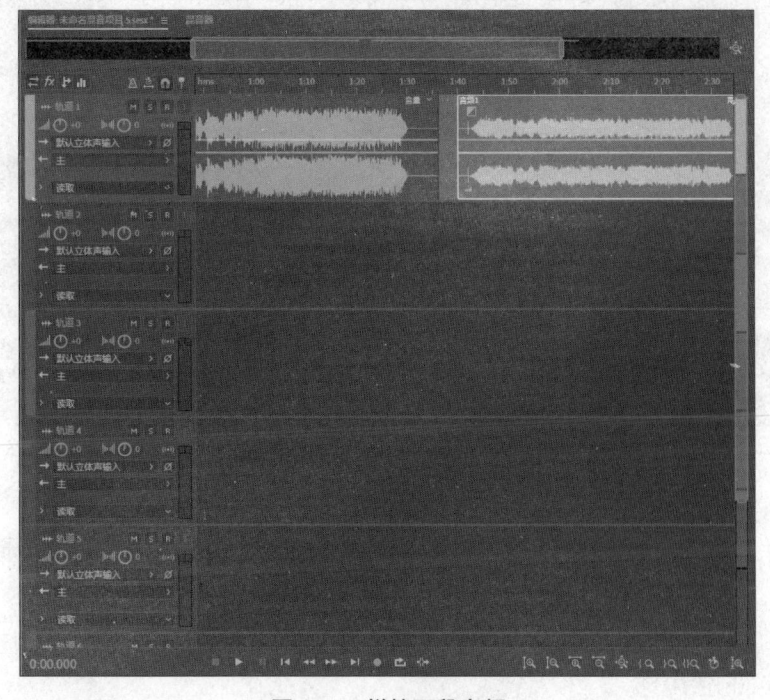

图 6-50　拼接两段音频

一种效果就可以了。也可以在右侧菜单中设置参数,通过"预览"按钮试听效果,效果满意后,单击"确定"按钮即可,如图 6-51 所示。

图 6-51 设置"变调器"参数

(2)调整音速。用 Audition 打开一段音频,选择"效果"→"时间与变调"→"伸缩与变调"命令,在弹出的对话框中根据需求设置相关参数即可,如图 6-52 所示。

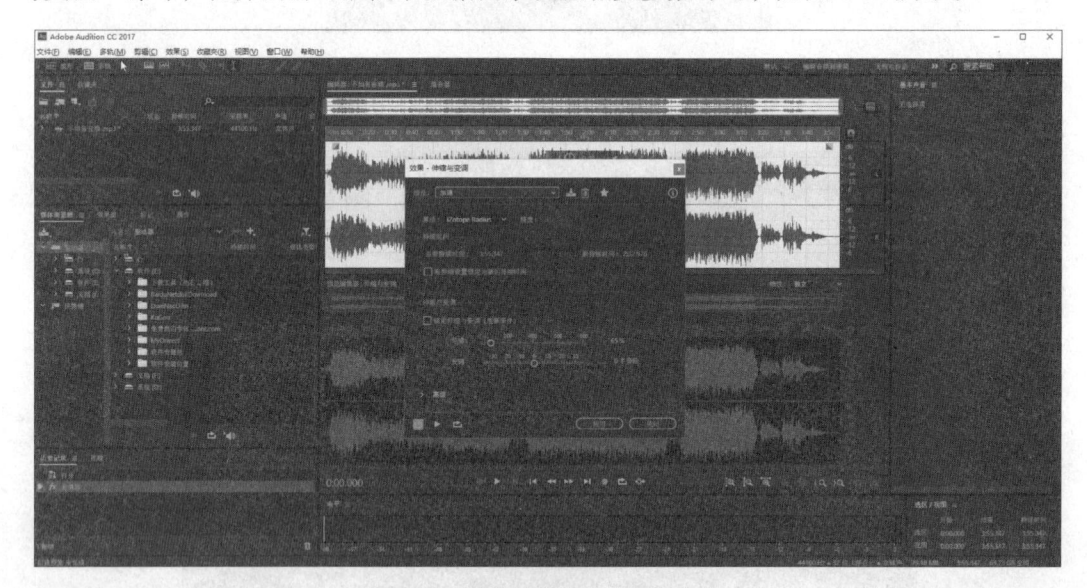

图 6-52 设置"伸缩与变调"参数

7)在伴奏带下录音

如果已有一首歌的伴奏,想把自己的声音录进去,合成一个音频文件,可以运用 Audition 的外录功能来实现,具体操作步骤如下。

步骤 1:启动 Audition,切换到多轨界面,找到伴奏带所在的文件,并把它拖到音轨一上,如图 6-53 所示。

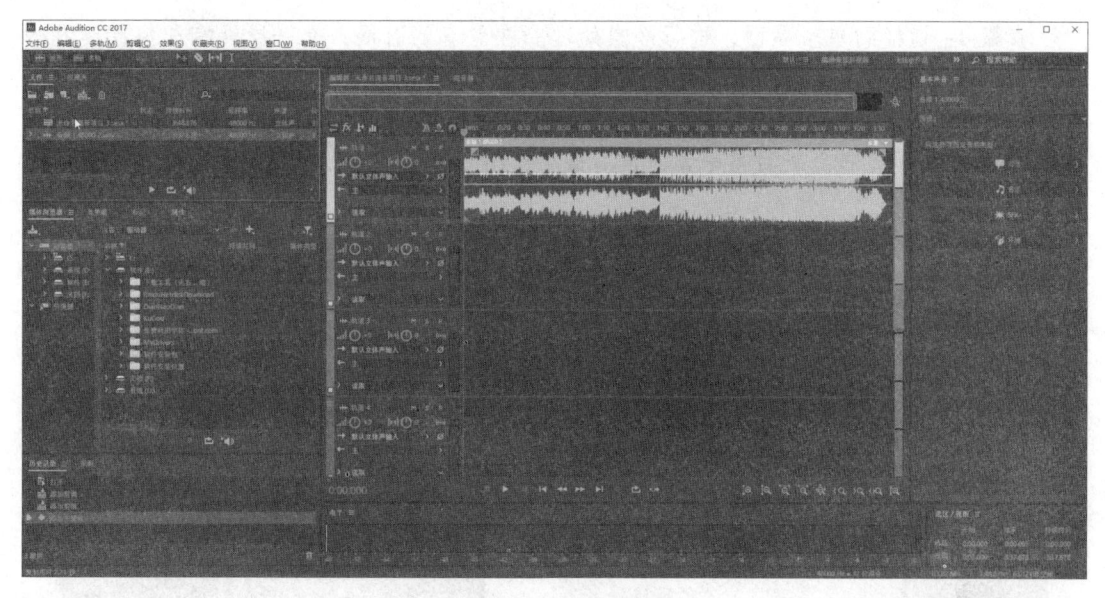

图 6-53 打开伴奏

步骤 2：双击系统任务栏右边的"小喇叭"图标，在弹出的"主音量"窗口中选择"选项"→"属性"命令，在弹出的"属性"对话框中选择"录音"单选项，然后在"显示下列音量控制"项中取消勾选"立体声混音"复选框，其他保持默认，确认"麦克风"复选框被选中，单击"确定"按钮，回到"主音量"窗口，这时再确定所有的静音选项均未选中，单击"确定"按钮，关闭对话框。

步骤 3：打开麦克风，戴上耳机，单击音轨二左边的"录音"按钮，再单击左下方播放控制台的"录音"按钮，开始进行人声录制，歌曲结束后单击"停止"按钮，完成录音，如图 6-54 所示。

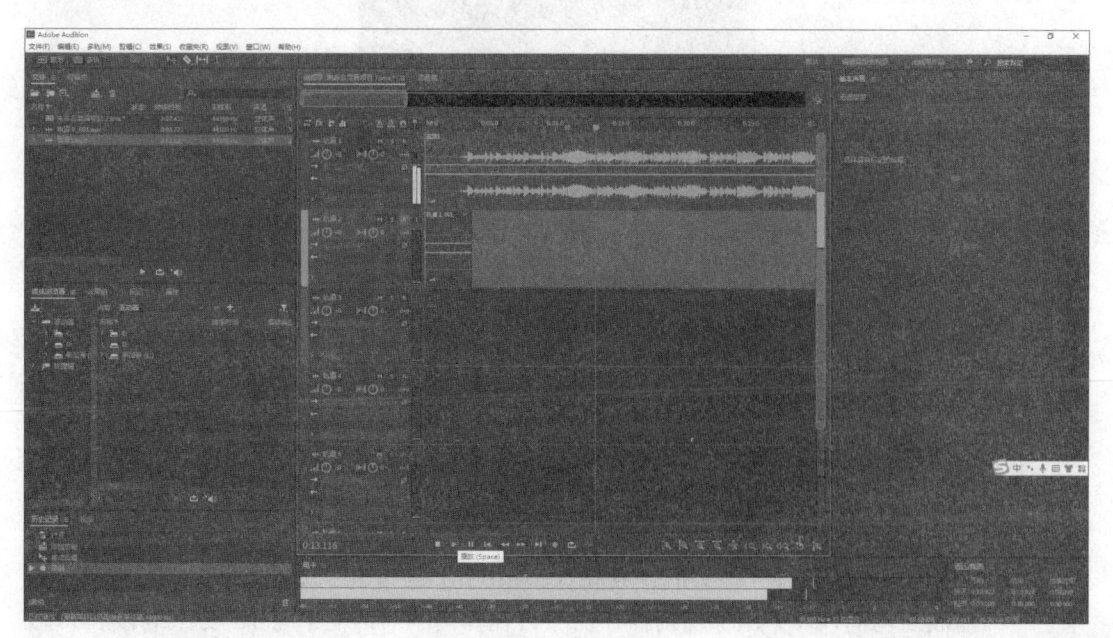

图 6-54 录制人声

步骤 4：切换到单轨界面，进行降噪处理。在录音的时候，有一段没有任何伴奏和人声的室内环境噪声，将此声音作为降噪采样部分，选中此部分（几秒钟即可），然后选择"效果"→"降噪/修复"→"降噪"命令，在"预设"中选择降噪效果，选择"处理焦点"，单击"预览"按钮进行效果试听，单击"应用"按钮，即可实现降噪处理，如图 6-55 所示。

(a)

(b)

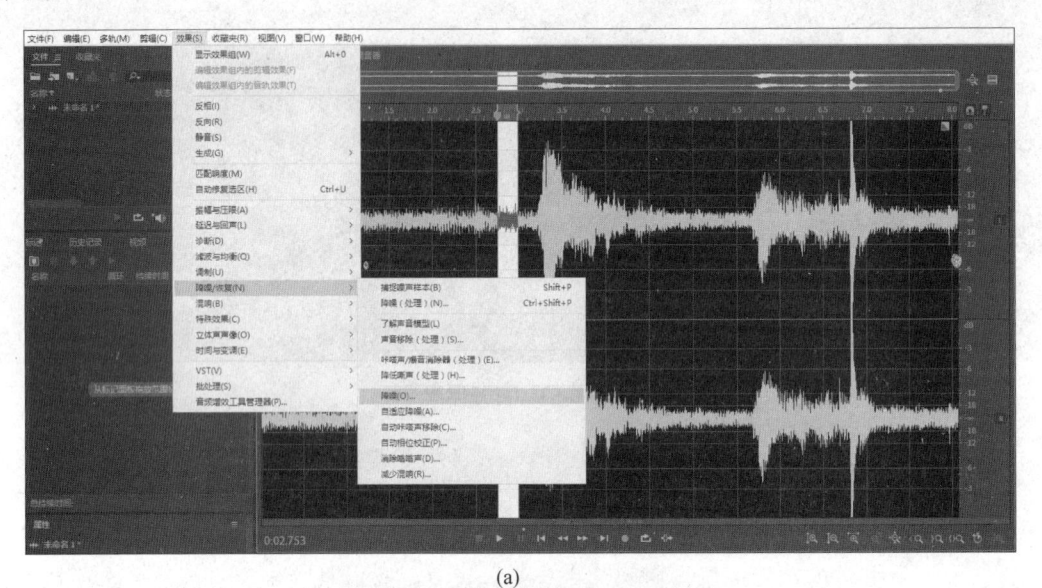

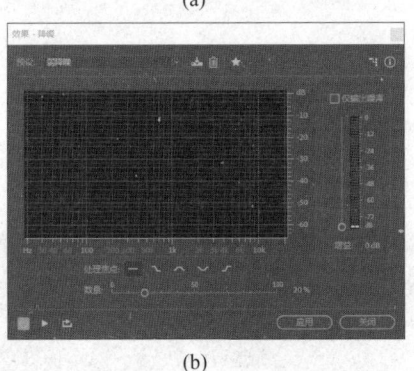

图 6-55 设置"降噪"参数

步骤 5：如果录制的人声音不够高，可以进行增大处理。选择"效果"→"振幅与压限"→"标准化"命令，在弹出的对话框中选择"100%"选项即可，如图 6-56 所示。

步骤 6：将合成后的文件保存为一个 MP3 格式的声音文件。

8）添加混响等音效

录制完成后，还可以添加一些音效，使声音变得更动听。双击录音文件，选择"效果"→"混响"命令，再选择"卷积混响""完全混响""混响""室内混响""环绕声混响"中的一个子命令即可，以选择"混响"为例，如图 6-57 所示。

另外，还可以给原声补充一些低音或高音，使声音富于变化。双击录音文件，选择"效果"→"滤波与均衡"→"图形均衡器"命令，在弹出的对话框中有 10 段、20 段、30 段

(a)

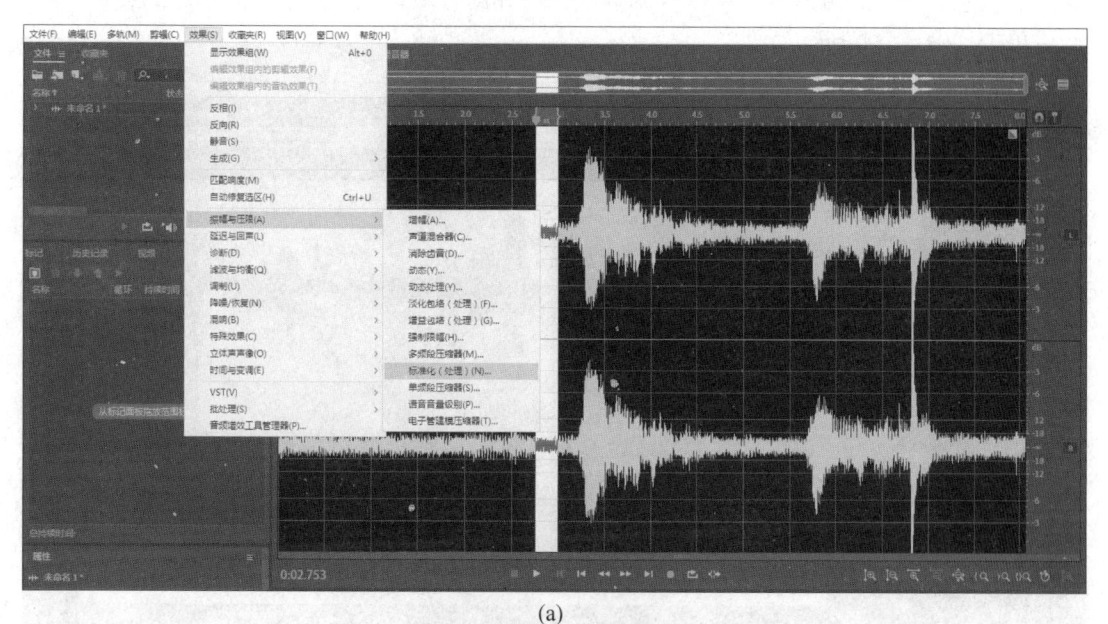

(b)

图 6-56 设置"标准化"参数

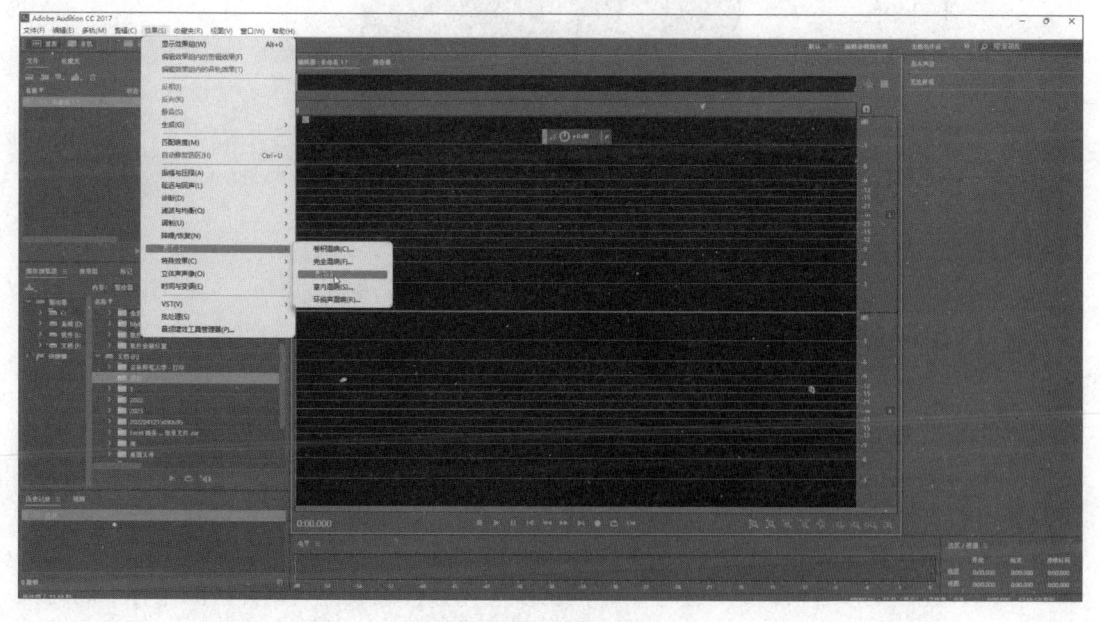

图 6-57 选择混响

均衡等，选择 10 段均衡，然后用鼠标调节低音块和高音块，直到满意为止，如图 6-58 所示，然后单击"确定"按钮。

(a)

(b)

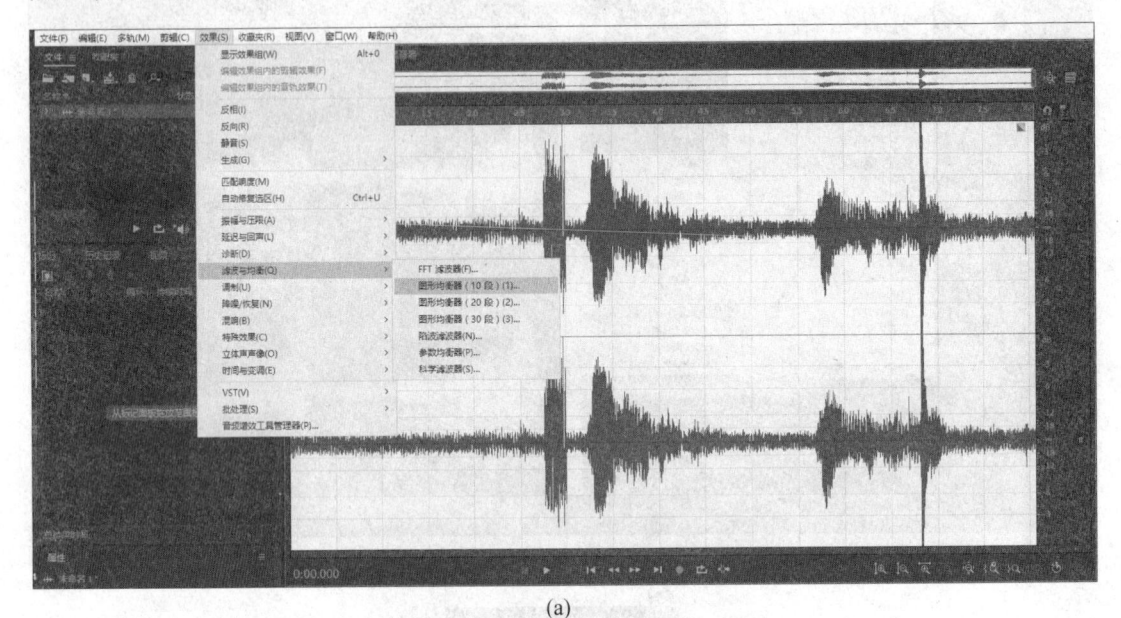

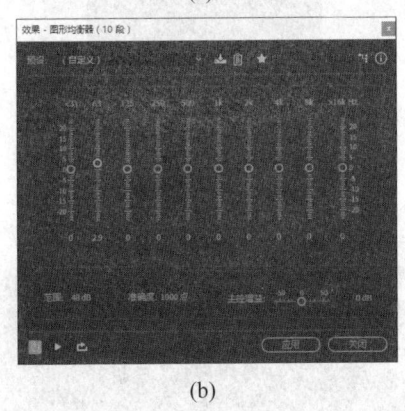

图 6-58　设置"图形均衡器（10 段）"参数

6.4.3　视频文件的格式及特点

视频文件是指拍摄、记录和再现真实人物、事物和景物的一组连续播放的数字图像和一段随连续图像同时播放的数字声音共同组成的多媒体文件。视频文件中的每一幅图像称为一帧，随视频同时播放的数字声音简称为伴音。由于视频中包含声音信息，因此在对视频进行压缩时，也要对其中的声音信息进行编码和压缩。

目前，视频文件的格式越来越多，不同的多媒体课件集成工具软件可能兼容不同的视频文件格式。常用的视频文件格式及特点如表 6-3 所示。

表 6-3　常用的视频文件格式及特点

格式	特　　点
AVI	微软推出的视频格式，可用来封装多种编码的视频流，如 DivX、XviD（这两种编码属于 MPEG-4 编码的变种）、RealVideo、H.264、MPEG-2、VC-1 等
MKV	与 AVI 格式一样，可用来封装多种编码的视频流，被誉为万能封装器
MOV	MOV 是苹果公司为在 Macintosh 微机上应用视频而推出的视频文件格式。苹果公司也推出了为 MOV 视频文件格式应用而设计的 QuickTime 软件。QuickTime 软件有在 Macintosh 机和个人计算机上使用的两个版本。QuickTime 软件和 MOV 视频文件格式已经非常成熟，应用范围广泛
WAV	微软公司主推的一种网络视频格式，常用来封装以 WMV、VC-1 编码的视频流，具有很高的压缩比
RM/RMVB	用来封装以 RealVideo 编码的音视频流，优点是具有很高的压缩比，缺点是多数视频编辑软件不支持 RealVideo 编码，需要转码才能使用
TS	高清视频专用的封装容器，多见于原版的蓝光、HD DVD 转换的视频影片，这些影片一般采用 H.264、VC-1 等最新的视频编码
MP4	目前被广泛应用于封装 H.264 视频和 ACC 音频
3GP	3GP 是一种常见视频格式，是 MP4 格式的一种简化版本，常用于手机
FLV	FLV 流媒体格式是 Sorenson 公司开发的一种视频格式，全称为 Flash Video。FLV 格式文件极小，加载速度快，目前在线视频网站多采用这种格式。访问网站时只要能看 Flash 动画，无须额外安装其他视频播放软件，就能观看 FLV 格式的视频

6.4.4　视频资源的加工处理

在许多时候，现存的视频文件不一定完全符合课件的需要，需要进行一定的编辑和效果处理。比如，截去视频文件中多余的部分，以减少课件所占磁盘的存储空间；通过加入其他视频、音频、文字等信息，对原视频文件进行各种处理，使之更符合教学课件的需要。目前操作较为简单的视频编辑软件是"剪映"。而对于简单一些的视频文件裁切工作，用超级解霸一类的工具就可以了。

下面我们介绍用剪映进行简单视频编辑的基本操作方法。

1. 添加剪辑素材

在应用商城中，下载并安装剪映。安装完成后打开应用即可进入剪映主界面，如图 6-59 所示。点击"开始创作"按钮即可进入视频剪辑。

进入素材库，将事先拍摄好的视频或图片素材导入时间轴编辑，也可导入多个素材进行剪辑操作，如图 6-60 所示。

在素材库中，选择需要导入的剪辑素材。然后点击右下角的"添加"按钮，即可完成素材添加操作。添加的多段素材将按照选择的顺序排列在时间轴上，如图 6-61 所示。

图 6-59　剪映主界面　　　　图 6-60　剪辑操作

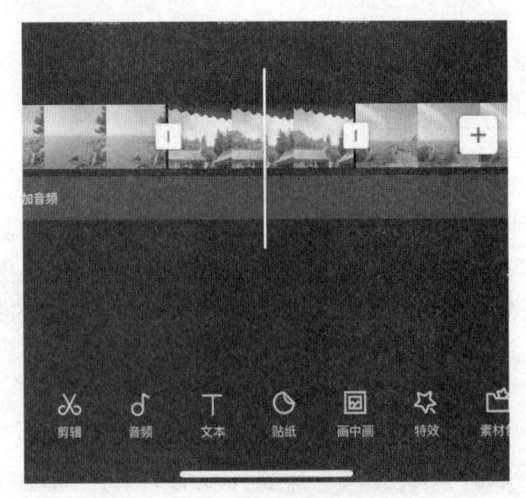

图 6-61　添加多段素材

如果需要继续在时间轴上添加一段新素材，则需要确定添加素材的时间位置，并将时间轴卡尺移至该时间位置上。最后点击右侧的"+"按钮，进行添加素材。

添加素材的前后顺序：卡尺位于某段素材前，则添加的素材在该素材前方，如

图 6-62（a）、(b) 所示。

(a)

(b)

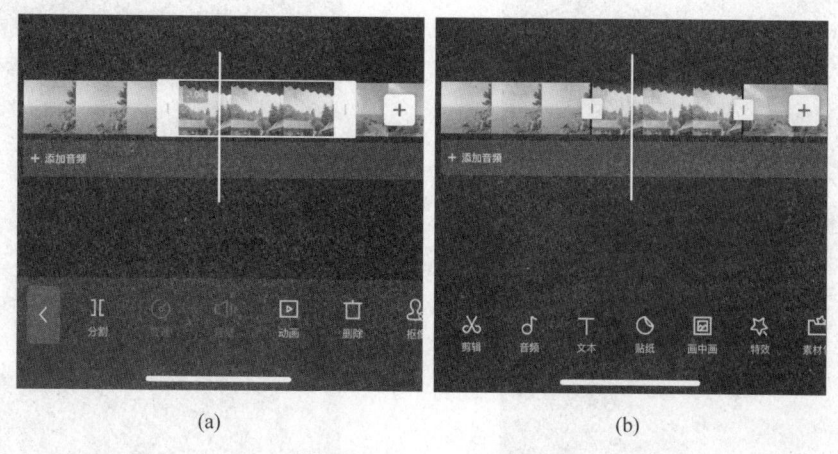

图 6-62　添加素材

卡尺位于某段素材后，则添加的素材在该素材后方，如图 6-63 所示。通过此方法，可以调整时间轴上素材的播放顺序。

(a)

(b)

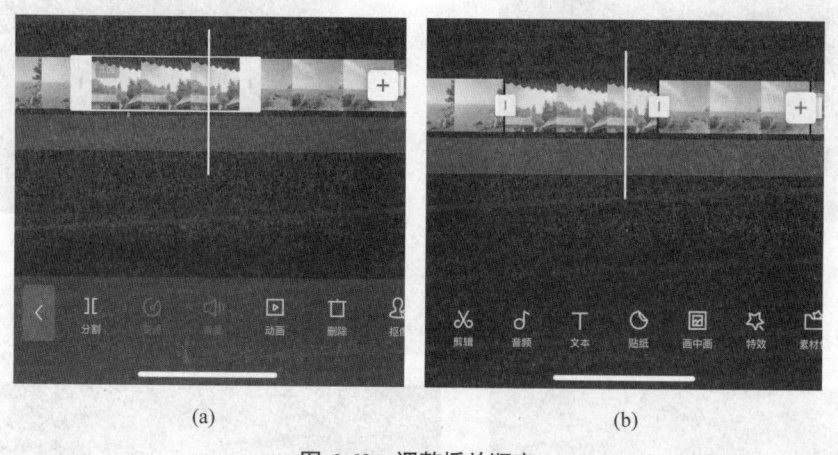

图 6-63　调整播放顺序

2. 删除素材

在剪辑过程中，如果素材展示效果不尽如人意，可以进行删除操作。在时间轴上选中需要删除的素材片段时，底端工具栏中，即刻显示"删除"按钮，点击该按钮完成素材删除操作，如图 6-64 所示。

下一个素材将自动和被删除素材的前一个素材连接，如图 6-65 所示。

在剪辑时，若出现误删或剪辑步骤出错等操作，可通过时间轴右上方的"撤回"和"重做"两个按钮进行调整，如图 6-66 所示。

3. 素材的剪辑与调整

1）调整素材长度

在保持视频素材播放速度不变的前提下，对选中的素材进行时间长度调整。可以通过拖动所选素材头尾两端的方框来实现素材时间长度的调整。先在时间轴上选中需要进行调节的素材，选中后可以看到素材现有的时长为 5 秒，通过拖动两侧方框来增加或减少素材

图 6-64　删除素材

图 6-65　素材连接

时长，如图 6-67 所示。

图 6-66　调整剪辑

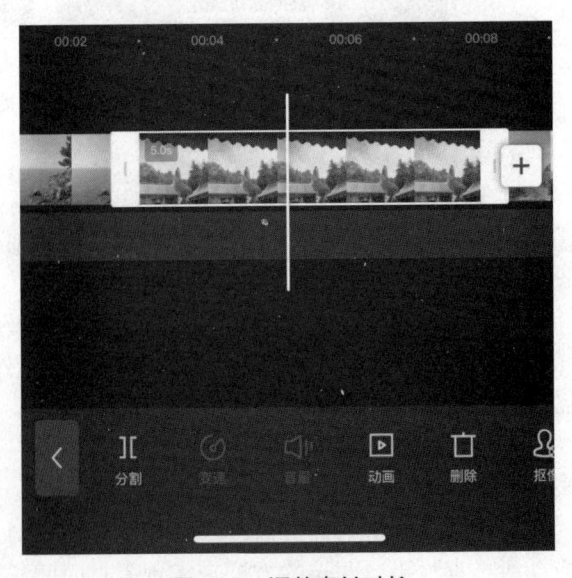

图 6-67　调整素材时长

2）调整素材播放速度

在剪辑视频时，适当调整视频的快慢节奏来配合伴奏音乐，会给人强烈的视听体验。在剪映中，可选择"常规变速"和"曲线变速"两种变速模式，如图 6-68 所示。

在"常规变速"模式下，可通过变速条自由调整视频素材的快慢，如图 6-69 所示。

图 6-68　调整素材播放速度　　　　　　　图 6-69　变速条

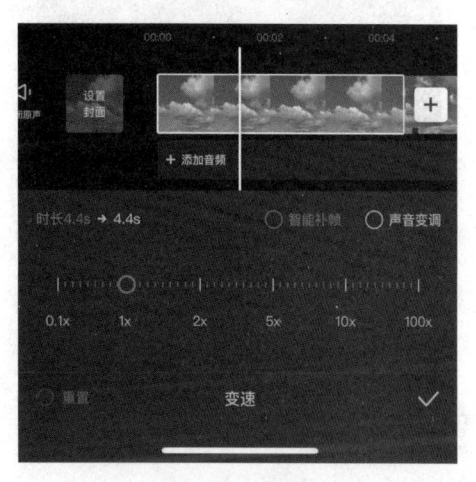

确定变速数值后，点击"√"按钮返回上一级，可看到素材变速后的时长与变速参数，并通过预览查看变速效果，如图 6-70 所示。

"曲线变速"可控制视频在变速时的快慢。在"曲线变速"中提供蒙太奇、子弹时间、闪进、闪出等多种变速效果，如图 6-71 所示。

图 6-70　查看变速效果　　　　　　　图 6-71　曲线变速

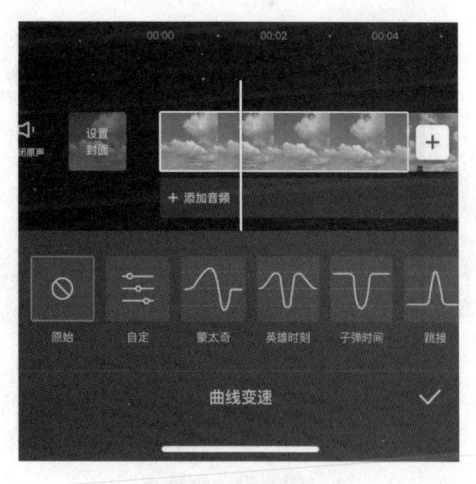

可任意点选一种变速效果，进入速度时间轴中调整变速曲线。时间轴上竖轴为速度轴，越靠近上方速度越快，反之越慢，如图 6-72 所示。

用户还可以自定义修改变速曲线的节点数与节点落差，可在两个节点间连线上添加变数节点，如图 6-73 所示。

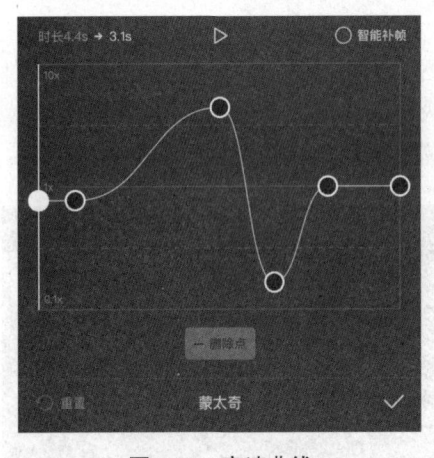

图 6-72　变速曲线　　　　　　　　图 6-73　添加点

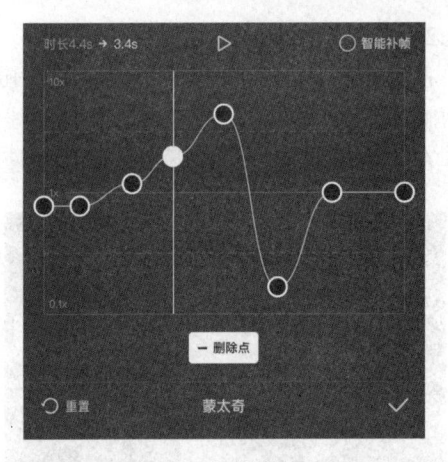

可选中任意变速节点，点击"-删除点"按钮，删除选中的变速节点，如图 6-74 所示。

在调整变速曲线时，可以通过预览窗口实时查看变速曲线运动效果，并对其进行修改直至合适效果，如图 6-75 所示。

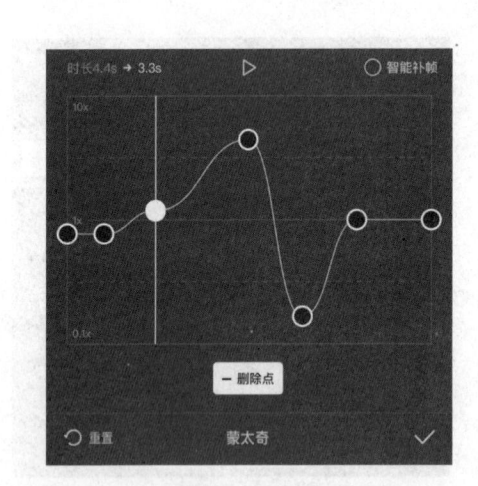

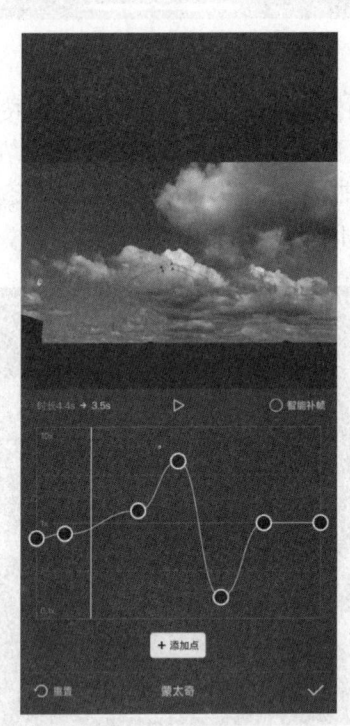

图 6-74　删除点　　　　　　　　图 6-75　查看效果

3）素材的拆分

在剪辑某段素材时，如果只想对该素材其中一部分进行包装剪辑，可以将该素材片段分割成为独立片段，然后选中它进行剪辑。

在时间轴上选中需要剪辑的素材，并拖动时间标尺到需要拆分的位置，如图 6-76 所示。然后在底部工具栏中点击"分割"按钮，即可将选中的素材一分为二，如图 6-77 所示。

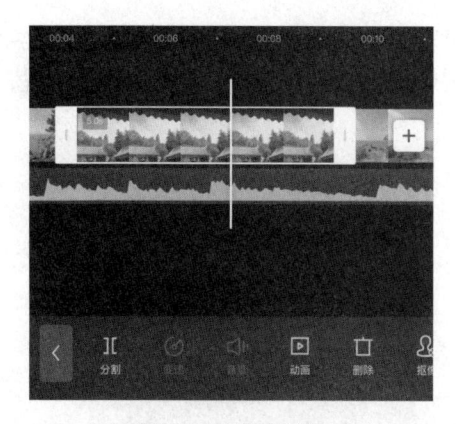

图 6-76 拖动标尺　　　　　　　　图 6-77 分割素材

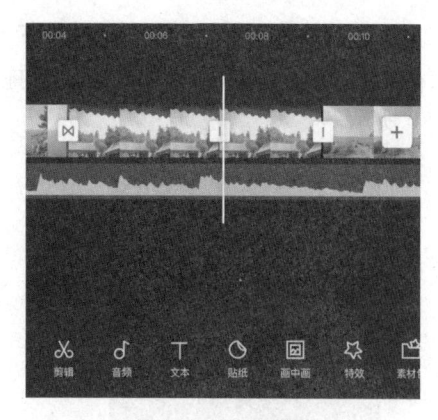

分割后，选中需要添加剪辑效果的片段，进行加工操作，如图 6-78 所示。

图 6-78 加工素材

4）添加字幕

现在的短视频剪辑应用软件基本上都提供了字幕添加功能，在编辑界面中点击文字按钮，即可在画面中生成一个默认字幕。以剪映为例，如果需要在剪映中为视频片段添加字幕，可以点击下方功能列表中的"文本"按钮，打开功能列表，创建文本素材层。

在添加了背景素材的前提下，将时间线拖动至想要添加素材的时间点位置，然后在下方的功能列表中，点击"编辑"按钮，进入文本编辑界面。在文本编辑界面中，可以看到与文本设置相关的各项功能按钮，如图 6-79 所示。在背景素材的下方会出现独立的颜色文字素材图层，同时在画面中出现文本。

双击画面中的默认文本或者点击下方功能列表中的"编辑"按钮，可以进行文字内容的编辑和修改。调整好文本内容后，拖动画面中的文本素材，即可调整其摆放位置，如图 6-80 所示。

图 6-79 文本编辑

图 6-80 调整文本素材

在编辑的列表中可以设置文字"进入""整体""退出"的动画效果。设置文字动画效果如图 6-81 所示。还可以为文字添加特殊外形动画效果，如图 6-82 所示。

图 6-81 设置文字动画效果

图 6-82 设置文字特殊外形动画效果

5）拆分文字

将时间线拖动至需要拆分的位置，点击该按钮即可将文本素材从当前时间点位置一分为二，如图 6-83 所示。当时间线位于素材开始或结尾位置时，该功能按钮不可用，如图 6-84 所示。

图 6-83 拆分文字

图 6-84 不可拆分

4. 添加音频素材

1）添加合适音频

在添加了背景素材的前提下，将时间线拖动至想要添加音频素材的时间点位置。在素材未选中状态下，点击下方功能列表中的"音乐"按钮，打开音乐素材库，在其中可选择手机内置音频素材或剪映提供的各类特殊音频效果，如图6-85所示。

点击所需要的音频效果后，将跳转至音频编辑界面，可以看到与音频设置相关的各项功能按钮。在背景素材下方会出现独立的蓝色音频素材图层，如图6-86所示。

图6-85　添加音乐　　　　　　　　图6-86　音频素材图层

2）视音频分离

如果对拍摄的素材原声不满意，需要将音频删除或替换成其他音频，可以先将素材的视音频进行分离，再单独对音频进行相关操作。

分离视音频的方法很简单，在时间轴中导入一段有声视频素材后，选择该素材，然后在下方的功能列表中点击"音频分离"按钮，即可对视音频进行分离，分离后的视音频将变为两个独立的层，可以单独进行编辑操作，如图6-87所示。

3）调整音量

在时间轴中选择有声视频素材，然后在下方的功能列表中点击"音量"按钮，在展开的音频选项列表中选择需要的音量，然后点击"√"按钮，即可完成操作，如图6-88所示。

如果视频和音频是分开状态，则单独选择音频素材，在下方的功能列表中同样可以通过"音量"按钮调整所选音频素材的音量，如图6-89所示。

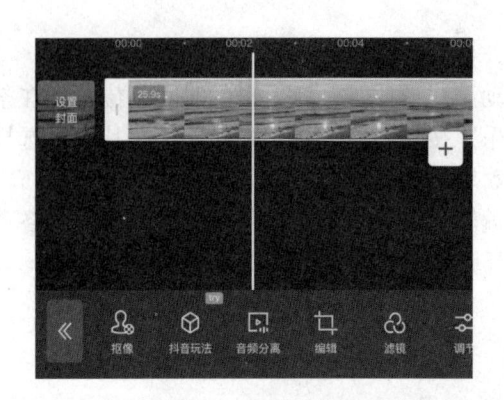

图 6-87 视音频分离

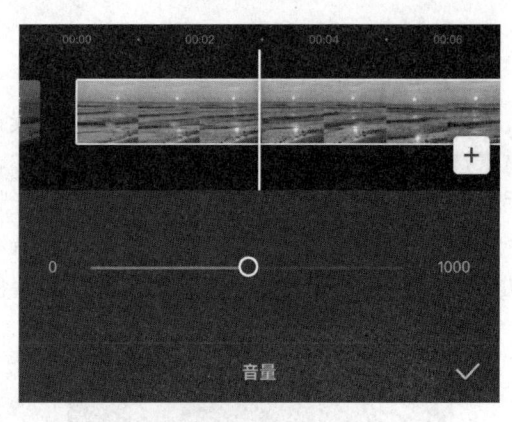

图 6-88 调整音量

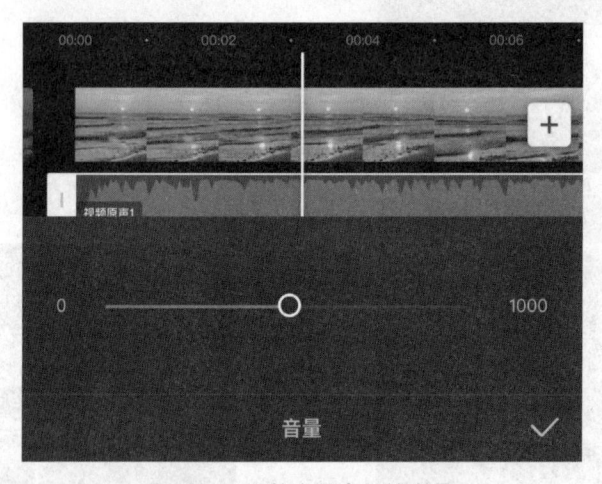

图 6-89 调整音频素材的音量

4）分割音频

在音频素材选中状态下，将时间线拖动至需要拆分的位置，然后在下方的功能列表中点击"分割"按钮，即可将音频素材沿当前位置进行分割，如图 6-90 所示。需要注意的是，当时间线位于素材开始或结尾位置时，该功能不可使用。

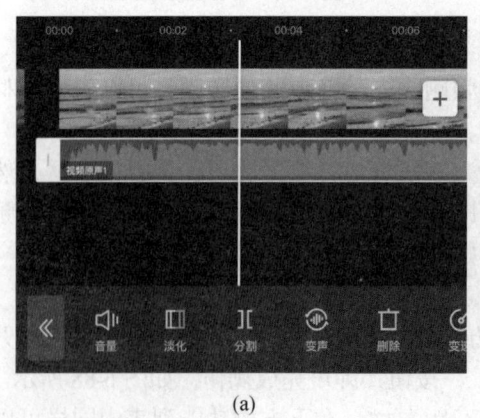

(a)

(b)

图 6-90 分割音频

5）淡化音频

对于一些没有前奏和尾声的音乐，在素材的前后添加淡化效果，可以有效缓解音乐进出场时的突兀感；而在两个衔接音频之间加入淡化效果，可以令音频之间的过渡更加自然。

在时间轴中选择音频素材，在下方功能列表中点击"淡化"按钮，可以展开淡化功能列表，包括"淡入时长"和"淡出时长"两个选项，如图6-91所示。点击"淡入时长"的滑块可以调整音频淡入的时长。

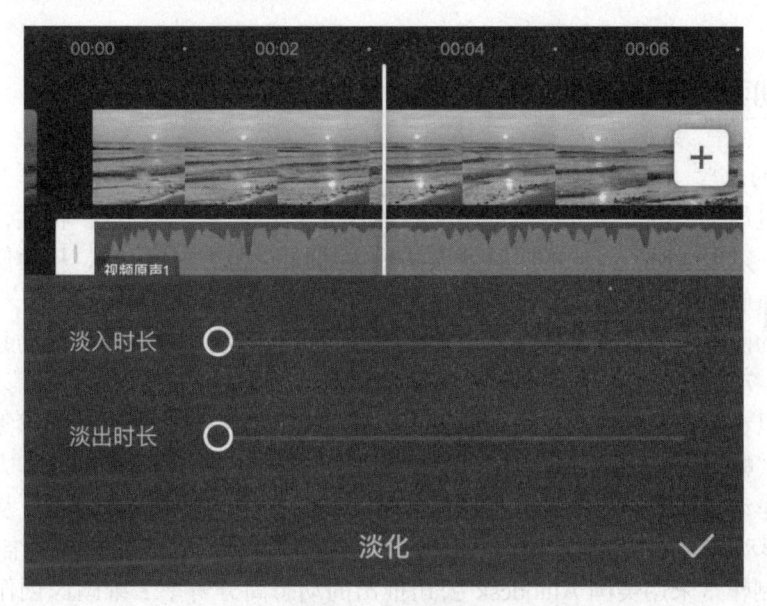

图 6-91　淡化音频

6）录制旁白

在添加了背景素材的前提下，将时间线拖到想要添加素材的时间点，然后在下方的功能列表中，点击"录音"按钮，跳转到录制界面，长按 按钮开始录制旁白。录制完成后，松开手指即可停止录制。在背景素材的下方，会生成独立的灰色旁白素材图层，如图6-92所示。

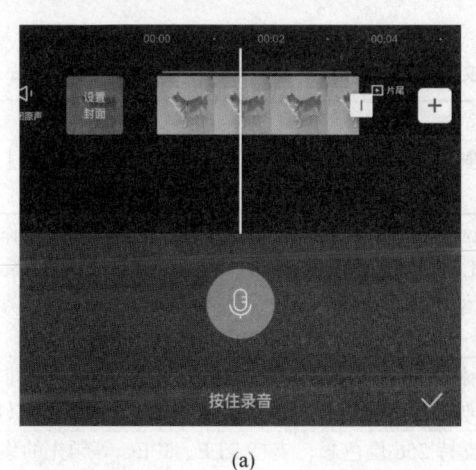

(a)　　　　　　　　　　　　　　(b)

图 6-92　录制旁白

6.5 数字动画资源的建设

6.5.1 动画文件的格式及特点

1. 动画的原理

动画与电影、电视一样,都是利用人眼的视觉暂留特性。利用这一特性,当每秒播放的画面超过一定数量时,人们的眼睛就无法感觉到画面播放中的停顿,从而使人们感受到流畅的动画播放。动画制作就是将多幅画面连续播放产生动画效果。

高质量的图像可以为多媒体课件增加很大的价值,若能让这些图像活动起来,会使多媒体课件更生动、更有吸引力,这就需要动画素材。动画是快速播放的逐位影射图形(帧)的序列,可以在制作工具内通过快速改变对象的姿势和位置以产生运动的感觉。有的动画制作采用以"帧"为基础的处理方法,有的则采用以"对象"为基础的处理方法,两者各有特点。制作动画的差异很大,有些动画非常简单,有些动画则相当复杂。从动画的类型来看,有图形动画、文本动画及变形动画等。多媒体课件中用到的动画有二维和三维两类,二维动画的制作常采用美国 Autodesk 公司推出的动态高分辨率二维图像创作的动画软件包 Animator Pro。而使用最广泛的三维动画创作工具是 3D Studio MAX,也是 Autodesk 公司的产品。课件中所用到的动画大多数用动画软件制作,并以动画文件的格式存储起来作为课件的媒体资源,在需要时对它们进行调用。

2. 动画文件的格式及特点

不同的动画处理软件支持的动画文件格式有所不同,常见的动画文件格式及特点如表 6-4 所示。

表 6-4 常见的动画文件格式及特点

格式	特 点
CIF	CIF 文件尺寸较小,可以同时存储若干幅静止图像并进而形成连续的动画,目前互联网上采用的彩色动画文件多为 CIF 格式
FLIC	FLIC 是 Autodesk 公司的 Autodesk Animator / Animator Pro /3D Studio 等 2D/3D 动画制作软件中采用的彩色动画文件格式。FLIC 是 FLC 和 FLI 的统称,其中,FLC 是 FLI 的扩展格式,采用了高效的数据压缩技术,被广泛用于动画图形的动画序列、计算机辅助设计和计算机游戏应用程序
SWF	SWF 是 Micromedia 公司 Flash 的矢量动画格式,这种格式的动画在缩放时不会失真,非常适合描述由几何图形组成的动画,被广泛地应用于网页上,成为一种"准"流式媒体文件
MOV、QT	MOV、QT 都是 QuickTime 的文件格式,支持 256 位色彩,支持 RLE、JPEC 等领先的集成压缩技术,提供了 150 多种视频效果和 200 多种 MIDI 兼容音响与设备的声音效果,能够通过互联网提供实时的数字化信息流、工作流与文件回放

6.5.2 动画资源的加工处理

这里简要介绍 Focusky 及其在动画素材制作和处理中的应用。

1. Focusky 简介

广州万彩信息技术有限公司旗下的 Focusky，是一款免费的"傻瓜"式动画宣传视频制作软件、演示文稿制作软件，于 2013 年由广州万彩信息技术有限公司自主研发。

在 Focusky 发布之初，公司主要面向欧美市场进行推广和销售，面向制作幻灯片演示文稿的人群。

2015 年 5 月，公司面向国内市场推出了 Focusky 中文版——"Focusky 多媒体演示制作大师"，分为免费版和企业版两种，基础功能与 Focusky 基本相同，只是进行了中国本土化调整，让其更符合中国人的使用习惯。

2015 年 9 月，公司改变策略，软件功能慢慢转于制作动画视频，同时软件中文名更改为"Focusky 动画演示大师"，免费版和企业版的差距拉大，企业用户拥有企业级的炫酷模板和更多的素材、输出方式、免标识水印，等等。

万彩信息致力于面向国内市场大力研发、推广 Focusky 中文版，使用者完全可以使用一个"傻瓜"式的软件制作出专业级的动画视频，另外，还可以制作演示文稿、纪念册、公司报告等。

2. Focusky 的主要特点

（1）操作界面简洁，容易上手。Focusky 操作界面简洁直观，遵循用户的软件使用习惯；可轻松导入 PPT，所有操作即点即得，在漫无边际的画布上，移动也非常方便。

（2）思维导图式体验。使用 Focusky 可轻松创建思维导图风格的动态幻灯片，以逻辑思维去组织内容，从整体到局部，让观众跟随作者思维方式理解和思考。

（3）3D 幻灯片特效打破常规。Focusky 打破了传统 PPT 的切换方式，模仿电影视频的转场特效，加入生动酷炫 3D 镜头缩放、旋转和平移特效，带来了震撼的视觉冲击。

（4）无限的想象和无限的画布。Focusky 把图片、视频、文字等内容，以逻辑为引导，在漫无边际的画布中生动演绎出来。

（5）无限放大、无限缩小不模糊。在画布上滚动鼠标轻松实现局部放大与缩小，局部放大甚至无限放大后，元素也不模糊。

3. Focusky 的基本操作

下面就以 Focusky v4.4.2 为例介绍 Focusky 的基本操作。

（1）打开文件。在左侧的导航窗格中单击"最近工程"按钮，按提示选择软件中或计算机中保存的 FS 文件，还可以单击"打开"按钮选择打开文件。

（2）新建文件。单击"新建空白项目"按钮或左侧导航窗格中的"在线模板"按钮，按需创建文件，即可开始动画 PPT 的设计与制作。

（3）保存文件。单击"保存"按钮，在弹出的对话框中将文件保存为 FS 格式，并把文件保存在指定的文件夹中。

4. Focusky 的工作界面

Focusky 的工作界面主要包括菜单栏、工具栏、标题栏、编辑区、镜头帧窗口等，如

图 6-93 所示。

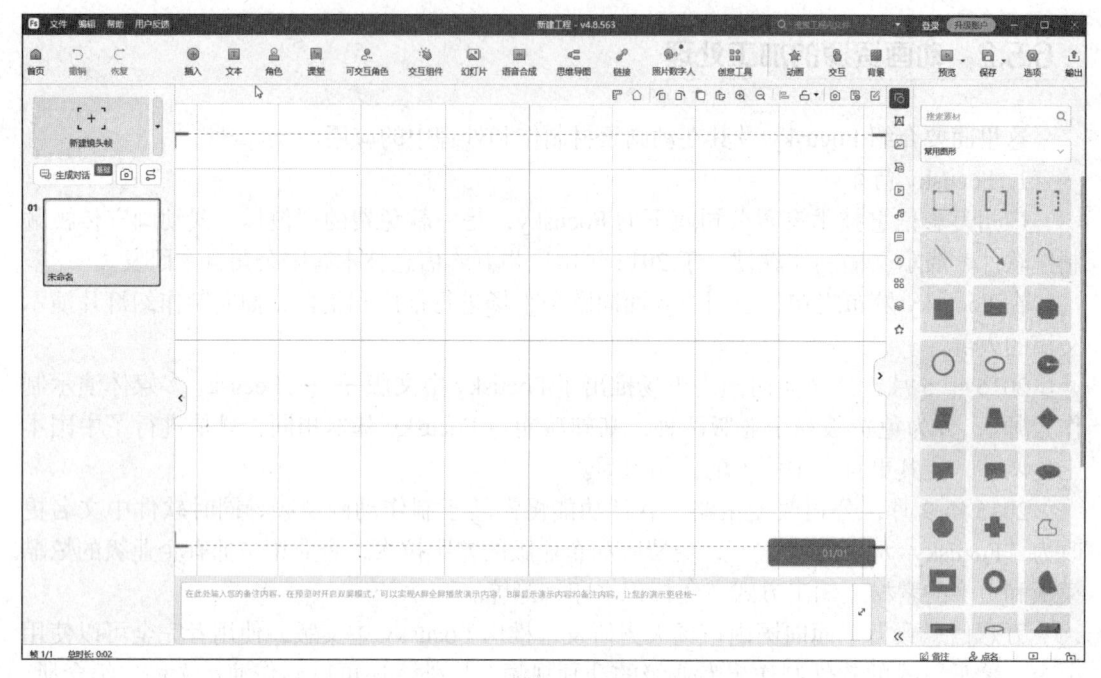

图 6-93 Focusky 的工作界面

5. Focusky 快速制作流程

步骤 1：新建一个 Focusky 工程文件，可下载在线模板，然后直接套用模板，如图 6-94 所示。

图 6-94 新建 Focusky 工程文件

步骤 2：选择一张幻灯片，双击需要修改的地方，进行修改，如图 6-95 所示。

图 6-95 自定义内容

步骤 3：编辑或修改路径，如图 6-96 所示。

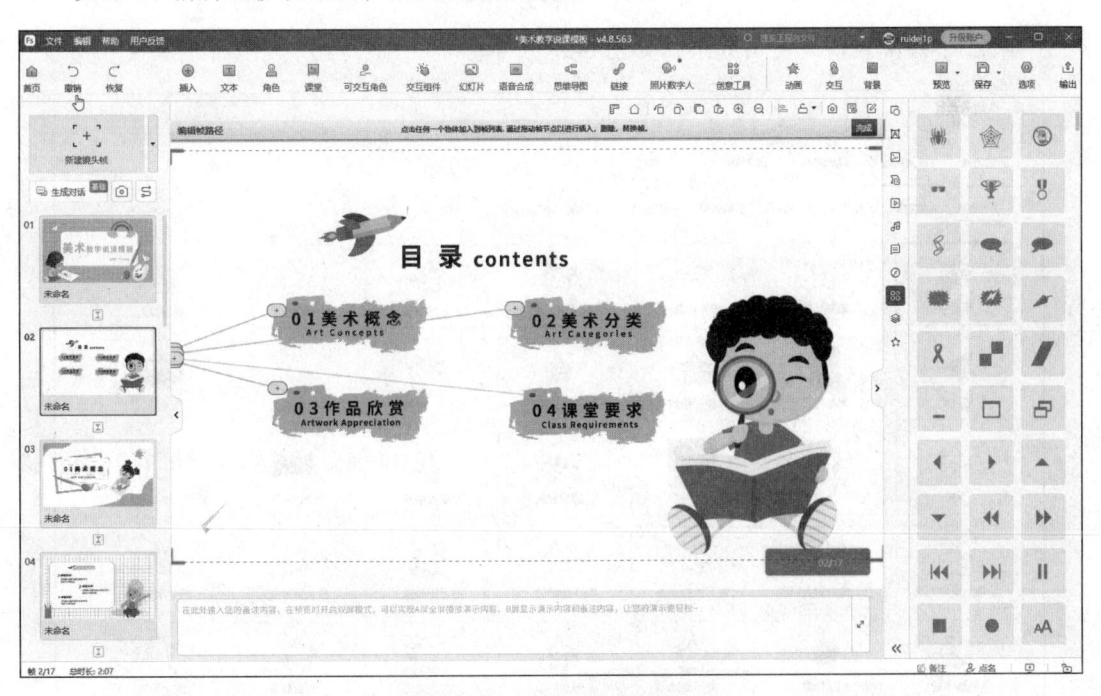

图 6-96 编辑或修改路径

步骤 4：调整路径顺序，设置路径的播放时间，如图 6-97 所示。

图 6-97　调整路径参数

步骤 5：添加或修改动画效果，如图 6-98 所示。

图 6-98　添加或修改动画效果

步骤 6：预览及发布。单击工具栏中的"预览"按钮，预览整个动画 PPT 的效果，无误便可输出（按 F5 键可预览整个动画 PPT，按 Shift+F5 组合键是预览当前的幻灯片），如图 6-99 所示。

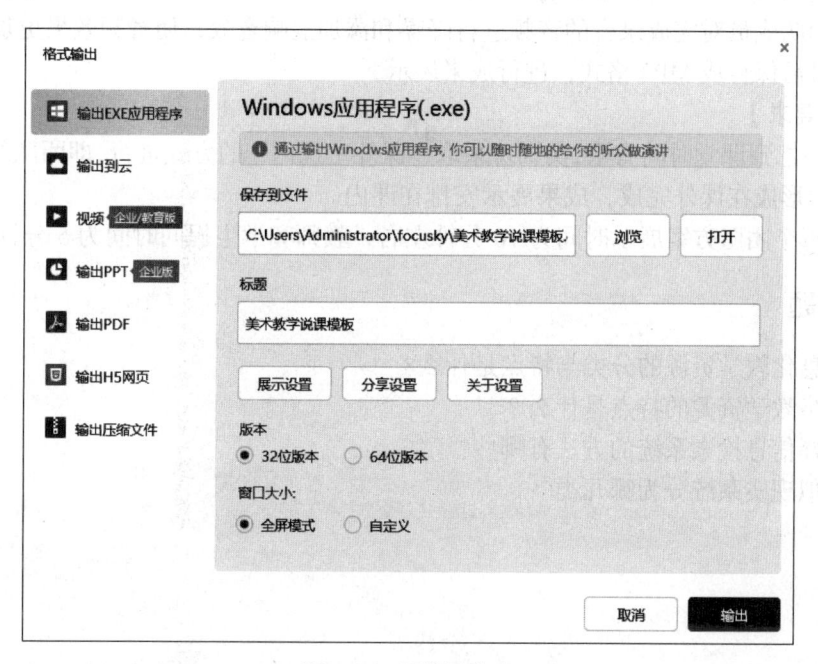

图 6-99　预览及发布

输出 EXE 应用程序：Windows 计算机上进行离线浏览，无须安装任何软件，可直接打开。

输出到云：上传到官网进行在线浏览，也可分享到微信。

视频：输出为视频格式。

输出 PPT：输出为 PPT 格式。

输出 PDF：输出为 PDF 格式。

输出 H5 网页：上传到网站服务器，适合用手机浏览。

输出压缩文件：输出为压缩文件格式。

拓展实训

【实训目标】

通过实训，学生初步了解信息化教学资源建设的基本知识，掌握如何获取网络教学资源的获取，掌握信息化教学资源的处理加工方法。

【实训内容】

了解并掌握信息化教学资源建设的相关知识，比如，图像资源加工处理的方法、数字音频资源加工处理的流程等。

【实训步骤】

（1）以 2~3 人为单位组成一个团队，设负责人一名，负责整个团队的分工协作。

（2）团队成员通过分工协作，多渠道收集赞美祖国的相关音频文件。

（3）团队成员对收集的音频进行整理，使用 Adobe Audition 2022 进行裁剪。

（4）团队成员对裁剪完成的音频文件进行处理，将其制作成伴奏带。

（5）团队成员在伴奏音频下进行录音。

（6）团队成员对完成录音的音频进行降噪和添加混响音效，使音频效果更加清晰。

（7）最后保存成 MP3 格式，进行成果展示。

【实训要求】

（1）考虑到课堂时间有限，实训可采取"课外+课内"的方式进行，即团队组成、分工、讨论和方案形成在课外完成，成果展示安排在课内。

（2）每个团队方案展示时间为 10 分钟左右，教师和学生提问时间为 5 分钟左右。

复习思考题

1. 信息化教学资源的分类与特点是什么？
2. 网络教学资源的特点是什么？
3. 选择信息检索系统的方法有哪些？
4. 虚拟现实系统分为哪几类？

第 7 章

多媒体教学课件的设计与开发

随着计算机技术的发展，利用计算机制作多媒体教学课件，并用于辅助教学，已经成为教育界常用的教学手段。但如何制作多媒体课件困扰着很多教师。本章将介绍多媒体课件的概念、类型、制作原则、开发流程及制作技巧，还将通过实际操作介绍制作多媒体课件的方法，使读者对如何制作多媒体课件有一个系统的了解。

学习目标

知识目标	了解多媒体教学课件的概念与特点； 掌握多媒体教学课件设计的原则； 掌握演绎型多媒体课件的制作方法
能力目标	掌握多媒体教学课件设计的基本流程； 掌握用 PowerPoint 制作课件的基本技巧和方法
素质目标	培养学生开拓创新、团结协作的精神，使学生树立正确的世界观、人生观、价值观

7.1 多媒体教学课件的设计

7.1.1 多媒体教学课件概述

1. 多媒体课件的概念

多媒体课件是在一定的教学理论和学习理论的指导下，根据教学大纲的要求，经过教学目标的确定、教学内容和教学任务的分析、教学活动结构及界面的设计等环节，利用计算机语言、系统开发工具或平台来表现特定的教学内容，反映一定教学策略的计算机教学程序，也就是利用计算机语言或多媒体计算机开发工具将文字、图形/图像、声音、动画、视频等多种媒体综合起来，用来呈现、传递、处理和存储教学信息的软件。

在多媒体教学中，通常将用于执行教学任务的多媒体软件称为多媒体课件（multimedia courseware），简称课件。

2. 多媒体课件的特点

（1）丰富的表现力。多媒体课件具有呈现客观事物的时间顺序、空间结构和活动特征的能力，不仅可以自然、逼真地表现多姿多彩的视听世界，还可以对微观事物进行模拟，对抽象事物进行生动、直观的表现，对复杂过程进行简化和再现等。根据不同的教学内容，充分利用图片、声音、动画、视频等多媒体手段，可以将静态变为动态、化抽象为形象，充分表现教学内容，突出教学重点和难点，从而提升学习者的认知，提高学习效果。

（2）交互性强。从教师的角度来看，教师能控制多媒体课件的演示，并能够以教师的意愿来呈现信息。从学生的角度来看，学生利用多媒体课件进行学习时，可以根据自己的兴趣和已有知识水平选择适合自己的学习内容。学生的学习是在与计算机的交流对话中完成的，同时计算机会按照学生的要求，调整教学的深度和广度，提供新的教学信息，保证学生获得知识的可靠性与完整性。

（3）共享性好。随着高速信息网的不断发展，多媒体课件可以通过网络自由传递和共享，知识的传播不再受时空的限制，师生均可拥有无限的信息资源。

（4）有利于知识的同化。多媒体课件可以强化信息传播的强度，各种媒体相互补充，使知识信息的表现更充分、更容易理解。

3. 多媒体课件的类型

目前多媒体课件的用途多样、种类繁多，可以从不同的角度进行分类。

1）根据使用环境分类

（1）单机型多媒体课件，可在独立的计算机中运行，人和计算机具有良好的交互性。

（2）网络型多媒体课件，是指采用 Web 等技术开发，在计算机网络上运行的多媒体课件，能够突破时间和地域限制，交互性较强。网络型多媒体课件除具有单机型多媒体课件的特点外，还要求数据量尽可能小，信息量大，并有练习、测试和评价功能。

2）根据使用对象分类

（1）助教型多媒体课件，是从教师的角度出发设计的，为解决教学的重点和难点而开发的多媒体课件，主要用于配合教师的课堂讲授、讨论、练习和示范。多媒体课件的知识点可以不连续，注重对学习者的引导和启发。

（2）助学型多媒体课件，主要用于学生的自主学习。助学型多媒体课件具有完整的知识结构，反映一定的教学过程和教学策略，具有良好的人机交互界面和环境，并提供相应的练习和测试供学生进行学习评价。

（3）教学结合型多媒体课件，兼具助教型多媒体课件和助学型多媒体课件的特点和要求。

3）根据教学功能分类

（1）课堂演示型多媒体课件，用于在课堂教学中辅助教师的讲授活动，即教师利用这类课件讲解和展示知识的原理和规律，揭示事物发生、发展和变化的规律。这类课件是广大教师直接参与设计制作的。

（2）操作与练习型多媒体课件，主要通过练习和测验的形式，训练、强化、巩固学习者某方面的知识和技能。

（3）自主学习型多媒体课件，是指计算机扮演讲课教师的角色，主要用于学习者的自主学习，特点和助学型多媒体课件一样。

（4）教学游戏型多媒体课件，以游戏的形式实现教学内容的传递，可以起到"寓教于乐"的作用。

（5）模拟实验型多媒体课件，可借助计算机仿真技术模拟某种真实的情景，并提供可供修改参数的指标项。当学习者输入不同的参数时，模拟实验型多媒体课件会及时给出相应的实验结果，供学习者进行模拟实验或探究活动。

（6）资料工具型多媒体课件，可提供大量资源供学习者检索和浏览，包括各种电子资源和媒体素材库等。此类课件不反映具体的教学过程，也不对教学过程实施评价和控制。

7.1.2 多媒体教学课件设计的基本流程

1. 多媒体课件的设计原则

（1）教育性原则。教育性原则是指课件设计必须以教学大纲为依据，根据教学目的与要求，发挥计算机多媒体图文并茂、形声并举的优势来表现教学内容；用交互性手段来实施教学，教学策略要恰当合理，在方法、方式上能够满足教与学的需要；对学生获取知识、发展能力、培养品德起到良好的教育作用，有益于学生的个性发展。

（2）科学性原则。科学性原则是指课件所涉及的内容科学无误，概念描述要科学，问题表述要正确，资料引用要准确。各种演示、示范及绘制的图表、书写的公式和字幕都应规范化、标准化，不允许任何华而不实、违背科学准则的情况出现。各个知识点之间应建立一定的联系，以形成具有学科特色的知识结构体系。解说词精练、准确无误，音响效果逼真、音乐选择合理。

（3）技术性原则。技术性原则是指课件在制作和编辑技巧上要达到特定的标准，运行流畅、可靠，跳转灵活，视听同步，有交互性界面，方便用户使用。

另外，课件的运行环境也不能忽视。课件制作完成后，应该能在一般的计算机上运行，并且能脱离制作平台，具有可移植性或可兼容性，做到课件的开发环境与运行环境无关。

（4）艺术性原则。艺术性原则是指课件的画面、声音等要素的表现要符合审美规律。在不违背科学性和教育性的前提下，内容的呈现要有艺术的表现力和感染力，易于激发学习者的学习兴趣并使其主动参与。通过挖掘教学内容的亮点，巧妙地运用动画、字幕及富有表现力和感染力的人机交互界面将课件的艺术性展现出来，同时解说词和背景音乐悦耳、协调，声音处理要和画面造型相辅相成，视听同步。

2. 多媒体课件制作的基本步骤

多媒体课件是教育、科学、技术、艺术相结合的产物，一份成功的多媒体课件应由包括专业教师、教育技术工作者、程序设计人员、音乐、美术教师等组成的一支具有相当规模的队伍协同完成。多媒体课件制作一般分为以下几个阶段：确定课题与明确目标、教学设计与脚本设计、素材采集与程序设计、运行调试与推广应用，如图 7-1 所示。

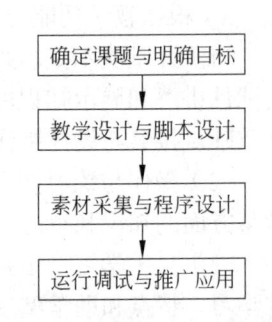

图 7-1 多媒体课件制作流程

1）确定课题与明确目标

多媒体课件制作首先要进行的是教学课题的确定，并进一步明确该课件所应达到的教学目标。

（1）确定课题。根据教学需要和应用对象，确定要制作多媒体课件的课题。

（2）明确目标。确定课题，明确目标，突出教学重点，攻破教学难点，合理设计教学过程，安排例题和练习，从而制作出有助于突破教学重点和教学难点并达到预期教学目标的多媒体课件。

2）教学设计与脚本设计

确定课题、明确目标之后，就要进行教学设计与脚本设计。

（1）教学设计。确定了课件的选题后，教学设计的任务就是对原始教材进行再创造，将原来静止的教学材料转变成一系列教学交互活动,也就是说,教学设计的主要任务是解决如何从教学法上保证课程教学目标的实现。教学设计是课件开发过程中最能体现教师教学经验和教师个性的部分,也是教学思想最直接、最具体的表现。

(2)脚本设计。脚本是在教学设计基础上所做出的计算机与学生交互过程方案设计的详细报告,是下一阶段进行软件编写的直接蓝本,也是课件设计与实现的重要依据。脚本设计包括总体设计和具体设计两个方面。总体设计是对课件的版面、图形文字、内容呈现方式、颜色和音乐等项目进行整体规划和设计,根据课件的目标、学生的特点和教学内容的需要,提出设计的标准、原则和方向,以保证课件中各媒体要素具有一致的内部设计;具体设计是根据总体设计所确定的原则和标准进行有关屏幕细节的设计,并通过脚本卡片给予准确的描述。

多媒体课件的设计包括教学设计和软件的系统设计,多媒体课件的脚本有文字脚本和制作脚本两种。文字脚本和制作脚本的格式如表 7-1 和表 7-2 所示。

表 7-1 文字脚本的格式

序号	画面内容	声音内容	备注

表 7-2 制作脚本的格式

单元号	时间	画面			声音			编辑技巧	备注
		内容	类型	文件名	内容	类型	文件名		

文字脚本常见的格式是声画式。声画式文字脚本将视觉素材与听觉素材分别对应列出,即在左边一栏列出视觉素材的内容,如文字、图形、图像、动画和视频等,在右边一栏列出对应的听觉素材,如解说、音响、配乐等。

制作脚本一般采用表格形式,在制作脚本中要把视觉素材与听觉素材对应起来详细列出。另外,制作脚本还要把制作中要用到的技巧,如画面的出现及播放方式,消隐、滚动、闪烁特技等,人机交互方式、菜单设计技巧等,一一表达清楚。

对于较大的课件,其内容和素材较多,为方便制作,避免编辑制作中出现混乱和差错,有必要绘制逻辑结构框图。逻辑结构框图可以将教学内容的层次结构、局部与整体的关系、各教学单元之间的关联、编辑程序的节点等清楚地反映出来。

3)素材采集与程序设计

脚本形成以后,接下来应该根据课件的需要和脚本的规划,进行多媒体素材的采集与相关的程序设计。

多媒体课件的素材主要有文本、图形、图像、动画、音频和视频等。由于计算机不能直接识别照片、录音、录像中的信息,为了将它们所包含的信息转换为计算机能够识别的课件素材,需要专门做一些工作。从现有的各种资料中获取信息,将其转换为多媒体编辑工具可以应用的素材的过程,称为多媒体素材的采集与制作。本书第 6 章已经对声音、图像、动画、视频等多媒体素材的主要特点、文件格式、采集与制作过程等作了简单的介绍。

多媒体课件制作核心的环节是程序设计。程序设计的主要任务是根据脚本的要求和意图设计教学过程，将各种多媒体素材编辑起来，制作成交互性强、操作灵活、视听效果好的多媒体课件。程序设计的主要步骤如下。

（1）目标分析。确定课件的教学目标及功能需求。

（2）课程调度设计。课程调度有以下三种。①菜单式。由计算机提供教学单元目录，由学生选择，系统调用相应过程。②程序式。将各教学目标依一定顺序连接，系统控制运行。③混合式。菜单式与程序式相结合，如各章以菜单方式由学生选择，各节则按预定顺序依次进行。

（3）教学单元控制设计。教学单元控制设计也就是帧面程序设计，如前所述，常用的控制策略有帧型、生成型和智能型三种。

（4）界面设计。根据课件的总体结构，合理创建用户界面，设计出课件每一级的图形人机界面。

（5）交互设计。为能完成教学活动中的人机交流，应设计课件的交互功能。交互方式有以下几种。①直线式。直线式程序由斯金纳首创。该模式把教学内容分解成连续的小单元，学生依序进行学习。当学生的反应正确时，课件继续运行；如果学生的反应出现错误，系统可给出正确答案，或让学生对该内容进行重复学习。②分支式。分支式程序由克劳德提出。该模式也是用一系列教学单元把教学信息呈现给学生，但每个单元的信息量比直线式大。系统设置分支等待条件，要求学生进行多重选择反应，根据学生的反应信息进行判断和决策，决定学生下一步学习的单元。③循环式。循环式程序是当课件运行到给定的约束条件时，在条件满足的情况下，将反复执行一段程序。④混合式。以上几种模式相结合的模式。

（6）导航设计。由于某些多媒体课件结构庞大、内容丰富，且素材以非线性的网状结构加以组织，初次使用这样的课件，往往会出现"迷航"的现象。为此，应向用户提供必要的导航，以方便教学使用。

（7）提供帮助。通过帮助菜单提供全程在线帮助，如系统帮助、功能帮助、警告帮助等。

① 软件地图。用形象直观的软件地图为初学者提供帮助。

② 按钮提示。直观地介绍操作按钮的功能，以方便初学者使用。

③ 光标导航。用光标导航方式为初学者提供帮助。

④ 弹出式介绍框。平时弹出式介绍框是隐藏的，在需要时可方便地使用，以利于操作。

4）运行调试与推广应用

（1）运行调试。多媒体课件制作完成后，要经过多次调试、试用、修改、完善，才能趋于成熟。运行调试也是很重要的一个环节，是确保课件质量的最后一关。如果多媒体课件存在某些问题，应继续修改，直到满意为止。

（2）推广应用。多媒体课件制作完成后，要进行一系列评价后才能进入多媒体课件教学实用、推广应用阶段。

① 课件评价。课件评价包括：由参与课件制作的全体人员进行的自我评价；在权威评审组织的领导下，设计制作人员、专家、用户代表共同参与的评价，以及由用户使用并做出的用户评价。

② 教学应用。多媒体课件制作完成后，最终要投入实际的教学。要向使用课件的专业教师全面介绍课件的特点、使用方法等，使多媒体课件的作用得以充分发挥。

7.2 演绎型多媒体课件制作

7.2.1 用 PowerPoint 制作课件的基本技巧

PowerPoint 内置丰富的动画、过渡效果和多种声音效果，并有强大的超级链接功能，可以直接调用外部众多文件，满足一般教学要求，而且简单易学，是目前大多数教师制作多媒体教学课件的常用软件。利用 PowerPoint 制作课件的基本技巧如下。

1. 结构清晰

在传统的课堂中，教师通过板书呈现教学内容。一般情况下，一节 45 分钟的课程，教师的板书是两到三板，而相同的时间内 PPT 幻灯片要用到 10~25 张。PPT 极大地丰富了课堂的信息，但同时也带来一个问题，即如果没有清晰的层次框架，庞大的信息量会让学生晕头转向，记录课堂笔记也很困难。

想要让 PPT 课件结构清晰，应注意以下几个方面：首先，课件中的文字要精炼，教材上的大段文字不必在课件中重复出现，即使没有办法避免，也要尽量浓缩，以简短、精练的文字归纳出要点；其次，课件中可重复目录页，每讲完一个大问题，都重复目录页，让走神的学生也能跟上课程的进度；最后，整个课程的项目符号和编号要统一，并且尽量与教材保持一致，方便学生做笔记。

2. 版面合理

1）首页要整洁

课件的首页一般来说是欢迎页面或者是课件的标题，不需要太多的内容，但可以稍华丽一些。一幅符合主题的画面加上一段简洁的欢迎词或者标题内容就可以成为课件的首页。为了让等待的过程不至于太枯燥，可以将首页设置为动画模式，最好能插上一段符合主题的音乐，音乐的设置要完整，在正式上课时要能自动停止。

2）目录要简洁

课件的目录就像是一个风向标，完整的目录至少应该具备标题、导航条和退出按钮。课件目录应做到简洁、统一，一目了然。

3）文字的安排要合理

（1）文字较少时可采用较大的字号，但不要让文字充满整个屏幕，可以在空余的地方插入一些不太容易引人注意的图片或小动画。文字充满整个屏幕会给人一种压迫感。

（2）单张 PPT 幻灯片中文字的字数以 30~60 个汉字为宜，讲解时间为 3~5 分钟；如果一个问题或概念的内容比较多，应拆分为两张。研究表明，学生的注意力集中的时间在

15~25 分钟。因此，在制作 PPT 课件时，要有意识地在学生容易走神的时间段，插入一段动画、声音或其他能引起学生注意的素材。

（3）文字较多时可以采用分屏显示或"移动"手法。但应该注意：一般情况下标题不要随之移动；如果文本比较长，可以分屏显示，切忌强行把文字堆积在一张幻灯片上；设置文本移动时，应设置为重复移动，或者在文本移动结束后设置为自动切换到另一张幻灯片或目录，切忌留下一个只有按钮的空屏。

4）整体风格要协调

（1）按钮的设置要统一。在课件中按钮可以采用文字、图片或图标来设置。在设置时应注意：按钮的大小、位置要适当，尽量放在幻灯片底部；按钮尽量不要引起学生的注意，但在需要时能够容易找到，而且效果相同的按钮尽量使用统一图标。

（2）整体颜色、风格要协调。优秀的课件整体颜色、风格应该是统一的，主要体现在对背景色的处理上，切忌花哨、凌乱。若没有特别的要求，一般不需要更改背景设置的颜色或风格。PowerPoint 中有很多自带的模板，完全可以满足制作课件的风格需求。

5）多媒体元素的运用要恰当

（1）图片。运用图片时要符合主题，可以采用进入、退出或消失等手法。但要注意：结构、布局要合理，一个页面里有较多的图片同时出现时，图片之间不要有重叠，并且尽量按照一定的规则排列，松紧要得当；图文混排时要注意突出重点，不要让陪衬的配件喧宾夺主，文字不要覆盖在图案上；自定义动画设置要完整，图片的位置要摆放合理、移动要完整、速度设置不能太快。

（2）音乐。把握播放时机，一般来说在观看图片或等待时插入音乐比较合适。

（3）视频。尽可能通过插入对象来完成，尽量不要链接到外部文件，这样可以不用切换到媒体播放程序就能打开并控制所需要插入的视频文件。

（4）动画。GF 动画的插入一般没有太大的问题；对于自制的 Flash 动画，由于其底色不能和课件模板的底色相融，可以在动画的周围画一个边框加以修饰，使页面协调。

6）超链接、动作的设置要完整

一个完整的课件中存在着大量的超链接和动作，设置完课件后，一定要通过播放来检查一下链接和动作的正确性，防止出现"死链"或不应有的动作，这是保证课件质量最重要的一个环节。

7.2.2 用 PowerPoint 制作课件的基本方法

1. 构思

根据 PowerPoint 的特点，按照幻灯片的样式，考虑模板的选取、版式的选择、效果的设置、动画出现的时间及放映时的链接等，然后精心构思场景，写出多媒体课件制作方案。

2. 用 PowerPoint 制作课件的基本过程

1）新建文档

（1）新建空白文档。当启动 PowerPoint 软件时，系统会自动创建一个空白文档，其包含一张有主、副标题占位符的空白标题幻灯片，用户可以在该幻灯片的相应位置写入需要的标题文字。

在"开始"菜单中找到"幻灯片"栏目，单击"新建幻灯片"按钮，创建一个包含一张新幻灯片的演示文稿，如图 7-2 所示。新幻灯片创建后，还可以根据自己的需要，更改幻灯片的版式。

图 7-2　新建幻灯片

（2）根据模板新建。为制作统一格式的课件，教师可以根据教学目标选择设计模板。PowerPoint 提供了几十种构思精妙、设计合理、版式精美的模板。利用这些模板，教师可以在最短时间内制作出较为理想的演示文稿，大大节省时间和精力。在制作课件的过程中，可随时更换或修改模板。

2）视图方式

PowerPoint 提供了多种视图方式。

（1）普通视图。普通视图每次只能显示一张幻灯片，演示文稿窗口所占的区域较大。在普通视图中，用户能够方便地建立和编辑幻灯片中的对象，如图 7-3 所示。

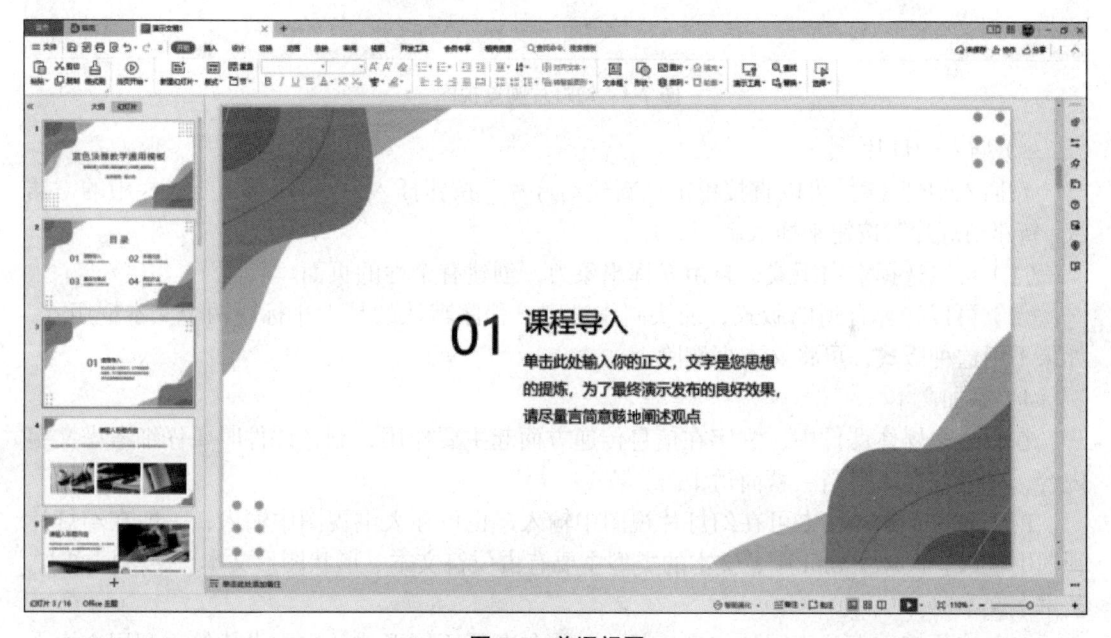

图 7-3　普通视图

（2）幻灯片浏览视图。在幻灯片浏览视图下，演示文稿缩小变成以幻灯片形式按行依次排列，如图 7-4 所示。此种模式下，可以同时观看多张幻灯片，单击需要调整的幻灯片，当其具有黑色边框时，即可对其进行调整。按 Delete 键可将选中的幻灯片删除。单击幻灯片之间的某处，当出现光标插入点时，可插入新幻灯片。

（3）阅读视图。在演示窗口中播放幻灯片，可以查看动画的切换效果，无须切换到全屏幻灯片放映。

（4）从当前幻灯片开始放映。从当前幻灯片开始放映视图方式可以将演示文稿从当前窗口幻灯片开始，按照预先设计好的方式进行播放。在放映过程中按下 Esc 键，便可返回到演示文稿窗口。

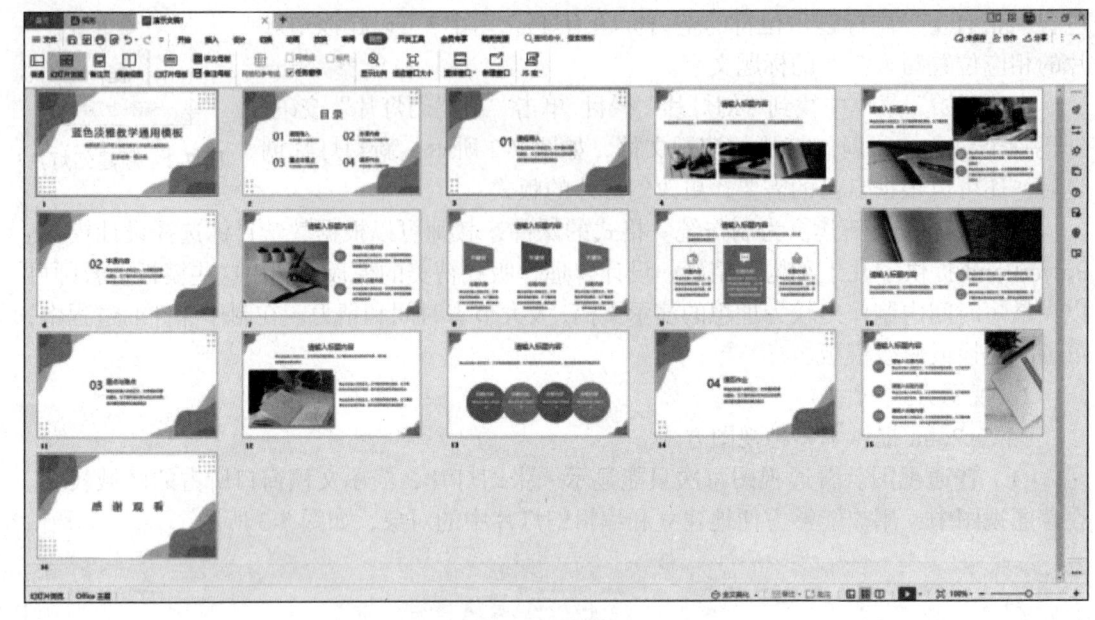

图 7-4　幻灯片浏览视图

3）插入幻灯片

在插入幻灯片时，可以直接单击"新建幻灯片"按钮插入，也可以单击工具栏中的"插入 | 新建幻灯片"按钮来插入新幻灯片。

（1）可以选择空白版式，自由发挥想象力，创建有个性的页面。

（2）可以选择合适的版式，加快制作进度。程序默认的是大小标题两个文本框版式，如果不用这种版式，可将文本框删除。

4）添加文本

在教学多媒体课件中，文字在信息传递方面起主要作用，制作课件时要仔细考虑文字内容，要做到详略得当、繁简适中。

PowerPoint 中，文本可在幻灯片视图中输入，也可在大纲视图中输入，一般在幻灯片视图中输入。PowerPoint 中，文本的类型主要有占位符文本、形状图形文本、文本框文本、艺术字文本。

（1）占位符文本。不同的幻灯片版式中均包含了不同形式的文本占位符。利用文本占位符可以快速将文字输入幻灯片中，单击文本占位符中的任意位置，光标将会在插入点闪烁，此时直接输入文字即可，如图 7-5 所示。

（2）形状图形文本。在制作演示文稿时，经常会用到一些简单的图形，形状图是一个很方便的作图工具，其中还可输入文本信息。当在形状图中键入文本后，文本附加到图形上，并随图形移动或旋转。形状图形文本可以设置边框、填充、阴影等各种效果，还可以编辑形状，如图 7-6 所示。

（3）文本框文本。幻灯片页面上的文本以文本框的形式呈现，因此要插入文本框才能输入文本。文本框可以通过在工具栏中直接单击"文本框"图标插入，也可以通过选择菜单栏中的"插入"→"文本框"命令插入。在 PowerPoint 中可以输入横向的文本，还可以输入竖向的文本，如图 7-7 所示。

图 7-5 占位符文本

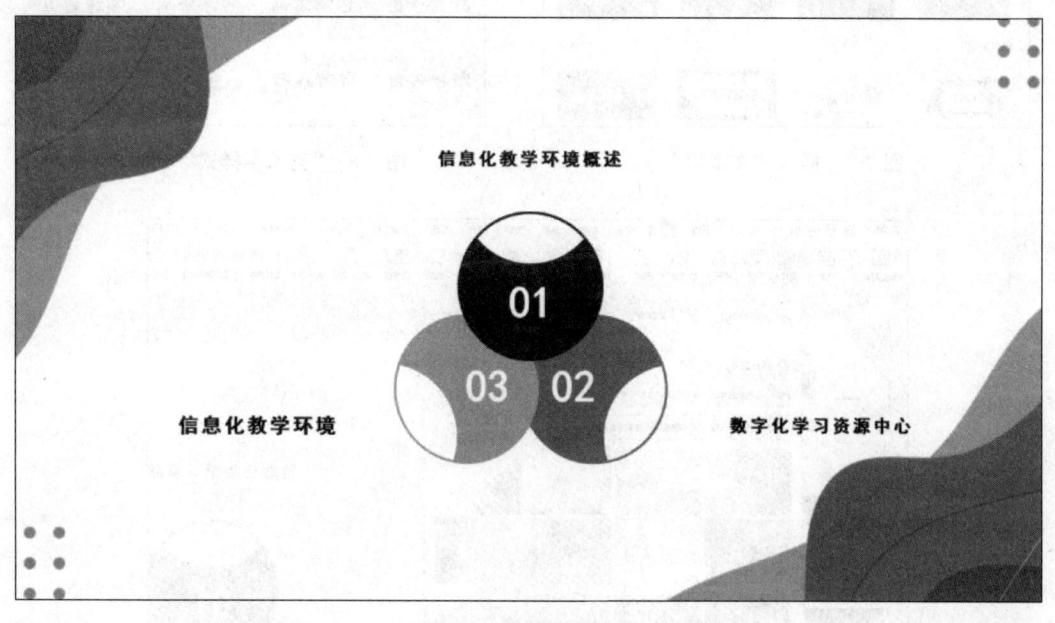

图 7-6 形状图形文本

（4）艺术字文本。适当变换字体能吸引人的注意力，艺术字通过选择菜单栏中的"插入"→"艺术字"命令插入。PowerPoint 中，艺术字以图形的形式出现，是一个整体，只能进行整体编辑。"艺术字样式"对话框如图 7-8 所示。

5）添加图形

将图形和文字相结合，可以增强课件的渲染能力，增强演示效果。

（1）插入图片。在 PowerPoint 中，用户可以从剪贴画中添加图片，或者插入外部图片，后者较为常用。插入图片的操作如图 7-9 所示。

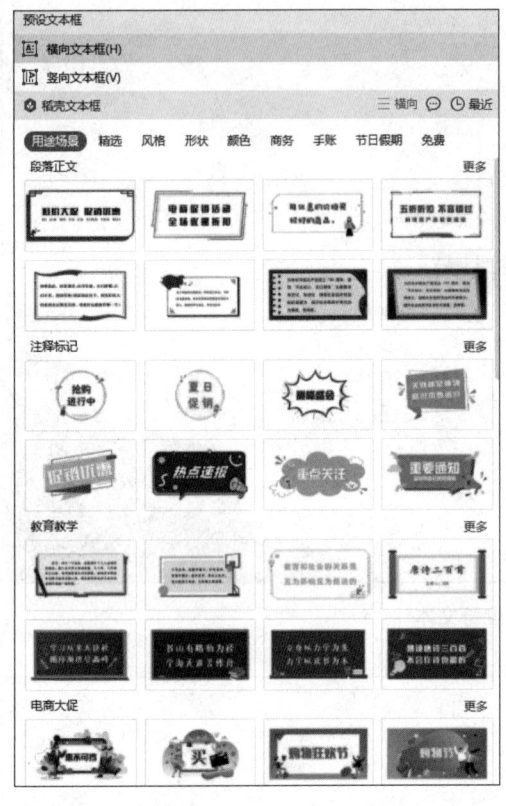

图 7-7 插入"文本框"

图 7-8 "艺术字样式"对话框

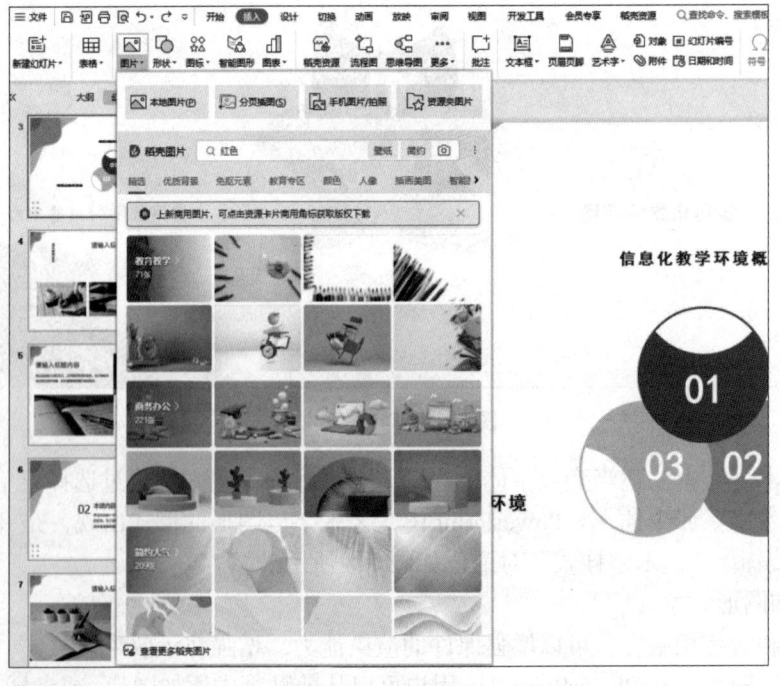

图 7-9 插入图片

无论是插入剪贴画还是选择来自文件的图片，都可以对图像进行移动、缩放、裁剪等加工处理。如果要改动插入图片的位置，首先单击图片，当图片四周出现 8 个控点时，在图片上按住鼠标左键即可将其拖动到合适的位置；按住鼠标左键拖动控点，则可以改变图片的大小。想要删除该图片，按 Delete 键即可。

（2）绘制图形。有时为了使要表达的内容更直观，往往要借助图形加以表现。例如，数据对比时需要用到柱状图、饼状图，分析课文结构时常常用到大括号和箭头，分析选项时常常用到标注性的图形等。对编辑好的多个图形进行"组合"，可以产生简单明了的效果，如图 7-10 所示。

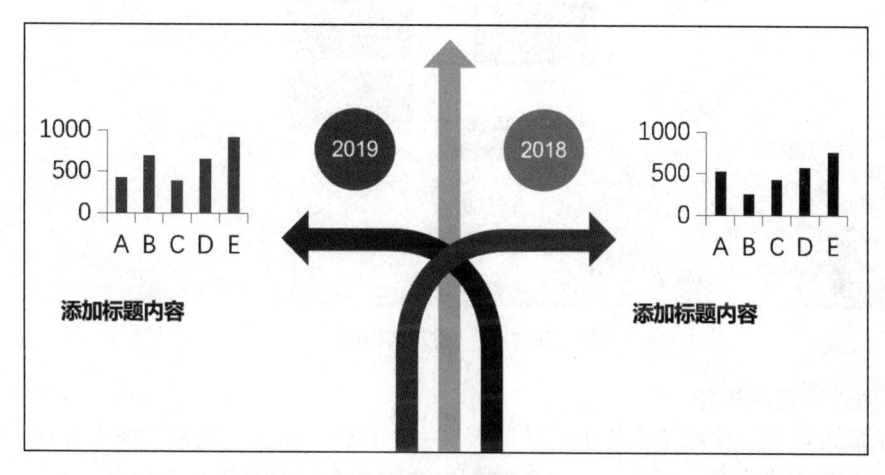

图 7-10　绘制图形组合

6）插入图表和结构图

（1）插入图表。插入新幻灯片时，选择带有图表版式的幻灯片，在"单击图标添加内容"处单击插入图表的图标，即可插入图表，如图 7-11 所示。

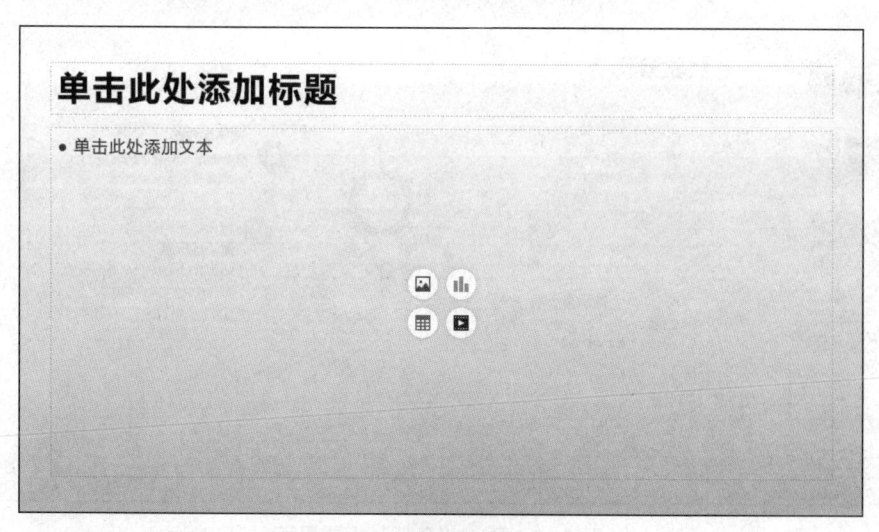

图 7-11　图表格式的幻灯片

（2）插入结构图。为了形象地表达结构、层次关系，可以在幻灯片中插入结构图。在新幻灯片版式图中选择结构图的版式，双击组织结构图的图标，就可启动组织结构图处理窗口，如图 7-12 所示。这时利用结构图编辑工具可方便地增加和删除结构图，并可在文本框中单击添加文本。

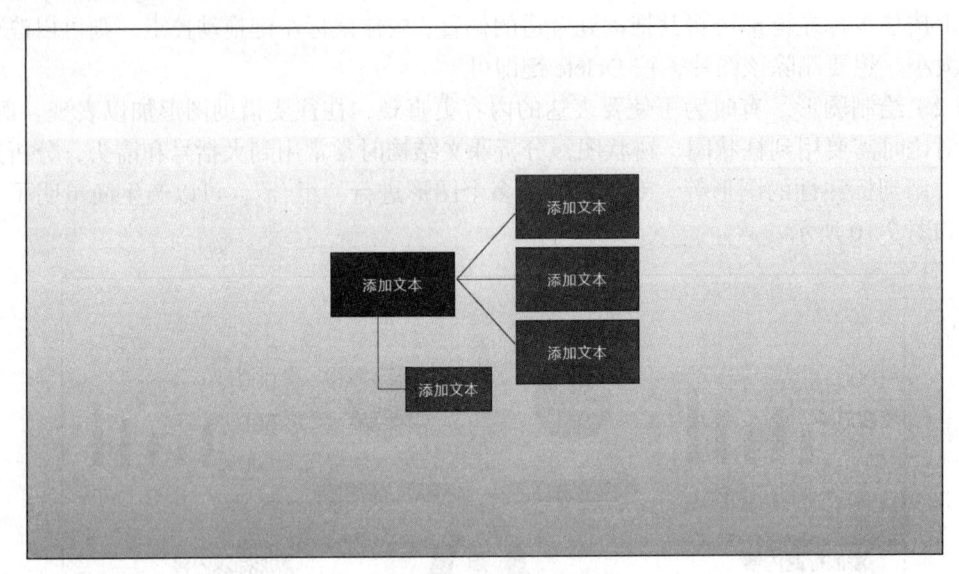

图 7-12 插入结构图

7）插入声音和视频

（1）插入声音。选择菜单栏中的"插入"→"音频"命令，出现"插入音频"对话框。选中要插入的声音文件，单击"确定"按钮，这时会在幻灯片界面上出现一个"小喇叭"，单击"小喇叭"设置播放模式。也可以在菜单栏中设置"音频"的播放模式，如图 7-13 所示。

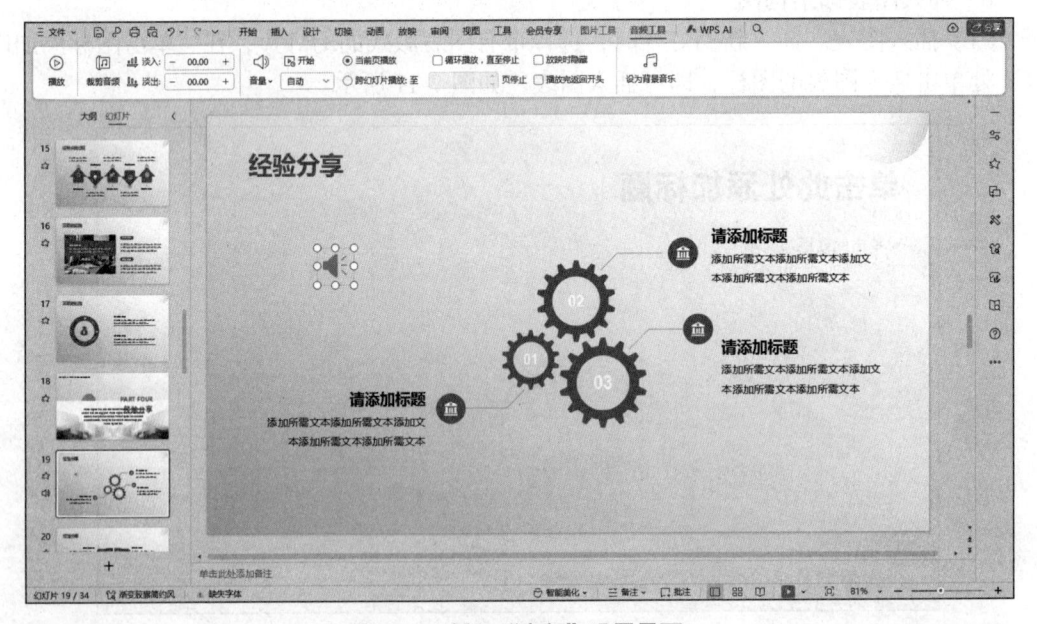

图 7-13 插入"音频"设置界面

（2）插入视频。插入视频的操作和插入声音是相似的。选择菜单栏中的"插入"→"视频"命令，弹出"插入视频"对话框，选择要插入的视频文件，单击"确定"按钮。

还可以在菜单栏中设置"视频"的播放模式，如图 7-14 所示。

图 7-14　插入"视频"设置界面

8）设置对象动画

动画在课件设计中有着重要的地位，好的动画效果可以明确主旨、烘托气氛、营造特殊的视觉效果。PowerPoint 中的动画效果有以下两种。

（1）幻灯片切换。为了增强演示文稿的放映效果，可以为每张幻灯片设置切换方式。单击菜单栏中的"切换"按钮，菜单栏中出现切换方式，在左侧选中幻灯片，然后选择想要的切换方式，可以单击左上角的"预览效果"按钮进行效果预览，还可以在菜单栏设置"速度""声音"等，如图 7-15 所示。

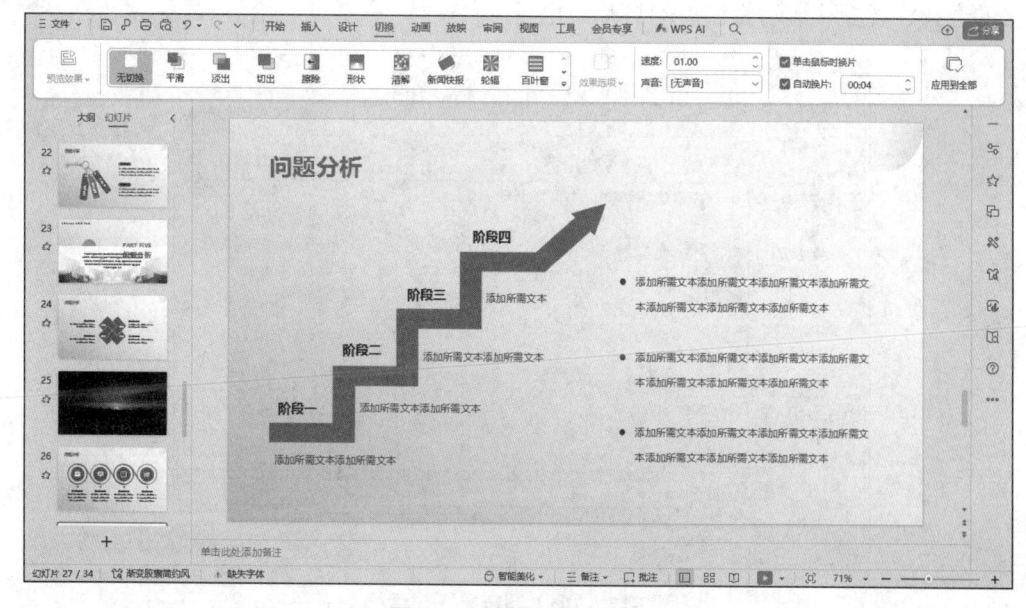

图 7-15　设置幻灯片切换

（2）幻灯片动画。幻灯片动画用于定义幻灯片中各个元素（文本、图形、声音、图像和其他对象）的动画，如图 7-16 所示。

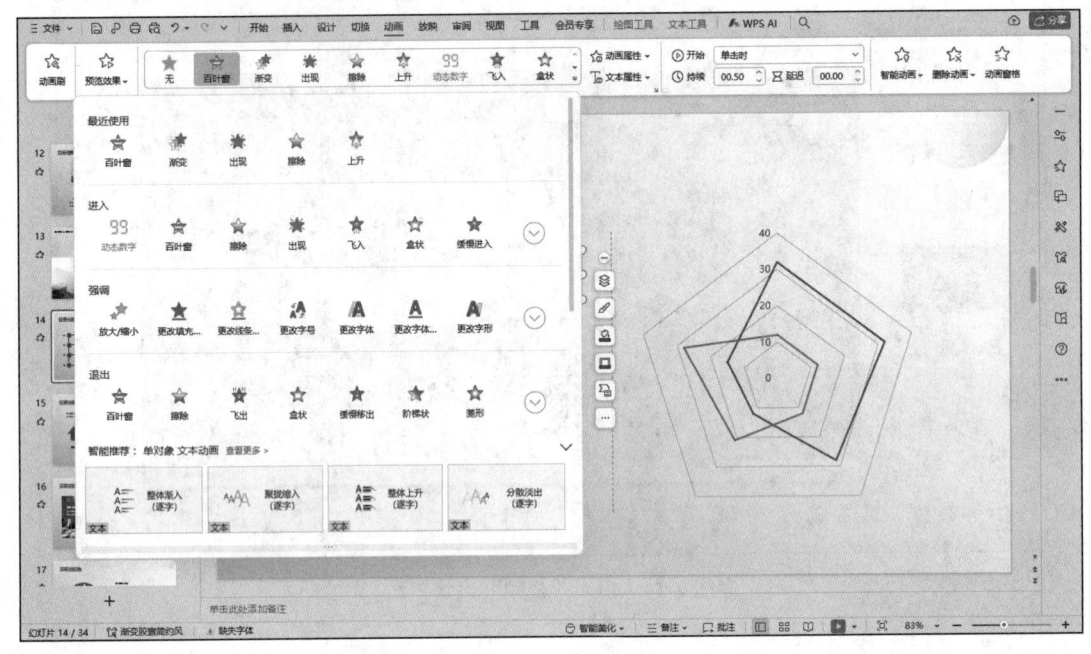

图 7-16　幻灯片动画方案

9）幻灯片的链接

默认情况下，放映幻灯片是从前往后依次出现的，在 PowerPoint 中可以创建超级链接，单击超级链接后可跳转到其他演示文稿、幻灯片或文本中。

（1）超级链接。选择幻灯片中需要创建链接的元素，然后选择"插入"→"超链接"命令，出现"插入超链接"对话框，如图 7-17 所示。在"插入超链接"对话框中，选择要链接的音频、视频、演示文稿、幻灯片或电子邮件。

图 7-17　"插入超链接"对话框

（2）动作按钮。设置一些动作按钮，如"上一步""下一步""播放音频"和"播放视频"按钮或图形按钮等。放映时单击这些按钮，就能实现跳转到其他幻灯片或激活另一个音频、视频，实现交互功能。选择需要创建超级链接的幻灯片，然后选择"插入"→"动作"命令，出现"动作设置"对话框，在其中设置该按钮链接的位置，如图 7-18 所示。

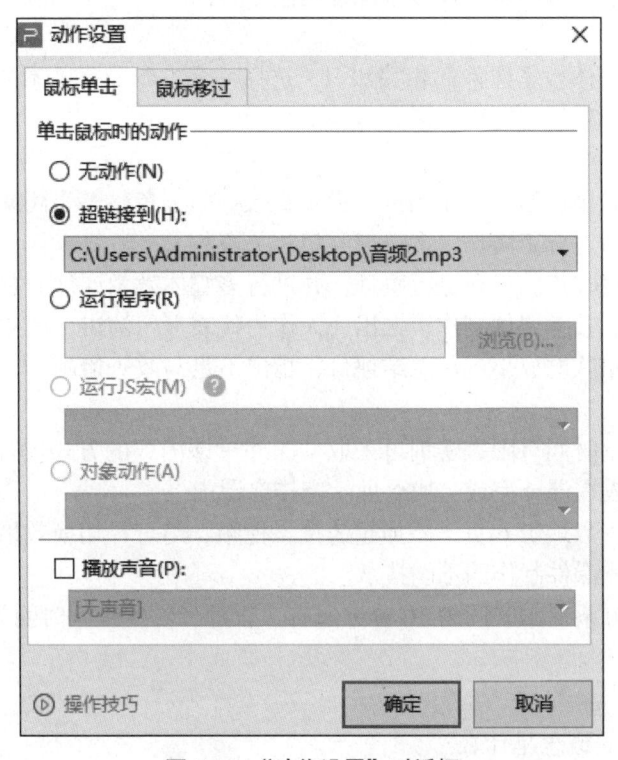

图 7-18 "动作设置"对话框

10）幻灯片的放映

（1）改变演示文稿中的幻灯片播放顺序。在"幻灯片浏览"视图中可以修改幻灯片的次序，也可以使用自定义放映来决定播放的幻灯片和以什么顺序播放。

（2）让演示文稿自动播放。选择菜单栏中的"放映"→"排练计时"命令，进入幻灯片计时状态。在屏幕左上角出现一个排练计时器，可以通过"暂停""重复"按钮设置当前幻灯片放映时间。如果认为时间不合适，可以单击"重复"按钮，重新为当前幻灯片计时。在计时状态下进行排练演示，演示结束到达幻灯片末尾时，单击"是"按钮则接受排练时间，单击"否"按钮则重新开始。设置好放映时间，然后进行放映，演示文稿便可以根据排练时间进行自动放映。

（3）在放映时可以将屏幕作为黑板使用。在放映状态下，右击，在弹出的快捷菜单中选择"墨迹画笔"，选择"绘图笔"和"墨迹颜色"，便可用彩色线条将重点部分勾画出来，引起学生注意。要擦除彩色线条可按 E 键。

（4）演示文稿中的音视频在其他计算机上正常播放。因为音视频对象在插入幻灯片的时候是以链接方式插入的，播放时需要音视频对应的文件支持，不能改变演示文稿和音视频文件存放的相对路径。在制作演示文稿的时候，将演示文稿和音视频文件存放在同一目录下，拷贝的时候一起拷贝，这样才能让演示文稿中的音视频在其他计算机正常播放。

拓展实训

【实训目标】

通过实训，学生初步了解多媒体教学课件的设计与开发的基本知识，掌握制作多媒体教学课件的基本流程，掌握多媒体教学课件的制作方法。

【实训内容】

了解并掌握多媒体教学课件的相关知识，选择一个本专业且熟悉的知识点，设计一个使用多媒体课件进行教学的情境。

【实训步骤】

（1）以 2~3 人为单位组成一个团队，设负责人一名，负责整个团队的分工协作。

（2）团队成员通过分工协作，多渠道收集相关资料。

（3）团队成员对收集的材料进行整理，并进行多媒体教学课件的制作。

（4）各团队完成教学课件制作，派出一人作为代表上台演讲，阐述自己团队的成果。

（5）教师对各团队的成果进行总结评价，指出不足与改进措施。

【实训要求】

（1）考虑到课堂时间有限，实训可采取"课外＋课内"的方式进行，即团队组成、分工、讨论和方案形成在课外完成，成果展示安排在课内。

（2）教学课件页数最少 6 页，添加超链接、视频、幻灯片切换效果、自动播放，尽量应用到所学的多媒体课件制作的不同技术。

（3）每个团队方案展示时间为 10 分钟左右，教师和学生提问时间为 5 分钟左右。

复习思考题

1. 多媒体课件的概念是什么？
2. 多媒体课件有哪些特点？
3. 多媒体课件的设计原则有哪些？
4. 多媒体课件制作的基本步骤。

第 8 章

新型教育技术

在科学技术高速发展的 21 世纪，随着教育信息化的高速发展，移动学习、混合式学习、微课、翻转课堂、创客教育等新的学习形式、教学模式、教育理念扑面而来。这对广大教师来讲，既是机遇也是挑战，机遇就是可以置身于改革大潮之中，挑战就是必须革新教学模式，学习新的教育技术手段。本章将对目前出现的一些新的学习形式和教学形式进行介绍，并就它们的应用进行简要讨论。

学习目标

知识目标	了解移动学习和混合学习的概念； 掌握微课的概念和微课的教学设计； 了解 STEAM 教育和创客教育的概念
能力目标	掌握混合式学习的应用实践； 掌握翻转课堂的概念和应用实践
素质目标	培养学生开拓创新、团结协作的精神，使学生树立正确的世界观、人生观、价值观

8.1 移动学习与混合式学习

8.1.1 移动学习的概念和特点

1. 移动学习的概念

一般认为，移动学习主要是利用移动设备进行的学习，所以目前较为公认的定义是：移动学习是一种在移动计算设备帮助下，能够在任何时间、任何地点发生的学习，所使用的移动计算设备必须能够有效地呈现学习内容并且提供教师与学习者之间的双向交流通道。在目前的无线网络、国际互联网及多媒体技术环境下，学生和教师通过利用人工智能设备（如智能手机、智能平板、Windows CE 设备等）方便、灵活地实现交互式教学活动，以及进行教育和科技方面的信息交流。

其中，智能手机移动学习是一种很灵活的学习方式，是目前应用较为广泛的移动学习方式。这种灵活性除了体现在学习时间、学习地点、学习方式上，还体现在学习资源上。在智能手机中以多媒体方式呈现的丰富的学习资源，有助于学习者多角度地学习每个知识点。

2. 移动学习的特点

（1）随时随地学习。由于移动端具有可携带性、无线通信能力和移动性支持等特点，利用这些终端开展移动学习，学习者可在移动学习中随意调配时间，把握学习空间，以及获取语音、视频、数据信息等进行学习与交流。

（2）学习活动更具有情境相关性，碎片化特征明显。智能手机、平板电脑、可穿戴设备等移动设备配备了传感器和网络应用技术，运用这些技术可以感知设备所处的环境，并且根据情景推送学习内容，同时触摸屏、声音传感器、光学传感器、加速度传感器等传感器的使用，提供了丰富的交互手段，从学习任务、学习内容和学习体验来看，移动学习可以充分地使用碎片化的时间随时学习。

（3）给学习者以强烈的拥有感。学习者可以在不同情境中，通过作为媒介的个人设备，方便、快速地从一个情境进入另一个情境；学习者可以在课前、课后，在他人的参与下学习或独自开展预习/复习。在课外或课中开展同伴学习、小组学习、虚拟学习、社区学习等，多情境、多方式的切换有助于提高学习绩效，使学习者获得强烈的拥有感。

8.1.2 移动学习的应用

利用移动工具，学习者可以不受时间、地点的限制，随时随地学习，无论是在出差还是在休闲，都可以利用空余时间进行学习。概括起来，目前国内主要的移动学习模式可分为以下几类。

1. 推送的移动学习模式

在推送的移动学习模式下，学习者通过手机等将信息发送至互联网教学服务器，再由服务器分析信息后转化成数据请求，并进行数据分析及处理后再发送给学习者。利用这种移动学习模式可以实现的教学活动有：①发布教学内容；②进行师生互动，及时反馈；③在线测评。这种学习模式的缺点是信息以文字、图片为主，内容比较单一。

2. 在线连接浏览的移动学习模式

通过基于无线网络的在线连接浏览的移动学习模式，学习者可以使用移动终端接入互联网，访问教学服务器，并进行浏览和查询，类似于普通的互联网用户。学习者和教师能够通过移动终端随时随地查询学习资源和教学资源。

基于无线网络的在线连接浏览的移动学习模式，让学习者摆脱了时间、地点的限制，只要需要学习资源，就可以随时上网查找、浏览，并下载。下载的学习资源还可长期保存在移动终端上，学习者在没有网络的状态下也可以学习。这是一种适合于所有移动学习者的移动学习模式，也是目前应用相当广泛的一种移动学习模式。

3. 校园无线网络的准移动学习模式

准移动学习是指可以在局部范围内（如一所校园、一片户外区域或一间教室）实现的移动学习，是构成智慧校园的主要元素。学习者和教师可以利用计算机通过校园无线网连接到校园网络。学习者可以下载学习内容，教师可以通过校园的无线网络为学习者提供学习辅导，学习者和教师可以借助校园网络实现对教与学的评价。

4. 基于移动终端的电子书、音/视频和游戏的学习模式

移动终端基本上都支持 TXT 格式。利用电子书功能可以将教学内容等事先通过计算机下载到移动终端上，然后随时阅读。对于音/视频文件，也可以通过计算机下载到移动终端上，不过有些移动终端需要转换文件格式才能播放。下载的音频可以用于练习听力、学习英语；视频可以营造真实化情境，激发学习者的兴趣，让学习者在真实情境中学到知

识,比传统的"死记硬背"效果好很多。这种模式的不足有两点。一方面,只能利用下载好的资源进行学习,资源受到限制;另一方面,缺乏交互的功能,学习者在学习的过程中得不到反馈信息,教师也无法评价学生的学习情况。不过这种学习模式可以与以上在线移动学习模式结合使用,效果会更好。

8.1.3 混合式学习的概念和特点

1. 混合式学习的概念

混合式学习是在"适当的"时间,通过应用"适当的"学习技术与"适当的"学习风格,向"适当的"学习者传递"适当的"能力,从而取得最优学习效果的学习方式。

在线学习可以充分考虑学习者的学习风格和学习习惯,让学习者自主安排学习时间和地点,甚至可以自主选择学习资源等辅助材料,充分体现了学习的个性化。面对面的课堂学习可以使教师及时了解学习者的学习情况和理解程度,合理安排教学方法和教学进度,因材施教。所以,在线学习和面对面的课堂学习各有利弊。而混合式学习综合了两者的优势,把面对面的课堂学习和在线学习两种学习模式整合到一起,以降低成本、提高效益。有学者表示,"混合式学习关注的是通过在恰当的时间对合适的人采用适当的学习方式,来满足不同人或学习团体的学习风格,以使他们掌握适当的知识技能,从而使学习效果达到最优化"。

2. 混合式学习的特点

混合式学习并不是简单地将教室学习和网络学习两种学习环境相"混合",而是将所有教学要素进行有机结合,包括教学理论、学习环境、学习方式、学习资源、学习评价等的混合应用。通过有机地整合面对面的课堂学习和在线学习,将两者的优势结合起来,理论上包括了基于不同教学理论的教学模式的混合,教师主导活动和学习主体参与的混合,课堂教学与在线学习不同学习环境的混合,不同教学媒体的混合,不同学习资源的混合,课堂讲授与虚拟教室的混合等。

8.1.4 混合式学习的应用

混合式学习强调线上自主学习与面对面学习两者相结合,从而兼顾了在线学习的"成本低"和面授学习的"效果好",因此广泛应用。

1. 混合式学习的应用范围

(1)学校教学。在我国,创新型人才的培养一直是学校教育最为重要的培养目标之一。混合式学习模式本身就是一种创新,它对学生创新能力的培养有着积极的意义。目前,这种面对面教室学习和网络在线学习相结合的混合式学习模式在我国高校已经得到普及,并逐渐渗透到中小学教学中,甚至有的幼儿园已经在网站上开设了幼儿学习栏目。教育工作者通过混合式学习的教学实践进行教学模式、方法、策略的探索研究,不断优化网络教学平台,对创新学习模式、利用现代化的学习手段具有积极作用。

学校教学采用混合式学习模式的主要形式和手段是建立了大量的网络课程（大学）和专题学习网站（中小学），在这些网站中，存储着大量的辅助学习资源，学生可以得到学习指导和进行课外练习、重复学习、课后测验等。针对中小学，还开发了有游戏性质的趣味学习平台，能很好地激发学生的自主学习兴趣，提高学习效果。

（2）教师培训。我国的教师教育培训长期以来形式比较单一，主要是函授或远程教学，这种传统的培训模式存在许多弊端，主要表现在：面授期短，学员接受指导时间短，教师和学员交流不及时。随着网络技术的发展，基于混合式学习的教师培训模式逐渐得到应用并已成为现行的主流教师培训模式，而且由于现在的网络学习平台具有强大的交互能力，加上教师普遍具有良好的自学能力，教师培训已变为以线上学习为主。2005年和2010年分别启动的全国中小学教育技术能力建设计划和全国中小学教师国家培训计划，尤其是对中小学和幼儿园教师进行的教育技术应用能力培训，为混合式教学的顺利实施提供了必不可少的软硬件保障。面对面的集中培训和网络在线学习相结合的教师培训方式，为岗前教师和在岗教师的沟通交流提供了便利，为两者的专业化、精英化发展提供了有效保障。

（3）用于企业培训。在线学习这种方式最早用于企业。尤其是大型企业，由于有着得天独厚的技术优势和对培训效果的渴求，常常最先使用最新、最有效的培训方式，所以这些企业很早就开始利用互联网络并采用混合式学习模式对员工进行职前或职后培训。不仅企业，而且政府部门也越来越多地运用这种培训模式，并取得了很好的效果。

2. 混合式学习过程

（1）课前调研阶段。由于对学习目标、学习对象缺乏了解，有必要实施有效的课前调查，相对充分地了解组织者和学员的学习期望。传统的课前调查发生在教师、组织者和学员之间，是人与人之间的互动，这对学校教学来说是能轻而易举做到的。但对远程教学和某些培训来说，不能实现。网络技术的出现为此类调查及问题的解决提供了可能。通过在线调查，了解每个学员对学习主题的认识程度，针对性地设计在线辅助预学习内容，帮助学员在课前扫清课程主题认知的若干误区，储备足量的相关知识，从而减少学员知识、经验不足所带来的学习需求模糊等问题。

（2）课程组织阶段。在线学习降低了面授课程的时间和空间的问题，为混合式学习的课程组织带来了很大的灵活性。关键的知识可以通过面授来完成，而非关键的知识板块可以通过在线学习来实现。

（3）课程实施阶段。课程实施阶段除了强调学员的自觉性，还强调学习监督和教师对学员学习的介入，现在已有一些高技术的监督手段用于学员的学习监督，如签到、在线视频等。在这一阶段，教师要多利用在线答疑、在线作业等一系列远程指导手段引导学员进行学习。同时，多样性的学习技术也正被越来越多地采用，最具代表性的是体验式学习。体验式学习强调以学员为中心，强调"活动、分享、反思、应用"的循环，使学员从虚拟活动中自己找答案，通过分享和教师适时的介入和点评，达到最终的知识传递。

（4）学习价值评估阶段。网络在线学习成本低廉，但采用混合式教学模式到底效果如何？还得有一套科学、客观、真实的评价体系才行。网络学习价值评估是一个难点，要结合多方面、多种手段相结合的评估方法，全面地进行评估。为使评估真实，必须在正式学习前建立学员的基础知识档案，以方便学习前后的对比。

8.2 微课教学与翻转课堂

8.2.1 微课教学的发展和概念

1. 微课的发展

微课的出现最早可以追溯到 1993 年，美国北爱荷华大学的勒罗伊·麦克格鲁（LeRoy A. McGrew）在化学教育中提出了 60 秒课程的设计思想，将概念、讲解和举例浓缩到如此短的时间内，用于有机化学知识的科学普及。其后经过了许多国家众多教育工作者的不断实践和探索，逐步形成了一种新的教学形式。

新加坡教育部于 1998 年实施的 Micro Lessons 项目，涉及多门课程领域，其主要目的是培训教师可以构建微型课程，其课程时长一般为 30 分钟至 1 小时，教学目标单纯集中，重视学习情境、资源、活动的创设，为学生提供有效的学习支架，同时也为教师提供一系列支架，帮助其进行具体的教学设计。

2008 年，美国墨西哥州圣胡安学院的戴维·彭罗斯（David Penrose）综合了以往短小课程设计的思想，明确提出了微课的理念。他认为，微课并不是指为微型教学而开发的微内容，而是运用建构主义、在线学习或移动学习的实际教学内容，时长在 1 分钟左右。他还提出了建设微课的五个步骤：提炼要讲授的核心概念；撰写 15~30 秒的简介和总结，提供核心概念的背景材料；录制 1~3 分钟的教学视频或录音；设计课后作业和思考、探讨的问题；将教学视频和课后作业上传至微课管理系统等。自此，利用时间碎片学习微小知识单元的微课教学理念，在今天移动学习工具已经普及的情况下，通过移动学习或在线学习得以实现与传播。

2010 年 11 月，我国广东省佛山市教育局启动首届中小学新课程优秀微课征集评审活动。此后，微课在我国迅猛发展。2012 年 9 月，在教育部教育管理信息中心举办的第四届全国中小学"教学中的互联网应用"优秀教学案例评选活动暨第一届中国微课大赛中，一年内征集到教学案例 12 万余件，评出优秀教学案例 1570 件，其中微课 600 件。2012 年 11 月，教育部《中国教师报》依托移动互联网"教育通"云平台，主办了全国首届微课大赛。2013 年 5 月至 7 月，中国教育技术协会等联合主办了 2013 年全国微课大赛，参与人数达 1 万余人。这些微课征集、培训、评选、竞赛活动促进了我国教育领域微课建设活动的发展，提高了中小学教师和高校教师开展信息化教学的积极性。

2. 微课的概念

对于微课的概念，不同学者从不同角度出发会有不同的理解。有的学者基于对微课的内涵及实践分析，将其定义为：基于学校资源、教师能力与学生兴趣，以主题模块组织起来的相对独立与完整的小规模课程，具有"短""小""精""活"的特点，适用于学校教育的各个阶段及各种课程类型。也有学者对微课的内涵做出如下描述："微课是一种自动播放的 5 分钟小视频，只呈现文字、音乐、画面，没有解说，是一种新的学习方式。微课以小现象、小故事、小策略为主，主题突出，一课一事。"我国微课的概念最早是由胡铁生老师提出的。胡铁生认为，微课是按照新课程标准及教学实践要求，以教学视频为主要载体，反映教师在课堂教学过程中针对某个知识点或教学环节而开展教与学活动的各种教学资源的有机组合。微课具有主题突出、类型多样、情境真实、交互性强、生成性强、使用方便等优点。微课最初是微型教学视频课例的简称，它以微型教学视频为核心，是由微教案、微课件、微练习、微反思等组成的一个资源应用生态环境。它强调资源的有机组成和可扩充性、开放性、生成性、发展性。而微课是微型网络课程的简称，除相关的资源外，还包括相应的教学活动，是某门学科知识点的教学内容及实施的教学活动的总和。在众多微课的概念中，最为广大一线教师普遍接受的认识是：微课是教师自行开发、时间在 5 分钟左右的微小课程，课程的主题源于教师的教育教学实际，为教师所需，为教师所用，解决教师工作中的棘手问题；微课不仅是一种工具，更是一种教师成长的新范式。这一理解体现了一线教师对这一概念理解的实践性应用，这也是微课得到关注和广泛应用的重要原因。

从上述定义中不难发现，这些定义本质上并无太大差异，只是在不同的语境下有不同的内涵。微课的核心要素是：以视频为主要表现形式，围绕某一个知识点进行，时间控制在 5 分钟左右，最长不能超过 15 分钟。

8.2.2 微课的制作

在 2012 年首届全国高校微课教学比赛通知中，教育部将微课定义为"以视频为主要载体，记录教师围绕某个知识点或教学环节开展的简短、完整的教学活动"。对其中的视频提出了明确的录制要求，即图像清晰稳定、构图合理、声音清楚，能较全面、真实地反映教学情境，能充分展示教师良好的教学风貌；视频时长为 10~20 分钟（现在要求更短，一般不超过 15 分钟），采用单一视频形式，可采用多机位拍摄，以满足完整记录全部教学活动的要求；成片中的多媒体演示及板书完整、清晰。

微课的"微"一是指体积小，适合网络传播，能让学生通过手中的移动设备随时随地找到自己所需要的学习资源，这种便利性是微课区别于传统课堂教学的重要特点；二是指时间短，5~20 分钟，适合在当今紧张的生活节奏下使用，无论是在等候，还是在休闲，学生抽空就可以学习；三是指选题微，要选取教学环节中的某一个知识点、专题或实验活动，进行充分论述，适当加入趣味性更利于微课教学效果的提高。微课的这三个特点，对教师和教育技术人员提出了挑战。微课的实质是微型化的网络课程。因此，微课的设计与制作可以在学习理论指导下，像网络课程开发那样进行系统的设计与制作。

1. 确定选题

微课针对特定的小主题，如核心概念、单个知识点、某教学环节、教学活动等，教学目标明确，教学内容清晰，能够在很短的时间内讲解清楚，而且学习者很感兴趣，容易在短时间内掌握。因此，要在众多的知识点或教学环节中选择那些教学重点、教学难点或学生兴趣点等作为微课的选题，先小型化、碎片化，然后集合成一个小的课程体系。微课内容可以是知识讲解、题型精讲、技能演示、总结归纳、知识拓展、教材解读、方法传授、教学经验交流、小型测试、知识判断、提示性解读等。

2. 进行教学设计

微课教学设计，首先要做课前分析，对微课的学习者特征、教学任务和学习内容进行分析，然后根据布卢姆的教学目标分类理论确定合适的教学目标，根据教学内容、教学环节、教学活动和教学方法，确定合适的微课类型和组成要素，制定符合学习者特征、学习内容和教学形式的教学策略，设计教学视频的情境、案例、教学过程，以及相关的网络教学支持材料和评价、反馈机制等。

3. 制作视频

视频是微课的核心内容，大多采用视频录像的制作方法并以流媒体的形式呈现。微课的教学过程要简短完整，包括教学问题的提出、教学案例（或情境）导入、教学内容讲解、教学活动安排、引导和启发学生开展协作学习与探究学习等。根据记忆的信息加工理论，只有受到注意的信息才能得到人脑的进一步加工，只有被注意到的感觉记忆才能进一步加工成工作记忆。因此，在微课中吸引并保持学生的注意是成功的关键。

根据微课的不同类型，应该有不同的教学主题导入方式，但都要快速、准确，力求新颖、有趣，能够很好地吸引学习者。微课应开门见山地进入主题，或采用承上启下的语言引出主题，或设置疑问、悬念等引出主题，也可以通过学习者熟悉的、与生活相关的现象或感兴趣的案例引入主题。因受时间限制，教师在教学过程中要掌握好教学节奏，消除与课堂无关的干扰；授课过程可以采用启发式教学，善于提出问题，抓住学生保持"有意注意"的有效时间。

在微课教学过程中，为避免学生产生"注意疲劳"，可以采取一些技术手段刺激学生的"无意注意"。要尽量让微课的每个镜头都在"表意"，要么在表述知识，要么在调节注意力。

微课的结尾、总结要简洁明了，留出让学生思考、回味的空间。由于微课时间短，学习内容往往都存储在学习者的短时记忆中，因此适当而简短的总结，可以使学习者对学习内容加深印象，减轻学生的记忆负担，但也不是每场微课教学都需要对学习内容进行总结，留出让学生思考、回味的空间更重要。

4. 选择支持材料

除教学视频外，微课还有相关的支持材料，以辅助微课的视频教学，通常包括微课教学内容简介、教学设计的教案（或学案）、多媒体教学素材和课件、教师课后的教学反思、练习测试、学生的反馈等。但不是样样都要有，应根据教学目标、教学内容和教学活动等选择必要又简明的支持材料，避免选择冗余、过多过乱、不是很紧密的辅助或拓展材料。

5. 上传与反馈

视频和相关材料制作完成后，要上传到相应的网络环境中。如果是参加微课比赛，应上传到指定的网络平台，并且按规定的技术要求和规范调整视频分辨率和速率参数，填报要求的参赛信息等。如果是为某课程或相关主题、领域的网络教学而制作的微课，应上传到相应的网络平台，并按平台要求对用户点评、疑问等进行答疑、反思、更新等反馈。

6. 评价与修改

1）评价

微课的评价应从教育性、技术性和绩效性三个方面考虑。

（1）微课的教育性包括教学目标、教学内容组织、教学策略和教学评价等。具体表现在：教学目标明确，教学主题突出，针对的学习对象明确；教学内容组织有序，教学环节承接自然，安排合理恰当，知识单元完整；教学内容表现方式恰当，形式新颖；视频讲解深入浅出、生动有趣、画面美观、节奏恰当；配套的学习资源与教学主题紧密结合，练习和思考题具有趣味性和启发性，能吸引学习者主动完成。

（2）微课的技术性包括微课本身的技术性与艺术性，平台环境的技术性与共享性。视频制作应符合技术规范；视频、课件画面布局协调，文字、色彩搭配合理。微课的支持材料也要符合相应的技术规范，相对完整，形式多样化。微课平台的技术性包括系列微课的有效组织、检索、访问、浏览、上传、评论等，并能提供学习指导、信息提示、学习者之间和师生之间的在线或离线交互，以及学习者与媒体之间的交互，能够追踪记录学习者个人学习过程，提供相关主题资源的推荐和推送等。

（3）微课的绩效性受微课的教育性和技术性的影响很大。如果微课的教育性好、技术性强，那么应用效果一般会比较好，表现在微课的点击率、点赞率、用户评价、作者与用户互动情况、收藏次数、分享次数、讨论热度等综合评价上。

2）修改

微课的修改应该在观看微课的效果、进行自我评价后，重点分析不足，特别是让第三方参与分析，因为他人的意见会给人启迪。修改主要从内容、流程和录制技术方面进行。

8.2.3 微课教学的应用

学习运用微课的过程，其实是教师转变教学理念、掌握信息时代新的教学方式和教学策略的过程。在这一转变过程中，教师首先要学会设计与制作微课的方法。黎加厚等人总结出关于微课设计的 15 条建议，对教师很有参考价值。

（1）时刻谨记微课的用户群体是学生。

（2）一个微课只讲解一个知识点。

（3）视频时间尽量控制在 10 分钟以内。

（4）不要轻易跳过教学步骤，即使是很简单、很易懂的内容。

（5）要给学生提供提示性信息（例如，用颜色线标识，侧边列出关键词，用符号标注等）。

（6）微课是整个教学组织中的一个环节，要与其他教学活动环境配合。在微课中的适当位置设置暂停或者后续活动的提示，便于学生浏览微课时转入相关的学习活动，让学生在学习单的统一调度下学习微课。

（7）微课中应有恰当的提问，恰当安排基本问题、单元问题和核心问题，灵活使用多样化的提问策略，促进学生思考。

（8）每个微课结束时要有一个简短的总结，概括要点，帮助学习者梳理思路，强调重点和难点。

（9）用字幕方式补充微课不容易说清楚的部分。注意：只呈现关键词，不必像电视剧一样将所有的台词都打出字幕，这会增加学生的阅读认知负荷。

（10）对一些重要的基本概念，要说清楚是什么，还要说清楚不是什么，让学生明确基本概念和原理；对于关键技能的教学，要清楚地说明应该怎么做、不应该怎么做。

（11）留心学习其他领域的设计经验，注意借鉴、模仿与创造。例如，从电影、电视、广告等大众媒体中找到可以借鉴的创意。

（12）注意研究和借鉴可汗学院在讲与该课程类似的课程时所采用的教学方法。

（13）一门课程开始的时候，要清楚地介绍课程的评价方法和考试方式，引导学生根据教学目标学习。

（14）开始时，要介绍主讲教师的情况，让学生了解教师。

（15）在学习单上将微课和相关的资源与活动链接起来，方便学生在学习单的统一调度下跳转学习。

8.2.4 翻转课堂的概念与特征

1. 翻转课堂的概念

翻转课堂就是在信息化环境中，教师提供以教学视频为主要形式的学习资源，使学生在上课前完成对教学视频等学习资源的观看和学习，以便师生在课堂上一起完成作业答疑、协作探究和互动交流等活动的一种教学模式。

翻转课堂作为一种新兴的教学模式，颠覆了传统的教学过程，它将知识传递过程置于课堂外，学生借助教师制作的教学视频和开放网络资源自主完成知识的建构，而课堂成为他们完成作业、探讨问题或得到个性化指导的地方。翻转课堂与传统课堂最主要的差异在于：传统课堂在课上通过教师讲授进行知识传递，学生在课后完成作业并实现知识的内化；翻转课堂则是学生在课前通过观看教学视频或查找网络资源完成知识的接收，在课上通过完成作业、讨论探索、教师个别指导来实现知识内化。

2. 翻转课堂的特征

（1）学生自主学习行为发生变化。乔纳森·伯尔曼和亚伦·萨姆斯在 YouTube 视频网站和多个演讲中提到了翻转课堂在以下三个方面改变了学生的学习行为：一是学生掌控学习，实施翻转课堂后，利用教学视频，学生能根据自身情况来安排和控制自己的学习；二是学生在课外或回家看教师的视频讲解，在轻松的氛围中进行，而不必像在课堂上教师集体教学时那样紧绷神经，担心遗漏什么，或因为分心而跟不上教学节奏；三是学生观看视频的节奏全由自己掌握，掌握的知识可以跳过，重点和难点可以反复观看，也可以停下来仔细思考或做笔记，甚至可以通过聊天软件向教师和同学寻求帮助，增加了学习中的互动性。翻转课堂最大的好处是全面增强了课堂的互动性，具体表现为教师与学生之间、学生与学生之间的互动性得到了加强。

（2）教师角色发生变化。由于教师的角色已经从内容的呈现者转变为学生的教练，这让教师有时间与学生交谈，回答学生的问题，对每位学生的学习进行个性化指导。学生完成作业后，教师可以注意到部分学生会被相同的问题困扰，组织这部分学生成立辅导小组，为他们举行小型讲座。小型讲座的精妙之处在于，当学生遇到难题准备请教时，教师可以及时地给予指导。有机会观察到学生之间的互动，让学生发展起自己的协作学习小组，让学生彼此帮助、相互学习和借鉴，而不是将教师作为知识的唯一传播者。

（3）教师与家长的交流内容发生变化。多年以来，在家长会上，父母问得最多的是孩子在课堂上的表现，比如，是否安静地听讲、是否行为恭敬、是否积极举手回答问题等。实施翻转课堂后，这些问题已不再重要。真正的问题是孩子们是否在学习？如果他们不学习，教师和家长如何帮助他们学习？这个深刻的问题会促使教师与家长共同商量：如何将学生带入一个环境，帮助学生成为更好的学习者。学生为什么不学习？他们的个人问题干扰了学习吗？或者他们更关注的是"在学校玩"而不是学习？当教师和家长得知孩子为什么不学习时，就能制定一系列实时的、必要的干预措施。

8.2.5 翻转课堂的应用

对于如何利用翻转课堂这种新的教学模式进行颠倒教学这一问题，国内外大中小学都还在探索中，普遍认为其中最重要的是以下两个环节。

1. 创建教学视频

教学视频要完全取代教师的现场课堂讲授，是一件很不容易的事，这对教学视频的设计制作提出了很高的要求。首先，应明确学生必须掌握的目标，以及视频最终需要表现的内容；其次，收集和创建视频时，应考虑不同教师和班级的差异；最后，在制作过程中应考虑学生的想法，以适应不同学生的学习方法和习惯。

2. 设计课内教学互动内容

知识内容在课外通过视频传递给学生后，课内更需要高质量的学习活动，让学生有机会在具体环境中应用所学内容。只有通过这样的强化，才能让学生接受的外在知识内化为学生的本体知识。这样的课堂教学设计与以往传统的讲授式教学设计是完全不同的，其内容、形式和途径都应由学生自主创建，教师主要起解惑、引导的作用，引导学生独立解决问题、开展探究式活动、实施基于项目的学习等。

8.3 智慧教育与智慧课堂

8.3.1 智慧教育的特征

智慧教育并不是一个全新的概念。智慧是教育永恒的追求。在中文语境中，"智慧"是指"对事物能迅速、灵活、正确地理解和解决的能力"。智慧教育最早由哲学家提出，指出智慧教育的出发点和归宿是唤醒、发展人类的"智慧"。印度著名哲学家吉杜·克里希那穆提（Jiddu Krishnamurti）在其专著《一生的学习》中从智慧的高度解读了教育，认为真正的教育要帮助人们认识自我、消除恐惧、唤醒智慧。英国著名哲学家阿弗烈·诺夫·怀海德（Alfred North Whitehead）提出儿童智慧教育理论，认为教育的主题是生活，教育的目的是开启学生的智慧。

杨现民从生态学的视角分析了智慧教育的教育特征，指出智慧教育是技术推动下的和谐教育信息生态，其核心教育特征可以概括为：信息技术与学科教学深度融合、全球教育资源无缝整合共享、无处不在的开放学习、绿色高效的教育管理、基于大数据的科学分析与评价。

1. 信息技术与学科教学深度融合

信息技术与教育的深度融合涉及方方面面，包括技术与管理的融合、技术与教学的融合、技术与科研的融合、技术与社会服务的融合、技术与校园生活的融合等。其中，信息技术与学科教学的深度融合应该是智慧教育的首要价值追求。课堂是教育改革的主阵地，学科教学是教育系统的核心业务。如果说信息技术与课程整合是教学改革的"物理反应"，那么信息技术与学科教学深度融合则是"整合"基础上的"化学反应"。

智慧教育需要广大师生具备较强的信息技术应用能力，合理、有效地应用技术促进课前、课中与课后教与学活动的全程设计、实施与评价。信息技术在学科教学中的"消融"，教师和学生从关注技术逐步转变到关注教学活动本身，是智慧教育成功的重要标志和核心特征。

2. 全球教育资源无缝整合共享

大踏步前进的科技正在创造一个新的、更小的、更平坦的世界，"地球村"正在从预言变成现实。智慧教育要培养的不是一般意义上的国家公民，而是适应21世纪发展需要、具有全球视野和创新思维的世界公民。智慧教育秉承"开放共享"理念，通过多种途径（自建、引进、购买、交换）实现全球优质教育资源的无缝整合与无障碍流通，这样世界各地的学生和社会公众可以随意获取任何适合自己的教育资源（多媒体课件、视频课程、教学软件等）。全球优质教育资源的无缝整合共享，是突破教育资源地域限制的"大智慧"，将有可能缩小世界教育鸿沟，提升欠发达国家和地区的教育质量。

3. 无处不在的开放学习

智慧教育环境不是一个割裂的教育空间，而是通过网络将学校、家庭、社区、博物馆、图书馆、公园等各种场所连接起来的教育生态系统。学习需求无处不在，学习无时无刻不在发生，云计算、物联网、移动通信等信息技术的发展为人类的学习提供了无限的可能。学习不应该固定在教室和学校，而应回归社会和生活，发生在任何有学习需求的地方。智慧教育环境下的学习将走向泛在学习。泛在学习不是以某个个体（如传统学习中的教师）为核心的运转，而是点到点的、平面化的学习互联。

4. 绿色高效的教育管理

绿色教育强调教育事业的可持续发展，既是智慧教育的指导理念，也是智慧教育的重要特征。信息技术的普及应用为实现教育管理的智慧化，推动绿色教育的发展提供了条件。云计算技术通过整合基础设施、软件平台、应用软件三种计算资源，可以实现管理数据的统一采集与集中存储，实现管理业务流程的统一运行与监控，有效避免"信息孤岛"，减少教育管理上人力、物力和财力的浪费。物联网通过射频识别、二维码、红外感应、全球定位等技术，将各种教育装备与互联网连接起来，进行智能化识别、定位、跟踪、监控和管理，可以有效提高管理效率和质量。大数据技术全面采集各种教育数据，进行科学统计分析与数据挖掘处理，可以为教育决策（经费分配、学校布局等）提供数据支持，而科学的教育决策又将推动教育事业的可持续、均衡发展。办公自动化全面普及，将大幅度减少纸张浪费，实现教育领域的低碳环保。

5. 基于大数据的科学分析与评价

智慧教育需要更具"智慧"的教育评价方式，"靠数据说话"是智慧教育评价的重要指导思想。物联网、云计算、移动通信、大数据等新一代信息技术的发展，为教育评价从"经验主义"走向"数据主义"提供了技术条件，可以实现各种教育管理与教学过程数据的全面采集、存储与分析，并通过可视化技术进行直观的呈现。智慧教育环境下包括中小学学业成就评价、体质健康评价、本科教学质量评估、教育信息化与教育现代化发展评价等在内的各种教育评价与评估，将更具智慧性、科学性和可持续性。

8.3.2 智慧校园

1. 智慧校园的概念

1990 年，美国克莱蒙特大学的凯尼斯·格林教授主持了一项名为"信息化校园计划"的大型科研项目，在此次项目中，首次提出数字化校园的概念，打开了信息技术进入校园并用于学校管理的大门。

1998 年 1 月 31 日，美国时任副总统戈尔在美国加利福尼亚科学中心发表了题为《数字地球：21 世纪认识地球的方式》的演讲之后，"数字地球""数字城市""数字校园"等概念随互联网的深入发展和应用而越来越为人们所熟悉。

2009 年 1 月，IBM 总裁兼首席执行官彭明盛在奥巴马就任美国总统的第一次美国工商业领袖圆桌会上提出了"智慧地球"的新理念，主要包括在六大领域建立智慧行动方案：智慧电力、智慧医疗、智慧城市、智慧交通、智慧供应链、智慧银行。IBM 对"智慧地球"的良好愿景是借助新一代信息技术（如传感技术、物联网技术、移动通信技术、大数据分析、3D 打印等）的强力支持，让地球上所有东西实现互联化和智能化。

在我国，最早提出智慧校园建设的是南京邮电大学的宗平教授，他是在 2010 年发表的《智慧校园设计方法的研究》论文中提出了智慧校园建设。2010 年，浙江大学在学校的信息化"十二五"规划中，正式引入"智慧型校园"的概念，提出"充分利用先进的感知、协同、控制等信息化技术大力优化基础资源配置，全面推进学校智慧型校园的建设"，实现"绿色节能型、平安和谐型、科学决策型、服务便捷型"校园的建设目标。该建设项目分为三个阶段，历时五年完成。2012 年 3 月，教育部印发《教育信息化十年发展规划（2011—2020 年）》，在该文件中，提到了"建设智能化教学环境"和"智能化的网络资源"的概念和建设要求。

2017 年之前，在教育信息化的各类政策文件中，针对校园信息化，主要采用的是"数字校园"的概念，2017 年发布的《国家教育事业发展"十三五"规划》，首次明确提出"支持各级各类学校建设智慧校园，综合利用互联网、大数据、人工智能和虚拟现实技术探索未来教育教学新模式"。2017年之后，在关于教育发展的系列总体规划性文件中，"智慧校园"这一名词概念、发展要求、建设要求等开始频繁出现。由此，在国家教育信息化层面，确立了我国校园教育信息化开始从"数字校园"阶段逐步走向"智慧校园"阶段。

在2018年6月7日发布并于2019年1月1日正式实施的中华人民共和国国家标准《智慧校园总体框构（GB/T 36342—2018）》中，第一次对"智慧校园"这一概念进行了国家标准层面的定义，即智慧校园是物理空间和信息空间有机衔接，使任何人在任何时间、任何地点都能便捷地获取资源和服务。智慧校园是数字校园的进一步发展和提升，是教育信息化的更高级形态。

2. 智慧校园的主要特征

基于国家教育发展相关文件中对智慧教育、智慧校园建设的总体及具体要求，以及国家标准《智慧校园总体框构（GB/T 36342—2018）》中对智慧校园的定义，智慧校园相对于传统的数字校园而言，具有感知化、融合化、泛在化、大数据化、个性服务、便捷获取、深度参与、分析预知等主要特征。智慧校园的这些主要特征之间存在着以下的相互作用与支撑关系，如图8-1所示。

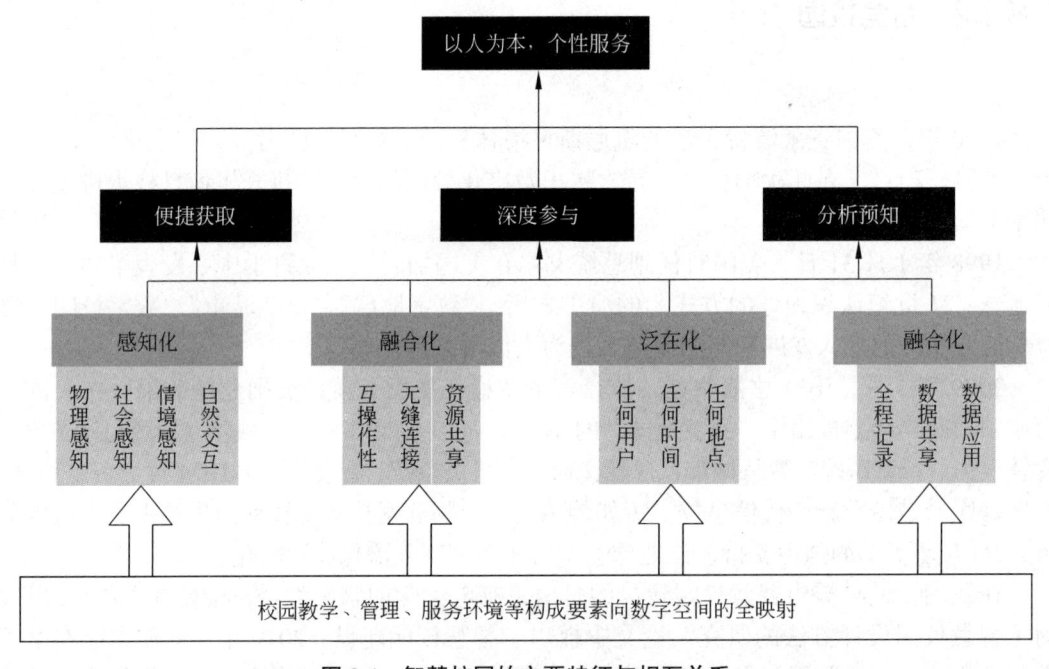

图 8-1　智慧校园的主要特征与相互关系

8.3.3　智慧课堂的概念

智慧课堂又称智能课堂，有两个含义，一是智能化教学环境，就是前已述及的智慧教室等新型物理教学环境；二是智慧课堂教学，简称智慧教学，就是信息化教学的延伸升级。本书指的是第二个含义。虽然这里一个是指教学环境，另一个是指教学形式，但两者高度关联，因为智能化的教学环境是实施智慧课堂教学的基础条件。

智慧课堂就是利用智能化的教学环境，教学全过程采用智能化的教学手段和教学方法，实现教学效果最优的教学组织形式。智慧课堂应该具有教学环境智能感知、教学设备智能控制、教学资源智能获取、教学信息智能呈现、教学过程智能记录、教学行为智能分析（统计）、教学效果智能评价等多种功能。

8.3.4 智慧课堂教学设计

智慧课堂是信息化课堂的升级，所以其教学设计原则与信息化课堂是一样的，所不同的是，由于教学环境更加现代化、智能化，在教学设计、教学利用、教学实施上要充分考虑教学条件的变化，否则智慧教学就等同于多媒体教学。

如何才能利用智能化的教学环境最优化地进行教学设计呢？一是教师教学理念的更新，要围绕"一切为了学生发展"来设计教学的各个环节；二是充分利用已有的智能化教学条件、智慧教学资源、智慧教学系统，使之应用到教学过程中，产生最佳效能；三是采用多种教学方法适时教学，尤其是线上线下混合式教学，充分调动学生的积极性和参与度，多设计学生自主性学习活动，如引导、交流、解惑、讨论、分享等，这些都是很好的教学组织形式。下面以小学《语文》课本中的《曹冲称象》为例剖析智慧课堂的教学设计。

1. 背景

这是一篇介绍曹冲称象的文章，写法、文字表述颇具特色且吸引学生，然后介绍与曹冲相关的几个小故事，最后以概括的形式评价曹冲，激发了学生探索的积极性。

2. 案例设计目标

案例充分体现个性化学习理念、探究性学习理念，借助优课平台、PPT 课件、电子书包等信息手段帮助学生了解与曹冲称象相关的知识，同时通过学生的自主、合作、表达与交流等探究学习活动，培养学生自我提出问题、解决问题的能力。

3. 案例融合技术应用

借助自由听读、标注课文内容、统计分析、检测词语规范应用、进行资源推送、播放视频、拍照上传、实现互动互评、分享录音、畅谈收获等，激发学生的阅读兴趣，检测学生的理解情况，提供拓展资源，帮助学生解决重 / 难点，达到教学目标。

4. 案例的主要教学过程

1）课前

预习准备，让学生收集曹冲称象的相关知识，上传到优课平台。

2）课中

第一部分：分享交流，引发遐想。让学生分享如何称象的想法，复习第一节课积累的诗句，集体分享，通过优课平台的作业分享功能展示成果。

第二部分：品读其意，感受曹冲称象的智慧。该部分根据个性化学习理念，培养学生学习的独立性和自主性，如让学生自由地学习第二自然段，理解其意，规范用词，然后通过优课平台的及时反馈功能进行随堂检测，对学生的学习情况进行统计分析，并有感情地阅读文章，充分理解其意。

第三部分：研读探究，理解曹冲称象之谜。这部分以探究性学习理念为指导，通过质疑发现问题、研究解决问题等进行探究性学习活动，如引导小组合作完成实验研究报告，使学生在探索中学会质疑，提出自己的想法和问题，并探索出称象的方法，其他小组进行评价，各小组再进行分享汇报，最后归纳总结课文。

第四部分：拓展阅读，畅谈收获。该部分主要通过优课平台的作业分享功能，分享汇报课前收集的称象的其他方法，并谈谈自己的收获，然后通过平台上传录音，与同伴分享。最后布置作业，让学生到平台听听其他同学的收获。

5. 点评

该案例融合了现代信息技术和语文学科教学，可以认为是智慧课堂教学的良好范例。一是在教学理念上，依据的个性化学习理念、探究性学习理念都是以学生为中心的；二是利用了优课平台等教学系统实施了线上线下混合式教学，可以超越时空开展教学；三是借助信息技术创设情境，激发了学生的兴趣，通过检测分析，完成对文章的理解，采用合作探究方式，将实验报告上传到云平台，深入理解曹冲称象之谜，通过推送资源，开阔了学生的阅读视野等。

6. 优化建议

课外作业：利用曹冲称象的方法，在家进行物品称重。

上课地点：智慧教室，围桌形式便于讨论。

8.4 其他新型教育技术

8.4.1 STEAM 教育

1. STEAM 教育的概念

STEAM 是科学（science）、技术（technology）、工程（engineering）、艺术（art）、数学（mathematics）的首字母组合。STEAM 教育是集科学、技术、工程、艺术、数学于一体的一种综合教育。STEAM 教育来源于 STEM 教育，后来加入了艺术的元素才形成统一的 STEAM 教育。

STEAM 是一种重实践的超学科教育概念，不同于传统的单学科、重书本知识的教育方式。STEAM 教育不是科学、技术、工程、艺术和数学知识的单一教育或简单叠加，而是将这五个学科整合到一种教学范式中，把不同课程、不同活动中展现的零碎知识变成相互联系的统一整体，从而形成系统性知识的一种跨学科综合教育，旨在培养学生的科学素养、技术素养、工程素养、艺术素养和数学素养。STEAM 教育倡导学生以学科整合的方式认识世界，以综合创新的形式改造世界，培养解决问题的创新能力，具有综合性（跨学科）、体验性、情境性、协作性、设计性、艺术性等基本特征。

2. STEAM 教育的特点

STEAM 教育综合了学科特点，将知识的获取、方法与工具的应用、创新生产的过程，以及情感、态度进行了有机统一，在培养学生创新思维与实践能力的同时，体现了一种多元学科文化的融合创新。这种融合创新立足时代背景和社会生活，与现实世界紧密结合。STEAM 教育具有以下几个特点。

（1）跨学科、跨领域。STEAM 教育强调通过整合科学、技术、工程、数学和人文艺术等多个学科、多个领域的知识与技能，在相互分离、各成体系的学科之间建立一座沟通的"桥梁"，使学生学习的分专业的、零碎的知识变成一个联系、统一的整体，让他们能够从完整、系统的视角去认识世界与社会。

（2）边做边学。STEAM 教育以"做"贯穿教学的全过程，引导学生在探索与创造中主动发现知识，并运用所学的知识解决实际问题。

（3）基于真实问题与项目。STEAM 教育以具体的项目或者问题为教学的中心，围绕具体的教学任务制定教学目标，并以此为基础，实现有效的跨学科整合。换言之，STEAM 教育是针对某一具体的项目或者问题而开展的一系列教学活动，其主要包含工具与资源设计、学习活动过程设计、支架设计和评价设计等方面的内容。在某种程度上，学习是一种问题解决的过程，而加强学习者的问题解决能力则是教育最重要的目标之一。

（4）关注所有的学生。STEAM 教育关注所有的学生，其中包括不同认知能力水平、不同性别、不同文化背景的学生，甚至是残疾学生等有特殊需求的学生。

（5）基于真实情境。回归到真实情境的学习已成为当前教育改革中最为重要的一项内容，而 STEAM 教育就是真实情境的探究学习活动之一。STEAM 教育致力于构建学生的学习环境，重视学习与真实情境的联系，注重学生在学习过程中的亲身探究经历与动手体验，鼓励学生通过亲身学习来探究他们感兴趣的项目或现实生活中亟须解决的问题。

（6）多元主体共同参与。STEAM 教育是多元主体共同参与的教育，从教师主体来看，STEAM 教学活动通常需要不同学科的教师通力合作，有时甚至还需要企业专家、图书馆管理员、媒体专家、教育技术人员的共同参与；从学生主体来看，通常采取小组协作的学习方式完成任务，以促进团队成员的互补优化，也鼓励跨年级组建学习小组。

8.4.2 创客教育

1. 创客教育的概念

创客教育（maker education）是一种融合科学、技术、工程、艺术、数学等知识与技能，遵循自由开放、创新创意、探究体验的教育理念，以实践创造学习为主，培养创新型人才的新型教育模式。创客教育来源于美国开展的创客活动，是一种新型的教育理念和教育形式。

创客教育的核心理念是通过动手实践，培养学生的创新力、探究力和创造力。从概念上看，创客教育和 STEAM 教育高度相关，都是一种融合教育，但 STEAM 教育更讲究跨学科的"知识融合"，创客教育强调的不是教与学，而是探索、体验、创新，重点在于创新想法并将想法进行"实践创造"。

2. 创客教育的特点

（1）目的和相关性。主要考虑相关的创客活动对学生个体所具有的意义，例如，能否激发学生的学习兴趣，使其愿意投入时间、精力和创造力。

（2）时间性。必须为学习者提供足够的时间来计划、执行、调试、修改、扩展和编辑他们各自的创客项目。

（3）一定的复杂性。最好涉及多个学科领域，并能调用学生先前的知识与经验，使其有机会通过偶然发现和联想形成有创意的观点。

（4）可访问性。学生需要随时随地访问各种各样的具体事物和数字材料。学生除了可以通过个人计算机来获取这些资料，也需要其他手工材料、书籍、软件、硬件和网络的支持。只有允许学生随时随地访问有价值的资源，才有可能让学生摸索出从来没有人想到过或设计过的创造路径。

3. 创客教育的应用

创客教育具有无限的价值潜能，将对个体发展、课程改革、教育系统变革及国家人才战略产生重大影响。

（1）个体发展层面。创客教育能够更好地解放学生的天性，给他们更多动手操作、自由探索与发展的空间和条件。通过创客活动，学生可以接触到更多最新的技术，从而借助技术将自己的创意慢慢实现，不断激发自己对创造的兴趣。团队的合作交流、思维碰撞，又能催生更多新颖的想法，形成一种热爱创造、享受创造、尊重创造的校园文化，进而提升学生的创造力、动手能力、问题解决能力及团队合作能力。此外，学生动手探索的过程也是知识运用的过程，有助于增强对抽象学科知识的理解。

（2）课程改革层面。基础教育首先要培养每一个人的创造性，然后才能在此基础上培养出能够攀登世界科学高峰的拔尖创新人才。通过动手操作、协同探究、项目合作等多种基于创造的学习方式，每名学生都将在课程学习中找到乐趣，进而激发自身的创造潜能。持续地建设和实施创客课程，有助于彻底解决传统教育面临的课程内容陈旧、课程结构不够灵活、与社会实践脱节、授课方法单一等现实问题，从而带动整个课程体系变革。

（3）教育系统变革层面。创客运动是一种重塑教育的新方法和新路径，可以给教育产生一些很好的，甚至是颠覆性的变化。创客教育的组织实施，将推动我国各级各类教育系统关键要素的优化组合和转型升级。在创客运动的推动下，学校、家庭、社区、企业等一切社会力量和资源被充分调动起来，协同打造无处不在的创客空间，无缝连接正规教育和非正规教育，最终重构整个教育生态，实现真正的创新教育。

（4）国家人才战略层面。知识经济时代，创新人才是国家发展的战略资源，是构建创新型国家的必备条件。为落实《国家中长期人才发展规划纲要（2010—2020 年）》，我国正在积极组织和实施创新人才推进计划，以培养各类高层次创新型科技人才。创客运动就是为"创新"而生，创客教育将推动我国人才培养模式的加速转型（从标准化转向个性化，从单一化转向多元化），培养大批"实战型"科技创新人才，为创新型国家建设提供人才支持。

8.4.3 机器人教育

1. 机器人教育的概念

狭义的机器人教育是指以机器人相关知识和制作技能为对象的教育，包括专业理论知识教育、机器人实践教育和机器人科技竞赛等；广义的机器人教育概念则是指所有学习、利用机器人的相关知识和技术，进行教育效果和师生劳动方式优化的理论与实践活动。

机器人教育是培养学生创新能力的综合平台，开展机器人教育是高校教育教学改革的一个切入点，也是学校创新教育的一种重要形式。机器人教育能以较少的投入（包括人力、物力、财力、时间等）取得较大的教育效果（主要指学生的知识获得、技能形成、情感培养等），从而优化教与学的效果。同时，采用机器人这种教学工具，能改善教学方式与方法，减轻师生的工作强度，缩短工作时间，提高工作效率。

机器人的出现为学校创新教育提供了一个崭新的平台，几乎没有一种技术平台比智能机器人更适合创新素质教育。学校不仅可以把机器人作为一种科学教育工具，用于提高学生的科学素养，还可以根据学校的实际情况开设机器人相关课程，开展各种机器人教育，普及机器人知识，以各种机器人活动来推动机器人教育的开展，培养满足社会和科技发展需要的机器人相关人才。

2. 机器人教育的现状

所谓机器人教育，通常是指学习机器人的基本知识与基本技能，或利用教育机器人优化教育教学效果的理论与实践。

2002年在北京召开的"关注中国未来的竞争力——儿童数字化启蒙"研讨会上，与会专家一致认为，数字信息技术介入传统的幼儿教育，利用有效的手段与工具对儿童进行数字化启蒙，关系到儿童的成长和中国未来的竞争力。

在国外，机器人教育一直是一个热点。早在1994年麻省理工学院（MIT）就设立了"设计和建造LEGO机器人"课程，目的是提高工程设计专业学生的设计和创造能力，尝试机器人教育与理科实验的整合。麻省理工学院媒体实验室"终身幼儿园"项目小组开发了各种教学工具，通过与积木玩具商乐高公司紧密合作，该项目组开发出可编程的乐高玩具，助力孩子们开展设计活动。同时，国外的一些智能机器人实验室也有相应的机器人教育研究内容。

新加坡国立教育学院（NIE）和乐高教育部于2006年6月在新加坡举办了第一届亚太ROBO-LAB国际教育研讨会，通过专题报告、论文交流和动手制作等方式，就机器人教育及其在科技、数学课程中的应用进行交流，以提高教师们开展机器人教育的科技水平与应用能力。

2000年，北京市景山学校以科研课题的形式将机器人普及教育纳入信息技术课程，在国内率先开展了中小学机器人课程教学。2001年，上海市西南位育中学、卢湾高级中学等学校开始以"校本课程"的形式进行机器人活动进课堂的探索和尝试。2005年，哈尔滨市正式将机器人引入课堂教学，在哈尔滨师范附小、60中、省实验中学等41所学校开设了"人工智能与机器人"课程，以必修课形式对中小学生进行机器人科学教育。此外，香港在高中"设计与应用科技"课程中增设了机器人制作课程。

我国教育部于 2003 年 4 月正式颁布《普通高中技术课程（实验）标准》，首次在"通用技术"科目中设立了"简易机器人制作"模块，它是基于计算机技术的学习平台，将机械传动与单片机的应用有机组合的选修课程模块。该模块为学生提供了运用当代先进技术和先进思想方法进行设计、制作，以及解决实际问题的机会。与此同时，新的高中课程标准在"信息技术"科目中也设立了"人工智能初步"选修模块，迈出了我国高中阶段开展人工智能教育的第一步，这也意味着我国的人工智能教育在大众化、普及化层面上跃上了一个新的台阶。

3. 机器人教育的特点

（1）机器人教育形式多样。在高校中，机器人教育既可以通过课程来进行，也可以作为学习平台。

（2）为学生创设自主发挥空间。大多数机器人课程是以团队为活动单位，在教师指导下以学生为中心开展活动。学生有较大的自主发挥空间。例如，MIT 的"自控机器人设计竞赛"这个课程完全由学生来运作，没有教师协助。"机器人编程竞赛"也几乎全由学生操作，学生组成团队，编写机器人程序，参加比赛。学生自主性强，增强了学生的主动参与意识。

（3）评价方式多样。机器人课程的评价注重学生在活动过程中的自我反思，多样化的评价方式有助于全面反映学生在课程中所获得的知识及知识的灵活运用情况。评价可以根据学生实验与设计项目的完成情况，也可根据学生的实质性成果来进行。

（4）课程具有明显的学科交叉性。由于机器人技术具有综合性和机器人技术应用领域广泛，机器人课程跨学科、交叉性的特点十分明显。高校的机器人教育更是做出了具体规定，学生往往需要预修若干课程。例如，MIT 的"机器人学导论"要求预先学习"动力学建模与控制"课程，课程内容涵盖了平面与空间运动学、动作规划、机械手臂和移动机器人的结构设计、多刚体动力学、3D 绘图模拟、控制系统设计、传感技术、无线网络、人机接口、嵌入式系统等。有些机器人课程虽然没有明确指定相应的先修课程，但由于课程涉及的知识面广，如果没有一定的基础也是较难完成的。例如，MIT 的"自控机器人设计竞赛"课程涉及设计与制造、电子运算结构、电路与电子学、计算机程序的结构与应用等课程；机器人编程竞赛课程要求有一定的 Java 编程基础："认知机器人"课程则需要预先学习概率系统分析和人工智能技术、人工智能，或自治和决策原则中的任一门课程。

（5）涉及机器人技术的最新成果。这个特点在美国高校的机器人教育中表现得十分明显。当今机器人技术在各个领域都发挥着作用，例如，美国航空航天局（NASA）的火星探测漫步者就是机器人技术在航空航天领域的一个典型应用。MIT 航空航天学中的"认知机器人学"课程，正是通过对 NASA 的火星探路者、护士机器人、博物馆导游等示例的讨论来学习建模与算法，以及研究算法是如何在这些系统中应用的。该课程结合了当前机器人技术的成果，加深了学生对相关理论和技术的理解。

（6）充满趣味的"做中学"。机器人课程几乎都有实验课，学生借助各种工具平台制作、组装实体机器人或编写、调试机器人程序，强调在做中学。例如，在"机器人编程竞赛"课程的学习中，学生组成团队开发机器人选手程序，在整个开发过程中结合了作战策略与软件设计，并用于参加比赛。"自控机器人设计竞赛"也是一门需要动手的"做中学"课程，需要参与者设计和制作机器人。该课程需要学生设计出一个机器人，能够在比赛场地行驶，识别对手。

4. 机器人教育面临的问题

目前,机器人教育已经越来越受到人们的关注,机器人教育的各项活动也在学校中得到一定的开展,但是所存在的问题也不容忽视。

(1)机器人教育的教学目标尚不够科学。小学、初中、高中机器人教学分阶段目标的划分不够明确与合理,导致相关教材的区分度低,特色不强。

(2)缺乏科学规划与教学设计。目前机器人教学的"教材"质量不高,大多属于"产品说明书"或"用户指南"式的,缺少课程与教学专家的参与和指导。

(3)教育机器人产品缺少规范。目前教育机器人的品牌繁杂,并且大多自成体系,互不兼容,开放度低。再者,适应于不同学段的性价比高的教育机器人产品很少。

(4)教育行政部门不够重视,缺少从教育视角进行的研究。当前中小学机器人教育的开展,在一定程度上是由教育机器人企业在推动。虽然企业在初期为此做出的贡献应当予以肯定,但是随着机器人教育的逐渐深入与普及,目前亟须教育行政部门、教学研究机构给予充分地关注、协调与引导。

8.4.4 人工智能教育

人工智能教育属于教育科技,是人工智能技术对教育产业的赋能现象,本质上是人工智能对教育工作的替代和辅助,将教师和学生从低效、重复的工作中解放出来,进而提高教学与学习效率,解决了传统教育中以教师为核心的成本高、效率低、不均衡的问题。

人工智能在教育中的应用指的是人工智能辅助教育应用,构建教育场景,重组教育中的要素或者重构教育过程。人工智能技术在教育中有以下几种应用。

(1)人工智能应用于教学内容。人工智能推动的人才培养目标转变呼唤着课程教学内容体系的重构,如学科知识、教学法知识和学习者知识的重组等,人工智能也使推行跨学科内容整合成为必然,人工智能课程将直接成为重要的教学内容。

(2)人工智能应用于教学环境。人工智能将带动新一轮教育教学环境数字化升级与智能化改造,创造出更加智能化、人性化的智慧学习环境。

(3)人工智能应用于教学方式。人工智能将改变教育教学方式与方法,智能教学系统可提供个性化、定制化的学习方案。

(4)人工智能应用于教学评价。教学评价从单纯的对知识掌握状况的评价转向知识、能力和素养并重的综合性评价。

(5)人工智能应用于教学管理。人工智能在教育管理领域的深度应用使信息识别更精准、管理服务更智能、学校组织体系更灵活,促进学校管理现代化,以管理信息化和智能化有效支撑管、办、评分离,提升教育公共服务水平,促进教育治理体系和治理能力现代化。立足教育大数据基础之上的教育人工智能,能够实现对各级各类教育教学系统全体系、全流程、全天候、全方位的动态监测,实现教育教学决策的科学化、资源配置的最优化和管理的精细化,使管理育人、服务育人、校园文化育人等理念在教育管理实践中落地生根。

拓展实训

【实训目标】

通过实训，学生初步了解新型教育技术的基本知识，掌握移动学习与混合学习的概念，掌握微课教学与翻转课堂的应用实践，掌握智慧课堂的教学设计。

【实训内容】

了解并掌握新型教育技术的相关知识，比如，移动学习与混合学习的应用、微课教学与翻转课堂的应用等。

【实训步骤】

（1）以 2~3 人为单位组成一个团队，设负责人一名，负责整个团队的分工协作。

（2）团队成员通过分工协作，多渠道收集相关资料。

（3）选择一个自己的专业，做一个智慧课堂的教学设计。

（4）团队成员对收集的材料进行整理。

（5）各团队将总结制作成文档，派出一人作为代表上台演讲，阐述自己团队的成果。

（6）教师对各团队的成果进行总结评价，指出不足与改进措施。

【实训要求】

（1）考虑到课堂时间有限，实训可采取"课外＋课内"的方式进行，即团队组成、分工、讨论和方案形成在课外完成，成果展示安排在课内。

（2）每个团队方案展示时间为 10 分钟左右，教师和学生提问时间为 5 分钟左右。

复习思考题

1. 国内主要的移动学习模式是哪几个？
2. 混合式学习的特点是什么？
3. 微课的设计与制作分为哪几步？
4. 创客教育的特点有哪些？

参 考 文 献

[1] 刘名卓. 现代教育技术应用 [M]. 2版. 北京：中国人民大学出版社，2024.
[2] 荆卫东. 现代教育技术 [M]. 北京：中国人民大学出版社，2013.
[3] 肖洪云. 现代教育技术 [M]. 2版. 北京：人民邮电出版社，2021.
[4] 周玉萍，罗志刚，方云端. 现代教育技术 [M]. 2版. 北京：人民邮电出版社，2021.
[5] 陈建珍，刘光然. 现代教育技术 [M]. 2版. 北京：人民邮电出版社，2014.
[6] 赵健，俞树煜. 现代教育技术 [M]. 北京：高等教育出版社，2024.
[7] 柯清超，马秀芳. 现代教育技术应用 [M]. 北京：高等教育出版社，2024.
[8] 李靖. 现代教育技术 [M]. 北京：高等教育出版社，2023.
[9] 杨宁. 现代教育技术 [M]. 北京：高等教育出版社，2022.
[10] 陈云红，邓明华，田文汇，等. 现代教育技术应用 [M]. 2版. 北京：清华大学出版社，2024.
[11] 李志河. 现代教育技术 [M]. 4版. 北京：清华大学出版社，2023.
[12] 钟建平. 现代教育技术 [M]. 北京：清华大学出版社，2022.
[13] 张波，代小华. 现代教育技术 [M]. 北京：清华大学出版社，2023.
[14] 张卫钢，陈婷，宫丽娜，等. 现代教育技术及其应用（微课视频版）[M]. 北京：清华大学出版社，2023.
[15] 李会功，雷巧娟，李运福. 现代教育技术 [M]. 北京：清华大学出版社，2020.